图说管理系列

U0742468

图说工厂现场管理

（实战升级版）

陈英飞　主编

人民邮电出版社

北　京

图书在版编目（CIP）数据

图说工厂现场管理：实战升级版 / 陈英飞主编. —
北京：人民邮电出版社，2014.1
（图说管理系列）
ISBN 978-7-115-33428-2

Ⅰ.①图… Ⅱ.①陈… Ⅲ.①工业企业管理—生产管
理—图解 Ⅳ.① F406.2-64

中国版本图书馆 CIP 数据核字（2013）第 242573 号

内 容 提 要

　　本书在《图说工厂现场管理》第一版的基础上对工作内容、板块设置、实景图片进行了适当的改动和更新，系统地阐述了工厂现场员工管理、工厂现场设备管理、工厂现场物料管理等9个方面的内容，表述详细、图文并茂，并随书附赠实操光盘，为读者提供了极为实用的指导。

　　本书适合企业管理人员、生产现场管理人员、一线员工阅读，也可作为培训部门进行工厂现场管理知识培训的教材。

◆ 主　　编　陈英飞

　　责任编辑　庞卫军

　　执行编辑　付　路

　　责任印制　焦志炜

◆ 人民邮电出版社出版发行　　北京市丰台区成寿寺路11号

　　邮编　100164　电子邮件　315@ptpress.com.cn

　　网址　http://www.ptpress.com.cn

　　北京天宇星印刷厂印刷

◆ 开本：787×1092 1/16

　　印张：17.5　　　　2014年1月第1版

　　字数：180千字　　2025年9月北京第39次印刷

定　价：49.00元（附光盘）

读者服务热线：（010）81055656 印装质量热线：（010）81055316
反盗版热线：（010）81055315

总　序

报纸、杂志、网络浏览等传统意义上的"浅阅读"模式正逐渐成为大众阅读的主流，"图说管理系列"图书就恰好顺应了这一趋势。本系列图书以"快餐式、跳跃性、模块化"的写作模式，以"板块分明、图文结合"的形式，把管理的理念通俗化。同时，为了节省读者的时间，本系列图书还随书赠送可改动光盘，以方便读者将光盘内容运用到实际工作中去。

"图说管理系列"两大板块

"图说管理系列"图书由工厂管理和服务管理两大板块组成。

1. 工厂管理板块

工厂是人们制造各类产品的场所。工厂管理是指将各种有效的生产资源导入制造场所，通过计划、组织、用人、指导和控制等活动，如期完成预定生产目标，生产出质量优异的产品。本系列图书中的工厂管理板块图书针对企业最热门也是最需要解决的七个方面（现场管理、7S管理、目视管理、设备管理、安全管理、品质管理和仓储管理）进行了展开与延伸，注重以市场需求为导向，提供了满足不同层次读者需求的系列产品。

2. 服务管理板块

服务业是指提供各类服务的行业，其产品与工厂生产的产品相比，具有非实物性、不可储存性、生产与消费同时性等特征，如酒店提供的客房服务等。本系列图书挑选了三个占比较大的行业（物业、酒店、餐饮），从管理和服务的角度对有关内容进行了整合与详细解读。

"图说管理系列"升级说明

"图说管理系列"图书在出版后得到了读者的广泛好评，许多活跃在管理一线的工作人员看了本系列图书以后，通过来信、来电、留言、电子邮件、微博评论等方式与我们探讨管理方面的业务，他们也希望书中能增加一些新的内容，为此，我们再一次认真总结近几年来的管理经验，经过仔细斟酌，推出了"图说管理系列"实战升级版。

"图说管理系列"实战升级版在"图说管理系列"第一版的基础上对每本书的板块、内容、图片等做了适当的改动与更新，使图书更符合读者的需求。

"图说管理系列"实战升级版图书特色

"图说管理系列"实战升级版图书特色如下。

◇本系列图书将每本书的第一章设置为"管理导引",对管理流程、管理架构、管理关键点以及核心术语进行了详细解读。

◇在每本书的第二章及以后各章中,开头设置了一幅"导视图",方便读者随时了解所学章节在全书中的位置,掌握学习进度。"导视图"之后设置了"关键指引"栏目,对本章内容进行简要介绍,引领读者开始本章的学习。

◇在每本书的每章正文内容中,图书采用"要点01"、"要点02"的形式进行展示,使内容结构更清晰,方便读者逐项学习。同时,图书在正文中插入了大量精美的实景图片,与正文内容互相结合,相互印证,便于读者加深对内容的理解。书中还设置了"请注意"栏目,提醒读者需要重点注意的地方,同时设置了"参考范本"栏目,方便读者即学即用。

◇在每本书的每章末尾设置了"学习笔记"栏目,方便读者将自己的学习心得、学习难点以及运用计划写下来,以加深对正文内容的理解,并将所学知识运用于实际工作中。

"图说管理系列"实战升级版最大特点

"图说管理系列"实战升级版图书板块设置精巧、图文并茂,以简洁精确的文字对企业各项工作的要点进行了非常生动、全面的讲解,方便读者理解、掌握。同时,本系列图书非常注重实际操作,使读者能够边学边用,迅速提高自身管理水平。

"图说管理系列"实战升级版DIY实操光盘

"图说管理系列"实战升级版配备了DIY实操光盘。DIY(英文全称为"Do it Yourself")实操光盘把工作中已经固化了的,也是日常工作中最常用的管理制度、管理表格及工作内容解读为可改动的Word文件形式,供读者参考、检索、打印、复制和下载。读者在使用这些文件的过程中,可根据机构与企业的自身需要进行个性化修改。

→ 前　言

　　《图说工厂现场管理（实战升级版）》一书对现场管理的各个方面进行了阐述。全书共10章，内容包括工厂现场管理导引、工厂现场员工管理、工厂现场设备管理、工厂现场物料管理、工厂现场作业管理、工厂现场品质控制、工厂现场成本控制、工厂现场安全管理、工厂现场环境改善和工厂现场5S管理。

　　本书每个章节自成体系，其主要内容如下。

　　◇工厂现场管理导引部分，用图表的形式介绍了现场管理基本流程、现场管理架构、现场管理关键点、现场管理核心术语等内容。

　　◇工厂现场员工管理部分，主要介绍了员工管理的各项要点，如现场工作规则的宣导与维持、现场新员工培训、现场员工出勤管理等。

　　◇工厂现场设备管理部分，主要介绍了现场设备管理的各项要点，如现场设备安全操作管理、现场设备台账管理、现场设备运行动态监督等。

　　◇工厂现场物料管理部分，主要对现场物料管理的各项内容进行了详细介绍，如现场物料的入库验收、现场物料领用管理、现场物料的搬运等。

　　◇工厂现场作业管理部分，主要介绍了现场作业的各项内容，如现场早会管理、现场作业前的准备、现场作业监督等。

　　◇工厂现场品质控制部分，主要对现场品质控制各项要点进行了详细介绍，如品质方针管理、品质目标的制定与实施、现场品质检验过程控制等。

　　◇工厂现场成本控制部分，主要介绍了成本控制工作的各项要点，如现场节能降耗管理、现场以旧换新与修旧利废管理、现场生产浪费的消除等。

　　◇工厂现场安全管理部分，主要介绍了安全管理工作的各项要点，如现场安全教育、现场岗位安全应急卡的运用、现场安全检查等。

　　◇工厂现场环境改善部分，主要介绍了现场环境改善的各项要点，如现场设备布局管理，现场工位器具、工件、材料的摆放，现场工作地面改善等。

◇工厂现场5S管理部分，主要对现场5S管理的五个组成部分进行了详细介绍，即整理、整顿、清扫、清洁和素养。

在本书的编写过程中，编者得到了许多培训机构、咨询机构的老师和工厂一线管理人员的支持和配合，其中参与编写、提供资料和图片的人员有陈英飞、李冰冰、李家林、王生平、张绍峰、刘冬娟、高风琴、吴丽芳、宿佳佳、申姝红、郑洁、刘军、李辉、赵静洁、赵建学、陈运花、段青民、杨冬琼、杨雯、赵仁涛、柳景章、唐琼、段利荣、林红艺、贺才为、林友进、刘雪花、刘海江、匡仲潇、滕宝红。在此，编者向他们表示衷心感谢。

本书图片由深圳市中经智库文化传播有限公司提供并负责解释。

→ 目　录

第1章　工厂现场管理导引

现场是企业各类产品的生产场所，是人员、设备、物料集中的场所，也是安全管理、环境改善、5S管理的重点场所。良好的现场管理是各类产品顺利生产的重要保障，现场各级人员都应当做好自己的工作，确保现场生产有序进行。

第2章　工厂现场员工管理

员工是现场生产工作的主体。员工的工作态度、工作效率直接决定着产品的质量。同时，一旦员工不按规则进行操作，也容易导致安全事故的发生。因此，企业应当采取各种措施做好现场员工的管理工作，如宣导规则、开展培训等，确保现场生产工作有秩序地开展。

第3章　工厂现场设备管理

设备对企业的正常生产活动具有非常重要的作用。现场管理人员和作业人员应做好设备的各项管理工作，确保设备完好，以节省设备成本。

第4章　工厂现场物料管理

物料是指用于生产工作的各种材料。物料经过加工生产变成企业的产品，因此生产现场的工作离不开各类物料，工厂必须从物料的领取、使用、搬运以及盘点各个方面全面管理好物料，确保物料得到正常使用、消耗。

第5章　工厂现场作业管理

生产现场每天都要开展作业，企业的各类产品就是通过作业生产出来的，良好的作业是提高生产效率，生产出品质优良产品的切实保障。

第6章　工厂现场品质控制

要确保生产出合格的产品，必须严格保证现场的品质，因此，现场各级人员必须采取各种措施，严格控制现场品质，如品质方针管理、品质目标管理等。

第7章　工厂现场成本控制

成本控制是生产现场的重要职责。只有控制好了各项成本，才能最大程度上为企业节省开支，进而创造更高效益。成本控制的手法很多，如节能降耗、以旧换新与修旧利废管理等，通过这些工作严格控制成本。

第8章　工厂现场安全管理

安全管理是现场管理的重中之重，没有一个安全的环境，现场的生产工作就很难开展。因此，企业必须通过各种措施来加强现场的安全管理，如现场安全教育，运用岗位安全应急卡等。

第9章　工厂现场环境改善

对现场作业环境进行管理是为了创造一个良好的、安全的作业环境，保证班组作业人员在作业环境中，既能按时保质、保量地完成任务，又能在连续的工作中无疲劳感，并且在长期工作中，作业环境对人体健康无任何不良影响。

第10章　工厂现场5S管理

5S管理是在生产现场中对机器、人员、设备、物料等生产要素进行有效管理的一种管理方法，具体是指整理、整顿、清扫、清洁和素养。5S管理是促使现场规范化的重要手段，现场各级人员应当积极推行5S活动，通过5S活动使现场保持干净整洁，并来提高工作效率。

光盘目录

第一部分　现场管理主要内容解读

第二部分　实用制度

第三部分　实用表格

第 1 章

工厂现场管理导引

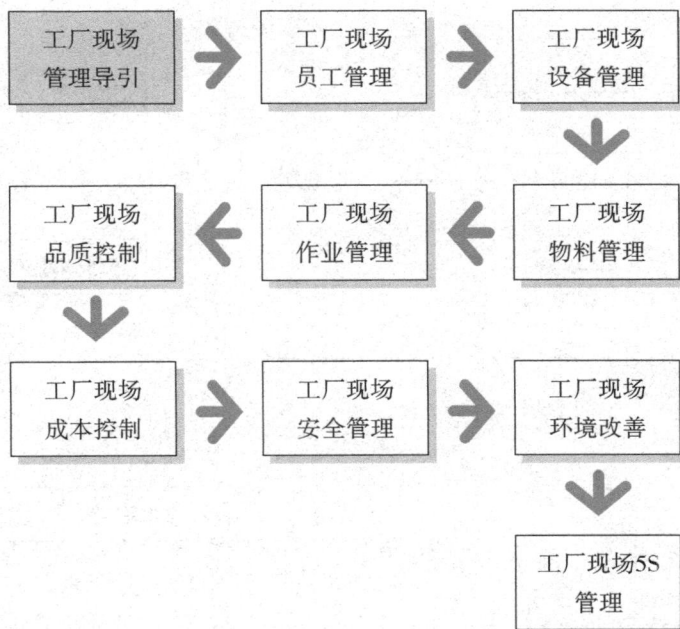

工厂现场管理导引 → 工厂现场员工管理 → 工厂现场设备管理

工厂现场品质控制 ← 工厂现场作业管理 ← 工厂现场物料管理

工厂现场成本控制 → 工厂现场安全管理 → 工厂现场环境改善

工厂现场5S管理

导视图

现场是企业各类产品的生产场所，是人员、设备、物料集中的场所，也是安全管理、环境改善、5S管理的重点场所。良好的现场管理是各类产品顺利生产的重要保障，现场各级人员都应当做好自己的工作，确保现场生产有序进行。

导引01：现场管理流程图

现场管理工作是按流程进行的，通过员工、设备、物料、环境和安全等诸多要素的协同运作，最终生产出合格产品。现场管理流程的具体内容如图1-1所示。

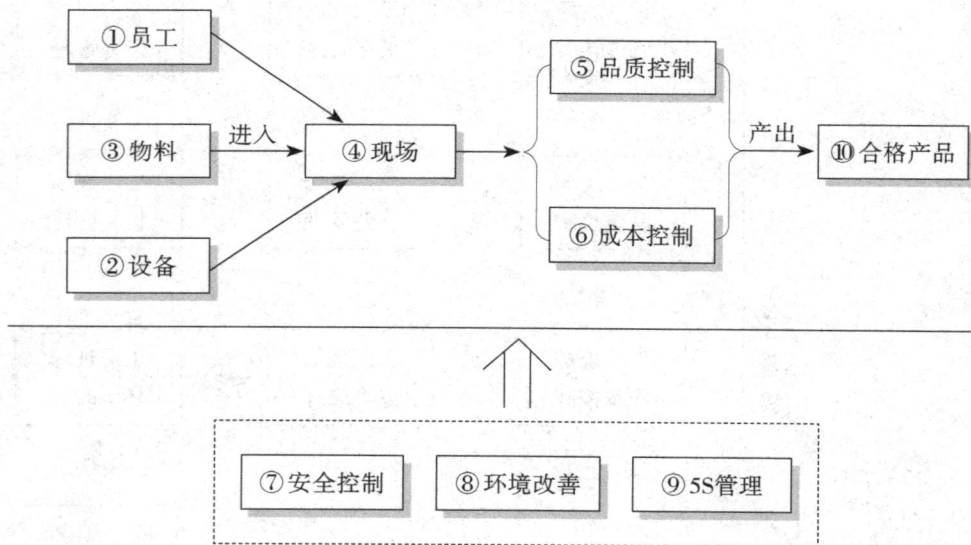

备注：
① 员工是现场作业的主体，各类产品都是通过员工的作业而实现的；
② 设备是生产产品时必不可少的工具；
③ 物料是生产产品的原材料，是现场作业的对象；

④ 现场是一切生产工作具体开展的场所，现场中的员工、设备和物料共同发挥作用，最终生产出合格品；

⑤ 品质控制是确保最终生产出合格产品的保障；

⑥ 成本控制能够严格节省生产费用，间接为企业创造利润；

⑦ 安全控制保障了现场作业的安全，这是现场各项工作顺利开展的前提；

⑧ 环境改善能够为现场创造良好的作业环境，使员工能够舒适地作业；

⑨ 5S管理可以创造出一个整洁、干净的现场；

⑩ 合格产品是指经过现场完整的生产，并严格控制品质后最终生产出的、可以出货的产品。

图1-1 现场管理流程

导引02：现场管理架构图

在企业中，现场管理主要涉及两大部门，即生产部门与品质部门，前者负责生产产品，后者负责检验产品品质。这两大部门的组织架构往往决定着现场管理工作的效果。

1. 生产部门组织架构

生产部门是企业的主力部门，其组织架构如图1-2所示。

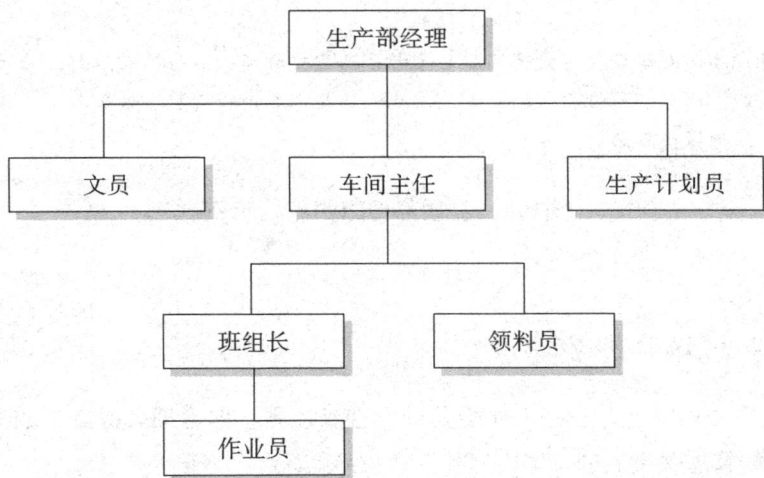

备注：

生产部经理之下往往配置文员、生产部计划员等岗位，同时，由于企业一般有多个车间同时工作，往往会设有多名车间主任，领导其属下的班组长、作业员等开展车间的生产工作。

图1-2 生产部门组织架构示例

2. 品质部门组织架构

品质部门工作效果的好坏直接影响着最终出产产品的品质，其组织架构如图1-3所示。

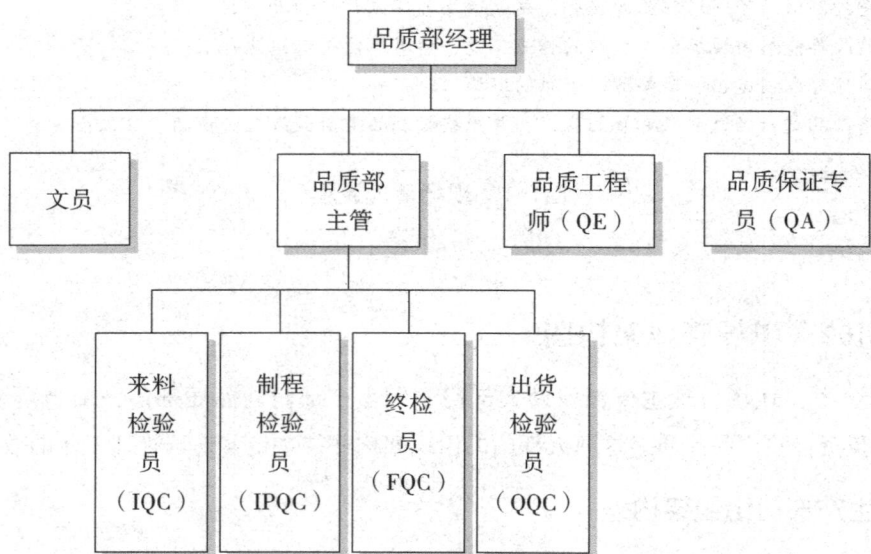

备注：

品质部往往在品质部经理之下设置品质部主管、品质工程师等岗位。品质部的工作很大一部分是在生产现场完成的，例如制程检验、终检等，因此，品质部各检验员应当做好与生产部门相关人员的沟通协调工作，以确保产品品质。

图1-3 品质部门组织架构示例

导引03：现场管理关键点

在现场管理过程中，有一些工作需要进行重点控制，即管理关键点，如员工管理、设备管理等。现场管理关键点的具体内容如图1-4所示。

1 员工管理

员工是现场各项工作的具体操作者，员工管理水平的高低直接决定了现场工作的品质和最终产品的品质

2 设备管理

现场生产工作离不开各种设备，现场管理人员和作业人员应做好设备的各项管理工作，确保设备完好，以节省设备成本

3 物料管理

物料是现场生产工作必不可少的，物料经过加工生产能够变成企业的产品。现场各级人员必须在物料的领取、使用、搬运以及盘点等环节进行全面的物料管理工作，确保物料得到正常使用、消耗

4 作业管理

各类产品都是通过现场作业生产出来的。良好的作业是提高生产效率，生产出品质优良产品的切实保障

5 品质控制

良好的品质控制工作有助于提高产品品质，现场各级人员必须采取各种措施，如品质目标管理、不合格品控制等，严格控制品质

6 成本控制

控制成本能够削减企业的开支，增加企业的经营效益。成本控制的方式有很多，如节能降耗、以旧换新与修旧利废管理等

7 安全管理

安全问题是现场管理的重要内容，没有一个安全的生产环境，现场的生产工作就无法进行。因此，企业必须通过各种措施来加强现场的安全管理，如现场安全教育、运用岗位安全应急卡等

8 环境改善

没有良好的环境，员工就无法安心工作。环境改善的方法很多，如设备布局、地面改善、控制噪声传播等

9 5S管理

良好的5S管理可以将生产现场变得井井有条，从而提高生产效率。现场各级人员应做好整理、整顿、清扫、清洁和素养工作

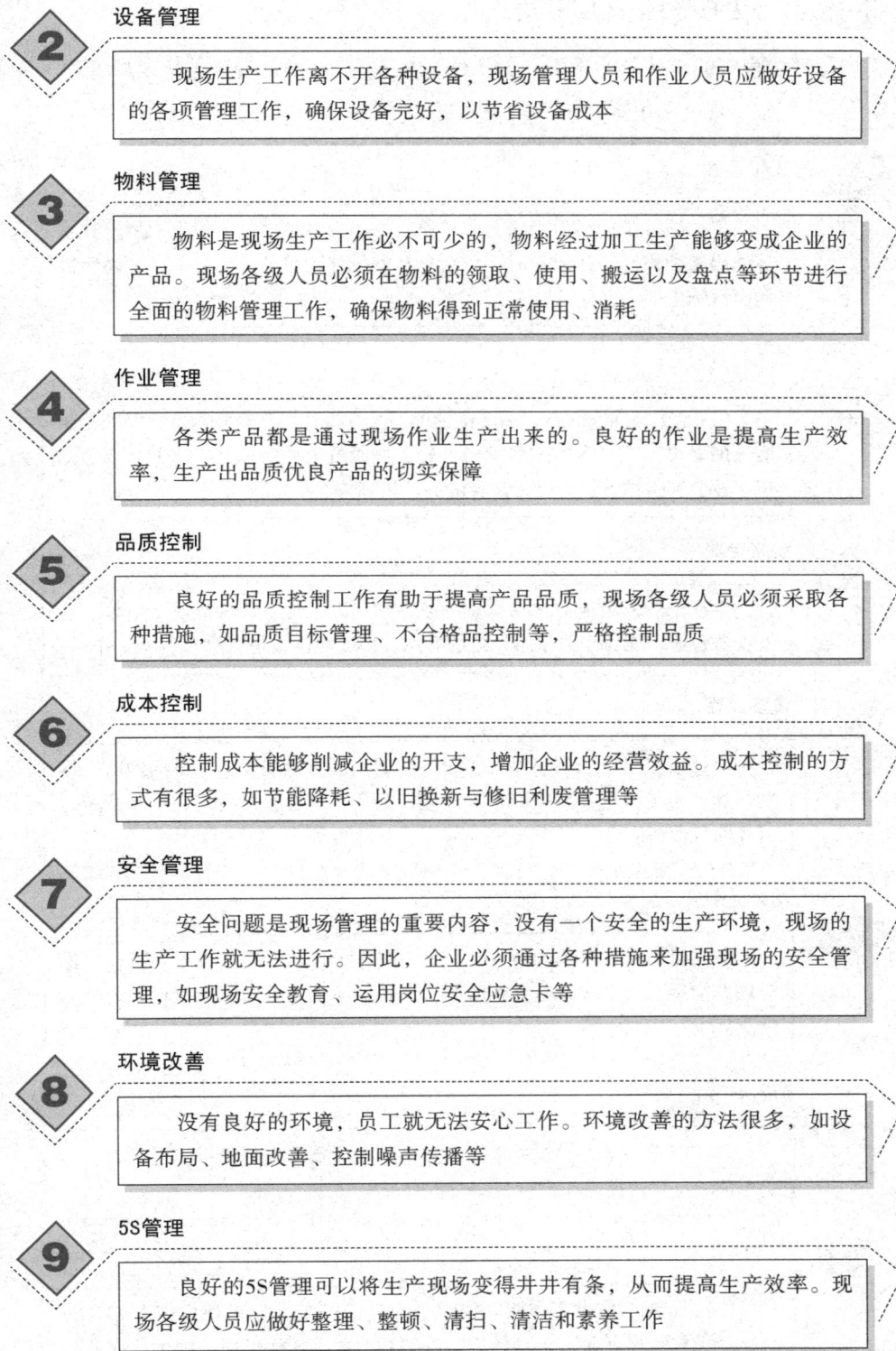

图1-4 现场管理关键点

导引|04：现场管理核心术语

现场管理过程中的一些核心术语，如工位顶替、OJT、设备台账等是现场管理人员必须掌握的重要知识。图1-5列出了15个现场管理核心术语。

1 工位顶替

工位顶替是指当生产线上的作业人员因为各种事情，如上厕所、饮水等原因必须离开工作岗位时，班组长要安排好顶替其工位的人员，避免因此而影响生产进度

2 OJT

OJT是英文On the Job Training的缩写，是指在工作现场内，上司和技能娴熟的老员工在日常的工作中对下属、普通员工和新员工们，就必要的知识、技能和工作方法等进行教育的一种培训方法

3 设备台账

生产现场人员应对现场设备的各种信息进行汇总，构成设备台账。通过设备台账，能够全面了解设备的特点，便于对设备进行维护保养工作

4 设备点检

实行设备点检能够使设备的故障和劣化现象早期发觉、早期预防、早期修理，避免因突发故障而影响产量、品质，增加维修费用、运转费用，以及降低设备寿命

5 设备交接

在多班制操作设备的情况下，不论操作人员、班组长或维修组长，都应该在交接班时办理设备交接手续，以使下一班人员如实掌握设备的具体情况

6 物料超领

物料超领是指当"领料单"上按生产计划所领用的物料使用完毕后，仍不能满足生产所需而进行超额领料的行为

7 作业标准化

作业标准化是指在作业系统调查分析的基础上，对现行作业方法的每一个操作程序和每一个动作进行分解和改善，从而形成一种优化作业程序，逐步达到安全、准确、高效、省力的作业效果

8 交货期

交货期是指企业与客户约定的交付产品的期限。在现场管理过程中，必须从生产计划、作业控制、交货期保证等方面着手，保证能够按期、按量地交货

9 首件

首件是指每班或每种产品投入生产后产出的第一件产品。对于大批量生产，首件往往是指一定数量的样品。若首件经品质部门检验合格，则可按照首件的标准安排生产

10 工程更改

工程更改是指在产品制造过程中有目的地改变机器、材料、方法、环境和测量等方面的状态或指标的行为。这项工作的目的是为了改善制造工艺，更好地满足生产的需要

11 特殊工序

特殊工序是指在生产过程中担当特殊、特性操作的工位。特殊工序对产品的品质往往有着重大影响，是班组生产的重点管理对象

12 节能降耗

节能降耗是指节约能源、降低损耗，即尽可能地减少能源消耗量，生产出与原来同样数量、同样品质的产品；或者是以原来同样数量的能源消耗量，生产出比原来数量更多或数量相等但品质更好的产品

13 以旧换新

以旧换新是指为杜绝浪费、控制生产成本，加强消耗品的使用管理，提高消耗品的有效使用效率，即要求现场工作人员在领用一些消耗类、劳保类、文具类、维修类物品时，必须把旧的交回才可以领到新的

14 安全检查

安全检查是指为了能够及时发现现场的事故隐患而开展的检查行动。通过安全检查，可以及时采取相应的措施消除这些事故隐患

15 危险源

危险源是指一个系统中具有潜在能量和物质释放危险的、可造成人员伤害、在一定的触发因素作用下可转化为事故的部位、区域、场所、空间、岗位、设备及其位置

图1-5　现场管理核心术语

学习笔记

通过学习本章内容，想必您已经掌握了不少学习心得，请仔细填写下来，以便继续巩固学习。如果您在学习中遇到了一些难点，也请如实写下来，方便今后重复学习，彻底解决这些难点。

我的学习心得：

1. _____
_____

2. _____
_____

3. _____
_____

4. _____
_____

5. _____
_____

我的学习难点：

1. _____
_____

2. _____
_____

3. _____
_____

4. _____
_____

5. _____
_____

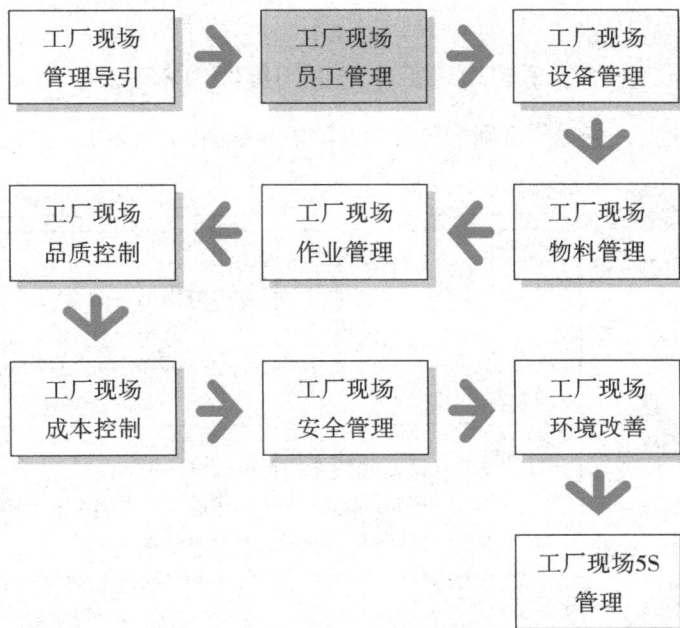

第2章

工厂现场员工管理

导视图

工厂现场管理导引	工厂现场员工管理	工厂现场设备管理
工厂现场品质控制	工厂现场作业管理	工厂现场物料管理
工厂现场成本控制	工厂现场安全管理	工厂现场环境改善
		工厂现场5S管理

员工是现场生产工作的主体。员工的工作态度、工作效率直接决定着产品的质量。同时，一旦员工不按规则进行操作，也容易导致安全事故的发生。因此，企业应当采取各种措施做好现场员工的管理工作，如宣导规则、开展培训等，确保现场生产工作有秩序地开展。

要点01：现场工作规则的宣导与维持

现场工作规则是指为完成生产现场的生产目标，维持生产现场的良好秩序所必须遵守的约束条件。

1. 让员工了解现场工作规则的具体内容

生产现场工作规则应包含的具体内容如图2-1所示。

1 问候
（1）问候语要大声地说出来
（2）进入会议室和办公室等特别的房间之前，要先敲门并大声问候
（3）在通道上遇到客人时，要行注目礼

2 时间规律
（1）以良好的精神状态提前5分钟行动
（2）在规定的时间内开始作业，并在规定时间结束
（3）会议按时开始，也应按时结束

3 服装
（1）要穿着与工作场所的作业相符合的服装
（2）厂牌是服装的一部分，必须挂在指定的位置
（3）工作服要保持干净

4 外表修养

（1）不要留长指甲，避免在工作中出现意外
（2）保持口气清新
（3）女性应化淡妆

5 吸烟

（1）只在规定时间内吸烟
（2）只在指定场所内吸烟
（3）不乱扔烟头

6 言行

（1）对上司要使用敬语
（2）作业中不要说废话
（3）不可在工厂中随意走动
（4）不做危险的动作

7 遵守约定的事

（1）对指示的内容，在催促之前报告其结果
（2）借的东西要在约定时间之前返还
（3）如看到了需要整理、整顿的混乱现象，不要装作没看见，可自行处理，也可告知责任部门

8 认真地工作

（1）按作业标准进行正确作业
（2）确认了指示内容后再采取行动
（3）发现不良品或机械故障后应立即报告
（4）不在生产现场和通道上来回走动

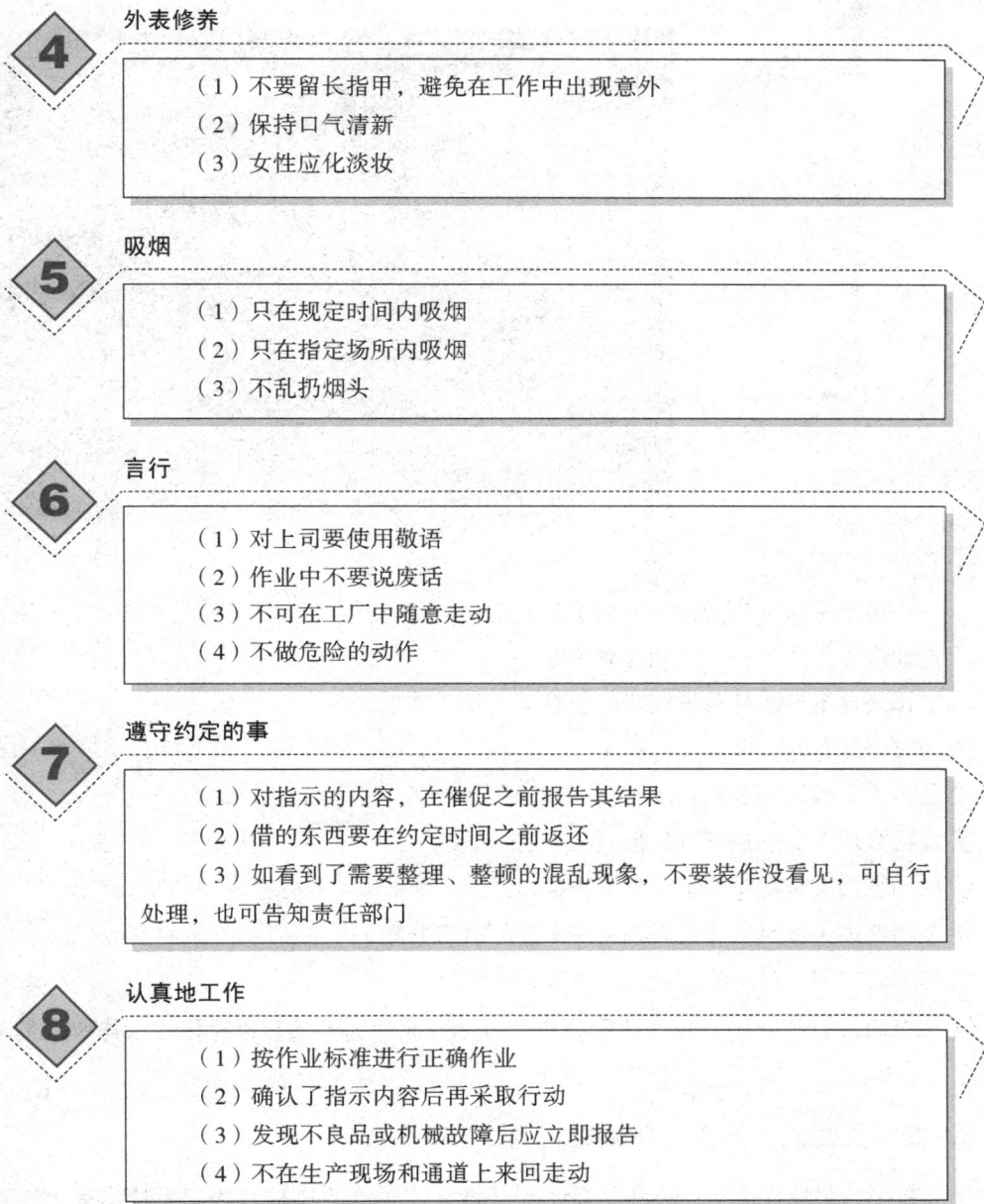

图2-1　生产现场工作规则的内容

2．帮助员工分析现场不符合规则的现象与原因

（1）现象

不遵守现场工作规则的现象大致有以下几类。

①员工懒散，工作没干劲，出现翘腿、穿拖鞋上班等现象。

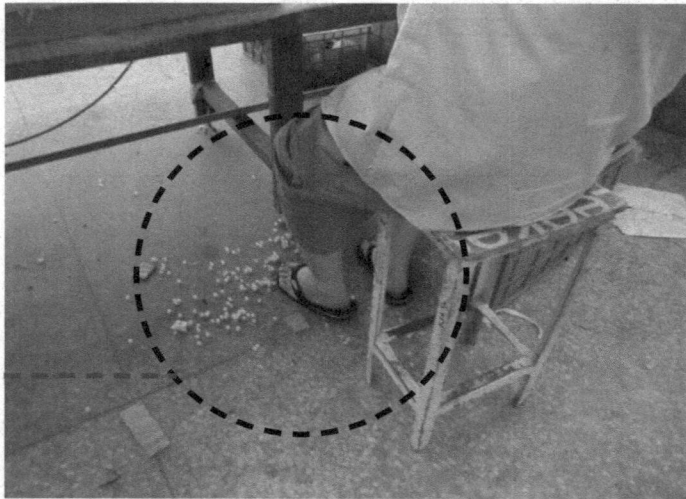

②不按指示去做，且同样的问题反复发生。

③迟到现象屡禁不止，迟到者满不在乎。

④工作做得不好或任务没完成时，缺乏总结的态度。

（2）原因

①员工不了解现场规则。

②现场管理人员总是把责任推到员工身上。

③现场管理人员从来都不和员工直接对话。

④现场管理人员对作业失误现象没有及时进行处罚。

⑤员工对提高自己的能力缺乏自主性。

⑥现场内的告示太少，生产状况、生产目标完成情况等没有进行传达，作业人员不知道应该干什么。

3. 督促员工改正不遵守规则的行为

现场管理人员应采取一些对策，督促员工改正不遵守规则的行为，营造出有生气、有效率的生产现场氛围。

（1）制定员工管理制度

企业应制定员工管理制度，如员工仪容仪表行为条例等，以作为员工遵守规则的依据。

（2）现场管理人员引导

现场管理人员要起到示范带头作用，首先从自身做起，严格遵守现场工作规则。

（3）向员工交代工作时应清楚明确

　　向员工交代工作可运用5W1H法，即做什么、为什么这样做、在什么时间之前完成、在什么地方做、怎样做。

　　（4）加强日常信息交流

　　通过日常信息交流，如各种会议来交流相关制度，使员工了解具体要点。

4．现场工作规则的维持

　　（1）明确管理职能

　　管理职能的具体内容如图2-2所示。

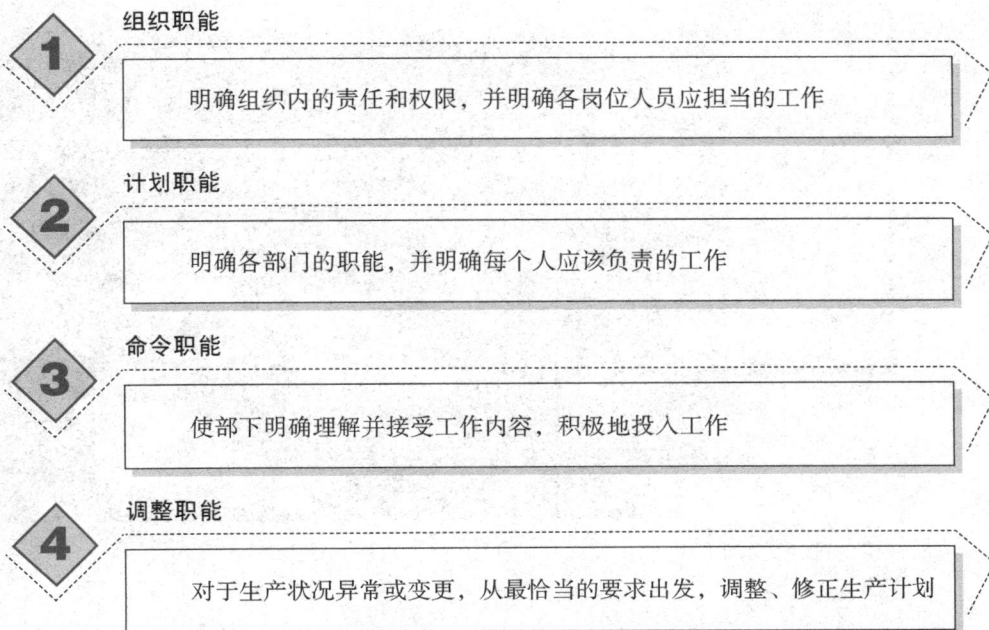

1 组织职能

明确组织内的责任和权限，并明确各岗位人员应担当的工作

2 计划职能

明确各部门的职能，并明确每个人应该负责的工作

3 命令职能

使部下明确理解并接受工作内容，积极地投入工作

4 调整职能

对于生产状况异常或变更，从最恰当的要求出发，调整、修正生产计划

5 统制职能

调查造成生产目标、计划和实际不同的因素，明确其原因并采取适当的对策进行处置

图2-2　管理职能

（2）强调遵守生产指令

在强调生产指令的遵守时，须明确以下事项：

①明确生产目的；

②告知员工在生产中应采取的必要手段；

③明确交货日期；

④具体说明生产项目；

⑤明确指示"要严格遵守"的要点；

⑥对于指示、命令的内容，一定要要求员工作记录；

⑦要员工实事求是地报告工作的内容；

⑧在生产进度减慢或发生异常时，要求员工迅速报告情况。

（3）导入5S并彻底实行

导入5S的目的是提高员工的素养，进而提升整个企业的综合素质。在实施5S的过程中，会形成一种良好和谐的氛围，这种氛围是维持现场规则的基础。

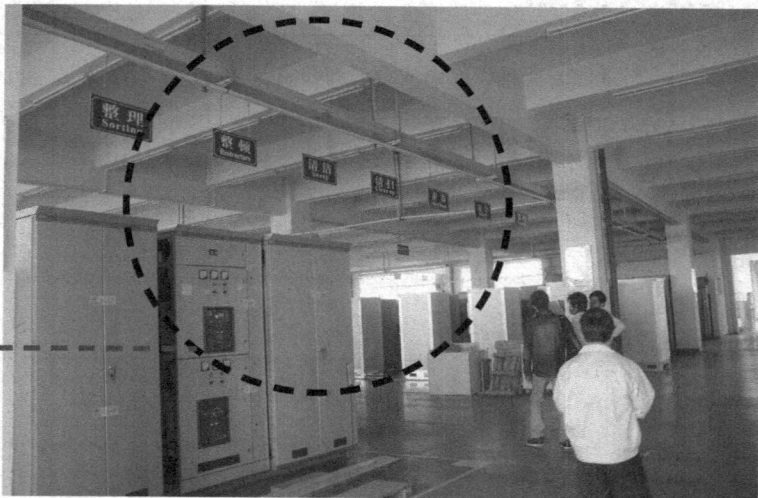

要点02：现场新员工培训

新员工是指新近录用的员工，有时也指因内部转换岗位尚未熟练掌握工作技能的员工。

1．新员工的特征和问题

新员工的特征和问题具体如下所示。

（1）不能正确地使用礼貌用语，在过道上和上司、同事或客户擦肩而过时不打招呼。

（2）不知道对上司的言语措辞。

（3）不知道工作场所的礼仪。例如不知道开关门的礼貌、吃饭的礼貌、工作结果的报告方法、异常时的处理方法等。

（4）不能做实际事务，尤其是刚毕业的学生。

（5）一被上司注意或斥责，就容易变得消沉或进行极端的反抗。

（6）开会时随意地和旁边的人说话。

（7）对于不熟练的作业，会凭自己的一点经验和知识就去做。

（8）工作一不顺利就埋怨别人，既不谦虚地进行自我反省，也不考虑防止再次发生的对策。

（9）不知道如何进行团队协作。

2．新员工培训的方法

对新员工进行培训的方法具体如下所示。

（1）应以新员工为对象制作简单的培训手册，内容以公司的组织、职场的礼仪为中心，在新员工入厂时就进行培训。培训结束之后三个月内，对在培训中做得不好的员工要追加培训。

（2）上司看到新员工不符合要求的事情，应马上纠正，不要留待事后处理。

（3）在培训过程中，新员工应与培训师积极交流，以便更加准确地了解相关知识。

（4）可以将培训工作安排在合适的场所，如企业专用的培训室。为了强化培训效果可以使用黑板演示、多媒体等多种培训方式。

（5）培训过程中也可以做一些小游戏，通过游戏来调节气氛。

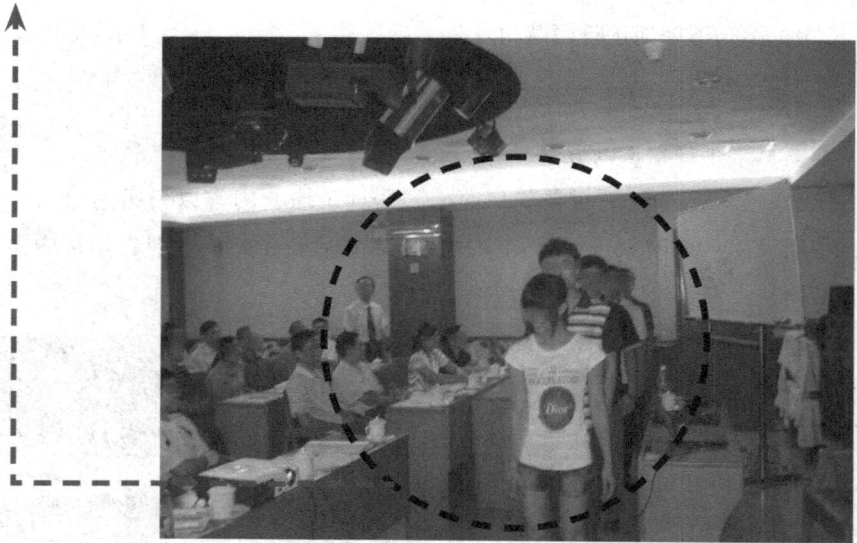

请注意

最好对新员工进行集中教育培训，并要有明确的培训方案。此外，对新员工进行培训时一定要有耐心。

3．新员工培训的内容

新员工培训的具体内容如下所示。

（1）相应规则的遵守

①遵守时间规则

告知新员工上下班的时间、现场工作的时间、请假时要事先申请等规则。

②遵守着装规则

告知新员工企业服的穿着要求和规定，可以用现场看板来说明。

（2）礼仪方面的培训

①礼节

告知新员工同事间相处的礼仪礼节，以及对来宾的礼仪礼节。

②言语措辞

告知新员工在各种场合所应使用的言语措辞，以及针对不同的同事所使用的不同措辞。

（3）具体作业的培训

①专业知识培训，例如物料相关知识、产品相关知识等。这类培训可以通过将知识看板展示出来，供新员工自主学习。

②动作，例如告知其在通道和生产场所不要跑动、应整齐有序地放置好物料和工具等。

③要求员工严格依据作业指导书作业。要做好工作，就要依据作业指导书来作业，使自己迅速成为能独立工作的员工，并进一步努力改善作业，以谋求作业水平的提高。

④发现不合格品、机械故障、劳动灾害等时，要迅速告知上司。

⑤被命令或者指示过的事情，要在被催促之前就进行报告，并养成习惯。

⑥上司指示的事情应在询问清楚后再着手去做。

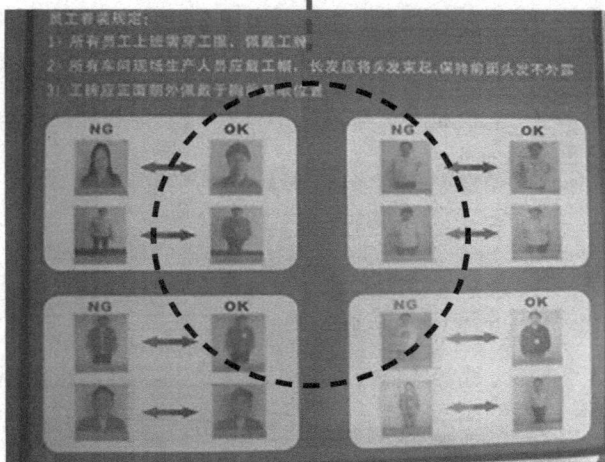

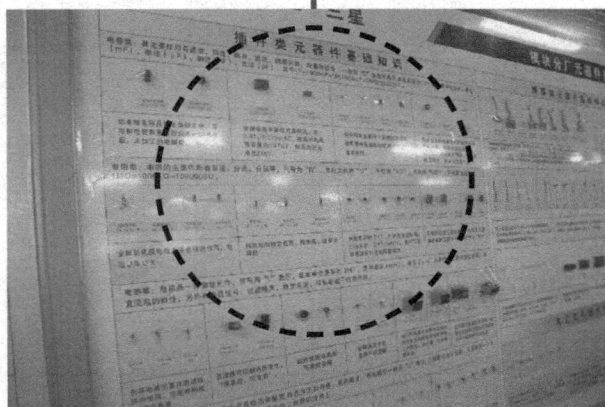

要点03：现场多能工培训

多能工是指企业通过培训，使企业内员工成为多技能工，以配合组织发展需要及企业因应市场环境需要的压力。对于生产品种多、批量大、周期紧，以及工种任务集中、不均衡给生产协调带来极大困难的企业，可以实施多能工训练，以提高生产效率。

1．多能工培训的原因

多能工培训是现场管理中不可缺少的一部分，其原因在于以下几点。

（1）如果员工缺勤或请假且没有人去顶替工作，就会使生产停止或造成产量减少。

（2）在品种多、数量少或按订单来安排生产的情况下，要频繁地变动流水线的编程，这要求作业人员具备多能化的技艺以适应变换机种的需要。

（3）企业为适应竞争激烈的环境，往往会根据客户的某种要求而改变生产计划，这要求员工多技能化。

2．多能工培训计划

（1）对生产现场所需的必要的作业技能进行调查，将其记录到"多能工培训计划表"中（见表2-1）的横轴上。

（2）选定多能工的培训对象，将其姓名记到纵轴上。

（3）评价每个员工所具有的作业技能，并使用规定的记号来记录。

（4）针对每个员工的具体情况，确定其应该接受的培训项目，并制订培训计划。

（5）随着培训的进展，增加评价记号，如该员工每掌握一项技能，就添加一个记号。

表2-1　多能工培训计划表

作业技能 / 员工	取图	剪断	铸锻	展平	消除变形	弯曲	挫磨	冲压成形	整形	热处理	焊锡	熔接	铆接	组装	抛光	培训时间合计
	2天	2天	2天	3天	3天	5天	5天	5天	5天	8天	8天	8天	8天	8天	8天	80天
张三									☆							
李四			◎													
王五						○										
赵六																

备注：☆100%　　◎75%　　○50%　　×不须学会。

3．多能工培训的培训方法

多能工培训的培训方法如下所示。

（1）根据"多能工培训计划表"逐一进行作业基准及作业指导书内容的教育、指导。

（2）完成初期教育指导后，带参训人员参观该作业人员的操作，注意加深其对作业基准及作业顺序等教育内容的理解，随后利用中休或加班时间，由现场管理人员指导其进行实际作业操作。

（3）有现场管理人员或其他多能工顶位时，可安排其进入现场与员工一起进行实际操作，以提高其作业的准确性及顺序标准化，同时掌握正确的作业方法。

（4）当员工掌握了正确的作业方法，并能达到其作业基准，又具备正常作业流水线的速度（跟点作业），完全具备该工作的作业能力后，可安排其进行单独作业，使其逐步熟练，以达到一定程度的作业稳定性并能持续一段时间（3～6日最好）。培训中的多能工在单独作业时，现场管理人员要对其进行确认。

（5）企业要定期考核员工的培训效果，检查其作业方法是否与作业指导书的要求方法一致，有没有不正确的作业动作，如果有要及时纠正；对其生产的成品确认检查，看是否满足品质、规格要求，有无作业不良造成的不合格产品。

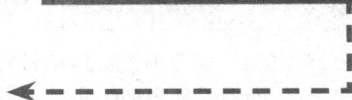

企业也可以设置专门的看板来对多能工培训进行管理。

要点04：现场员工OJT培训

OJT是On the Job Training的缩写，是指在工作现场内，上司和技能娴熟的老员工在日常工作中对普通员工和新员工们，就必要的知识、技能、工作方法等进行教育的一种培训方法。

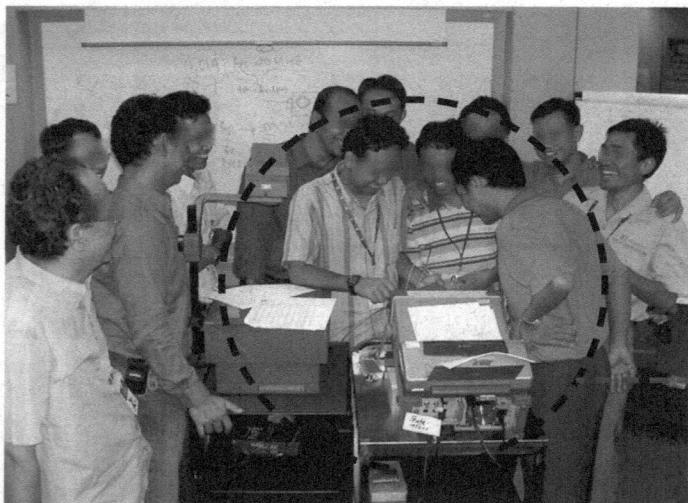

1．OJT培训的目的

（1）让员工能熟练而出色地做好自己的工作。

（2）提高本部门的整体工作业绩。

（3）促进员工个人能力的成长。

（4）通过指导他人，使负责培训的人员也获得能力上的提高。

2．OJT培训的准备工作

OJT培训的准备工作具体如图2-3所示。

1 首先掌握受训者的工作情况、技能情况，即熟悉培训对象

2 对受训者明确指出培训目标，以及通过培训要让他们达到什么层次的标准，即指明培养目标

3 明确告知受训者，其现有水平和希望达到的水平间的差距，即指明差距

4 明确告知受训者需要在哪些方面加强学习、怎么学习、学习多长时间，即给出长期的学习与培训计划

5 制定详细的学习、培训内容与日程

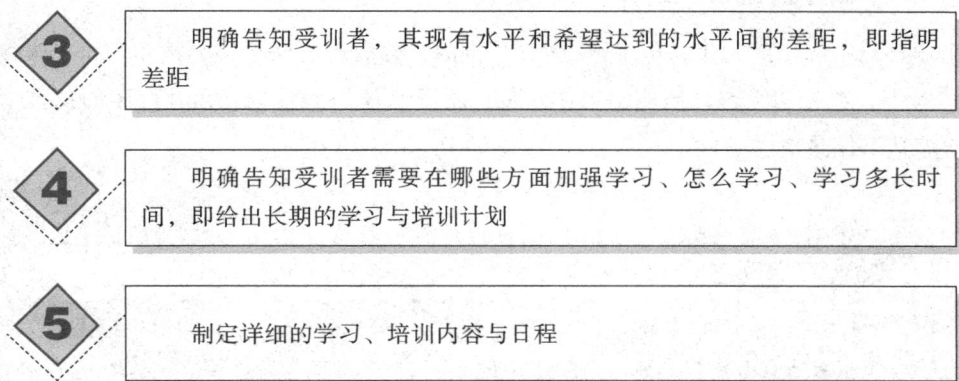

图2-3　OJT培训的准备工作

3．对新员工的OJT培训要点

企业在对新员工进行OJT培训时，在一开始就应该明确基本动作。基本动作可分成"作为一个组织人和职业人所必须具备的基本知识"和"与工作有关的基本事项"。

前者是指职业意识的确立，例如职业理想、职业道德、职业纪律、职业态度、职业素质、职业礼仪以及对同事、前辈、上司的态度等；后者是指有关工作方面的基本认知，如顾客意识、成本意识、效率意识、团队合作意识、成果意识、公司忠诚、岗位职责等。

4．对资深员工的OJT培训的要点

企业在对资深员工进行OJT培训的要点如图2-4所示。

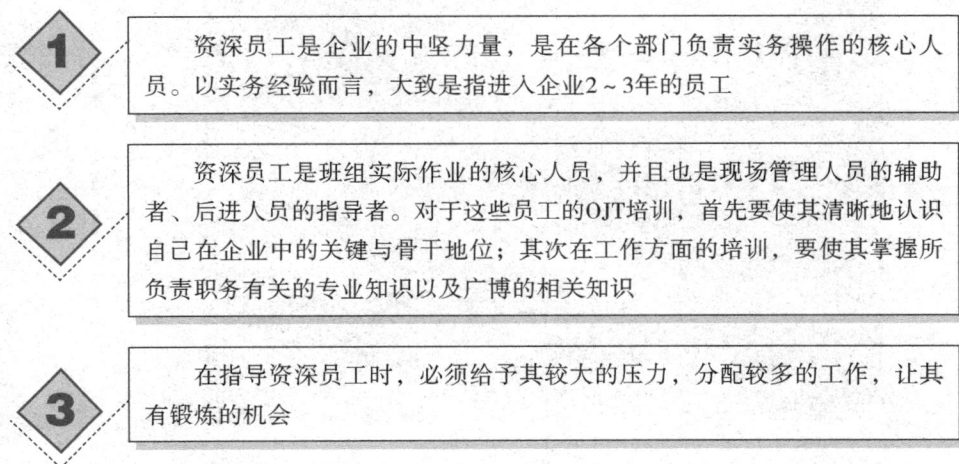

1 资深员工是企业的中坚力量，是在各个部门负责实务操作的核心人员。以实务经验而言，大致是指进入企业2～3年的员工

2 资深员工是班组实际作业的核心人员，并且也是现场管理人员的辅助者、后进人员的指导者。对于这些员工的OJT培训，首先要使其清晰地认识自己在企业中的关键与骨干地位；其次在工作方面的培训，要使其掌握所负责职务有关的专业知识以及广博的相关知识

3 在指导资深员工时，必须给予其较大的压力，分配较多的工作，让其有锻炼的机会

图2-4　对资深员工的OJT培训的要点

21

5．对中高年龄层员工的OJT培训要点

企业在对中高年龄的年长员工进行OJT培训时，需要在方法上讲究技巧。对于年长的员工，要承认、赞美其优点，把他们当作前辈，不要对他们另眼相看，并且要增加其工作内容以增加其工作热情。

请注意

OJT培训要视具体情况而定，不能只是简单地进行分类，例如中高年龄层员工也可能是新员工，因此，在对其进行培训时要将两者的特点结合起来进行培训。

6．OJT培训的重点

现场管理人员在开展OJT培训的过程中需把握五个重点，即5"E"。

（1）讲解（Explanation）

讲解是指详细描述怎样做好这项工作。首先，概述整个工作过程；然后，描述工作过程的每一个步骤，每一次讲解一个步骤；最后，再一次讲解这些步骤，并演示怎样完成该项任务。

（2）经验（Experience）

经验是指充分利用受训者以往的经验，让他全身心地投入到这项工作中。与他分享自

己的经验也相当重要，不要担心员工会因此而取代自己。

（3）练习（Exercise）

"任何理论都不及实践来得重要！"指导的目的是让员工更好地做事，而不是替他们做事。因此，应给员工更多的练习机会，并在旁进行观察、指导。通过练习，可使员工得到自我启发，发挥个人潜力，找出更好的工作方法。

（4）发表意见（Expression）

发表意见是指通过提供不断的反馈来承认和奖励取得的进步，来帮助员工评估进展和吸取经验教训。明确地指出员工的错误是非常重要的，它能够改善培训的绩效。但是，指正时的态度很重要，一定要以诚恳且对事不对人的态度进行。

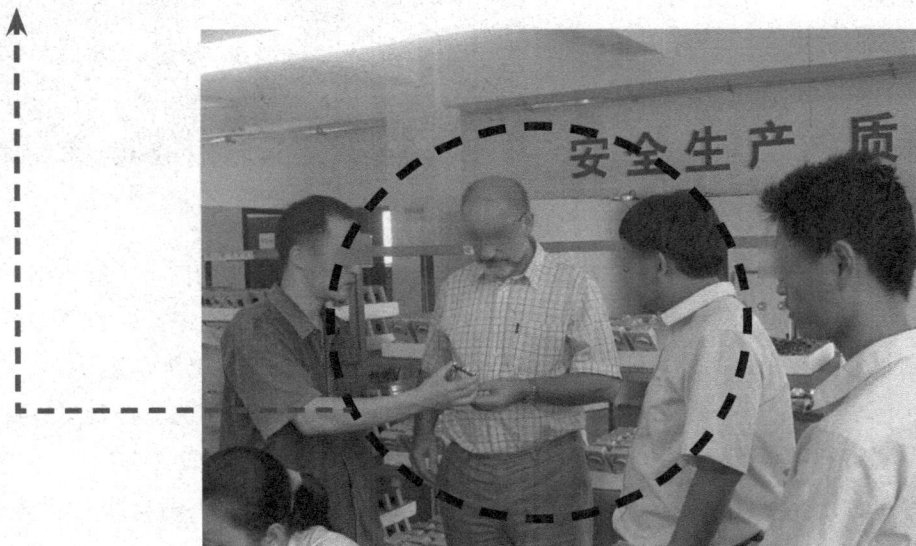

（5）尊重（Esteem）

对工作优秀的员工要立即鼓励，而对于其不正确的地方要立即纠正。若员工在工作中有不明白的地方，应立即给予帮助，避免让对方因感到技不如人而丧失信心。

要点05：现场员工出勤管理

员工在规定时间、规定地点按时参加工作，不无故缺席，视为出勤。无故不参加学习、工作视为旷工，应受到处罚。现场管理人员检查出勤情况称为考勤。一般来说，员工缺勤包括迟到、早退、请假、旷工、离职等几种情形，现场管理人员要做好出勤管理工作，具体可以从以下几点入手。

（1）员工上班应准时打卡，且不得找人代打卡。对于迟到、早退等情况，现场管理人员应该向该员工了解原因，同时严格按照企业制度考勤。除非情况特殊，一般要对缺勤的员工进行必要的个别教育或公开教育；对于多次迟到、早退，且屡教不改者，应该对其予以开除等处理。

（2）员工请假需按照企业制度规定，提前书面请假且获得批准后才能休假。特殊情况下，员工可以口头请假，现场管理人员需要确认缘由，并进行恰当处理，既要显示制度的严肃性，又要体现管理的人性化。

（3）发现员工旷工时，应该及时联系该员工或向熟悉该员工的同事了解情况，确认该员工是出现意外不能及时请假还是本人恶意旷工。如果是前者，应该首先给予关心，并在必要时予以指导教育；如果是后者，则应该当做旷工事故按制度规定严肃处理。

（4）碰到员工不辞而别的离职情形，应该及时联系该员工或向熟悉该员工的同事了解情况，尽量了解员工不辞而别的原因。

（5）现场管理人员可以利用相应的看板来实时掌握员工的出勤状态，如"人员动态表"、"去向板"等。

要点06：现场员工岗位工作交接

进行现场管理时，须严格规定岗位工作交接班制度，做好岗位工作衔接，确保安全、文明、均衡地开展生产。在多班制操作设备的情况下，不论现场管理人员、作业人员、值班维护工还是维修组长，都应该在交接班时办理交接手续。

1. 交班要求

（1）交班前工艺要求：一小时内不得任意改变负荷和工艺条件，确保生产稳定，同时要将工艺指标控制在规定范围内，消除生产中的异常情况。

（2）设备要求：运行正常、无损坏，无反常状况，液（油）位正常，清洁无尘。

（3）原始记录要求：认真清洁、无扯皮、无涂改、项目齐全、指标准确，填写巡回检查记录，生产概况、设备仪表使用情况、事故和异常状况都记录在记事本（记事栏）上。

（4）其他要求：为下一班储备消耗物品，确保工器具齐全、工作场地卫生清洁等。

（5）接班者到岗后，详细介绍本班生产情况；解释记事栏中提到的主要内容；回答接班者提出的一切问题。

（6）三不交：接班者未到不交班，接班者没有签字不交班，事故没有处理完不交班。

（7）二不离开：班后会未开不离开生产车间，事故分析会未开完不离开生产车间。

2. 接班要求

（1）到岗时间：接班人应提前30分钟到岗。

（2）到岗检查项目：生产、工艺指标、设备记录、消耗物品、工器具和卫生等情况。

（3）接班要求：经过检查没有发现问题；及时交接班，并在操作记录上签字。

（4）接班责任：岗位一切情况均由接班者负责，将上班最后一小时的数据填入操作记录中，将工艺条件保持在最佳状态。

（5）三不接：岗位检查不合格不接班，事故没有处理完不接班，交班者不在不接班。

3．班前会的召开

（1）参加人员：交接班双方的值班主任、接班的全体人员，白班交接时要有一名车间领导参加。

（2）参会人员必须穿戴工作服、工作帽，严禁穿高跟鞋。

（3）时间要求：提前20分钟点名、开会。

（4）会议内容：交班主管介绍本班工作情况，各岗位汇报班前检查情况；接班主管安排本班工作。

（5）车间领导发布指示。

4．班后会程序

（1）参会人员：交班者全体人员，白班交接班时要有一名车间领导参加。

（2）班后会时间：岗位交班后召开。

（3）内容：各岗位人员介绍本班工作情况，值班主管作综合发言。

（4）车间领导发布指示。

5．检查与考核

车间领导每天都要检查一次交接班情况，公司劳动纪律检查委员会和生产技术部门实行不定期检查。检查的结果要纳入经济责任制考核范围。

要点07：现场员工沟通

如果现场员工不能就企业现场进行有效的沟通，会产生许多问题，从而影响企业整体生产目标的达成。为了有效提高生产效率和维护产品的品质，必须确保现场员工能够有效沟通。

1．沟通不良易产生的问题

企业现场员工的沟通是否良好将会直接影响到生产。如果沟通得好，就会产生既能提高生产效率又能提高品质的协作优良的生产现场；反之，则会降低生产现场的效率、品质，并会发生以下问题。

（1）员工只做现场管理人员交代的工作，未交代的不会动手去做，而且这种现象越来越普遍。

（2）工作方法陈旧，缺乏改善意识，甚至不愿意改善。

（3）员工思想消极，不思进取，不去主动学习。

（4）某些员工工作能力差，使某些工作集中在某些特定的员工身上，如果该特定的员工缺勤，生产就无法正常进行。

（5）完不成生产现场整体的生产目标，而且不去探究责任和原因。

2．沟通的对象

生产现场的沟通对象如下所示。

（1）和上司沟通

和上司进行沟通是完成生产工作的重要部分。员工在和上司沟通时应做好以下几点。

①在和上司沟通时要站在上司的立场上看待问题，即使观点不一致也不要气恼。

②面对上司要切实地进行报告、联系、商讨。

③在向上司作工作报告时应先说结论，并把事实和意见明确区分开来报告。

（2）和员工沟通

为完成生产目标，现场管理人员应与员工进行有效沟通。其沟通技巧如下所示。

①利用"目视管理"等手段明确表示生产现场的目标，例如设置管理看板，将需要沟通的知识放在看板上，使员工了解。

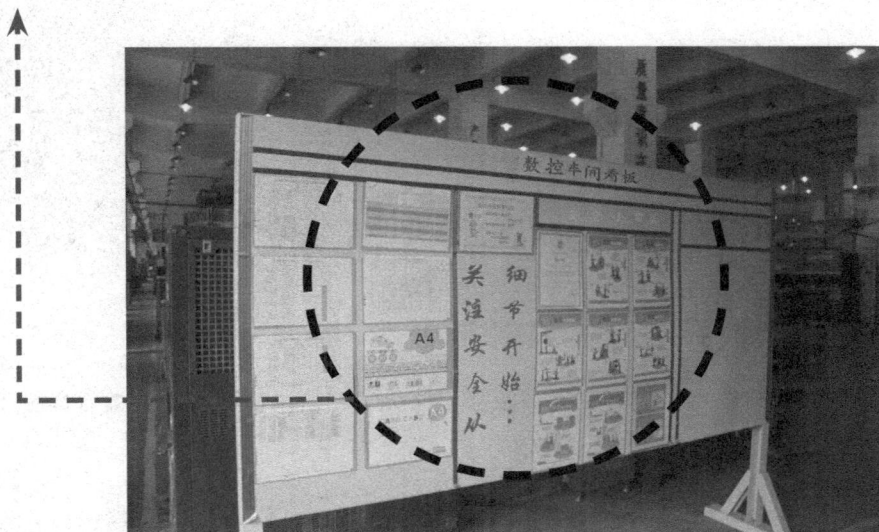

②有计划地培养员工。

③激发员工的工作热情，培养良好的人际关系。

④耐心倾听员工的烦恼和要求，并帮助其解决。

⑤在给员工发出工作指令时要清晰、明确。

（3）同事之间的沟通

和同事沟通是职场人员寻求协助的最佳手段，因此应该运用良好的交流手段，具体内容如下所示。

①积极地与同事进行频繁的信息交换。

②同事之间要互相激励、互相学习，以求共同提升能力，并成为良好的搭档。

③对关系一般的同事也要进行必要的沟通。

3．改善沟通的方法

现场沟通受很多因素的影响，所以相应的解决方法也是多样化的。以下是一些简单易行的方法，仅供读者参考。

（1）明确沟通目标

谋求别人和自己的沟通前，须明确自己的沟通目标。现场管理人员应该明确自己想干什么及自己的目标是什么。只有明确沟通目标，才可找出最佳的沟通方法。

（2）运用会议进行沟通

现场管理人员可以每日召开一次早会、每周召开一次分析会议，这样连续不断地进行并使之成为一种惯例，将会产生很好的沟通效果。

（3）设置沟通技巧看板

生产现场可以设置专业的沟通技巧看板，展示沟通的相关技巧，以方便员工学习掌握。

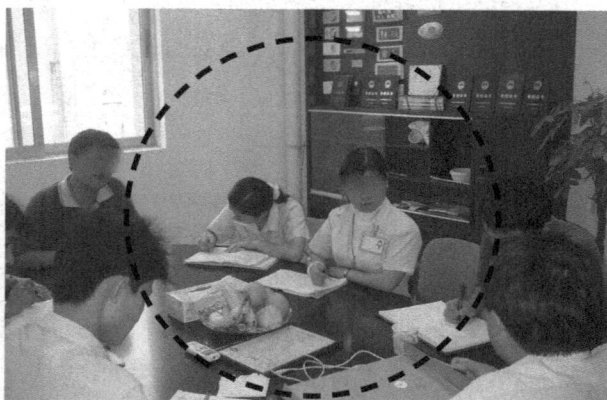

要点08：现场员工工作氛围管理

良好的工作氛围可以使员工感到温馨，使员工工作愉悦，从而自觉而积极地工作，发挥出更大的潜能，为企业创造更多的效益。

1．不健康氛围的表现

现场管理人员必须营造健康的工作氛围。以下介绍不健康工作氛围的表现（见图2-5），请现场管理人员将之和自己工作场所的现状进行对照，作为发现问题的线索。

1 员工经常为一些鸡毛蒜皮的小事争吵

2 员工间不能相互合作

3 员工在会议上不提出意见，即使提也多是消极悲观的意见

4 员工不按现场管理人员的指示执行

5 流言散播迅速，背后说人闲话者多

6 其他员工失败一次，就一再被作为例子提出

7 员工仅做指示的工作，不愿做指示以外的工作

8 员工不能自由发表意见

9 员工很少找现场管理人员提出建议

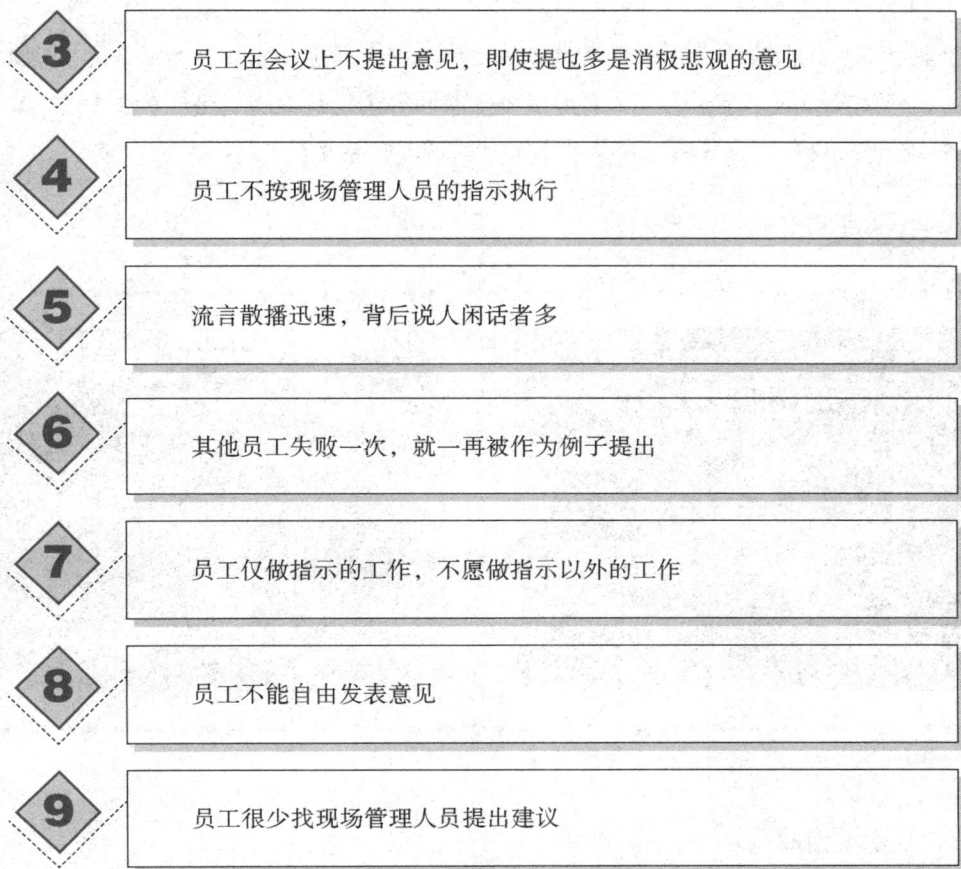

图2-5 不健康工作氛围的表现

2．良好人际氛围的表现

良好的人际氛围是指自由、真诚和平等的工作氛围，就是在员工对自身工作满意的基础上，与同事、现场管理人员相处融洽、互相认可，有集体认同感，具有团队合作精神，能够共同达成工作目标，在工作中共同实现人生价值的氛围。

在这种氛围里，每个员工在得到他人承认的同时，都能积极地贡献自己的力量，在工作中能够随时灵活方便地调整工作方式，使之具有更高的效率。

3．创造良好人际氛围的方法

创造良好人际氛围的方法有很多种，具体内容如下所示。

（1）明确分工

现场岗位之间的合作是否顺利是判断工作氛围好坏与否的一个重要标志，分工明确才能拥有良好的合作。

（2）宣传企业文化

企业可以从企业文化着手，提高员工的工作热情，营造一个相互帮助、相互理解、相互激励、相互关心的工作氛围，从而形成一个共同的工作价值观，进而产生合力，达成组织目标。具体可以使用宣传画、在公开场所设置宣传板等方式来开展。

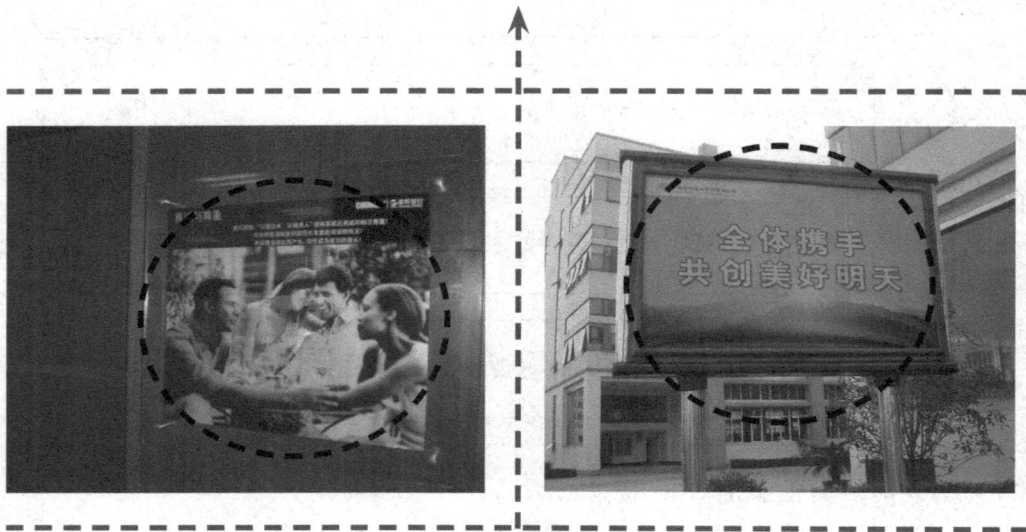

（3）做好内部沟通

良好的内部沟通是创造和谐工作氛围的基础。部门内部不应允许有官僚作风的存在，职务只是代表分工的不同，只是对工作的权责划分，应该鼓励不同资历、不同级别的员工之间加强沟通，以促进互相信任、互相帮助和互相尊重。同时也要重视沟通宣传工作，尤其是上级与下级之间的沟通宣传。

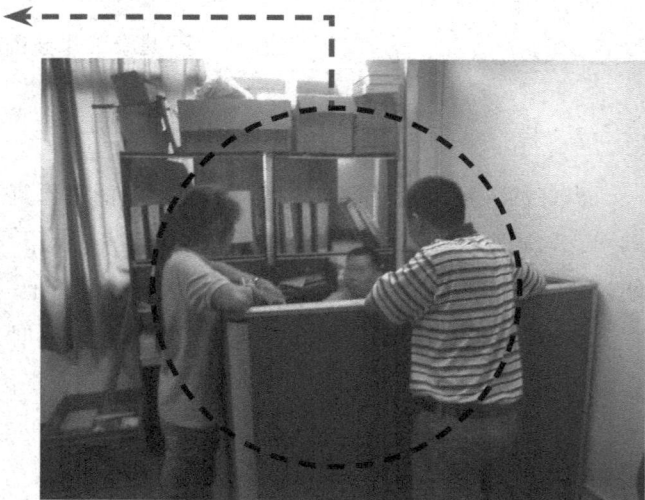

（4）做好团队建设

生产现场内应该有良好的学习风气。现场管理人员要鼓励和带领团队成员学习先进的技术和经验，并在进行工作总结时进行广泛而有针对性的沟通和交流，共同分享经验，不断总结教训。

要点09：现场员工冲突管理

冲突是指由于人们的立场观点、思想感情、理想愿望及利益等的不同而产生的矛盾斗争，表现为以争吵、摩擦和对立为特色的持久的不和。

化解冲突是指具体说明处理冲突的态度、做法，以缓解部门内部的工作气氛，疏通关系，创造良好的工作环境。具体操作如下所示。

（1）分析发生冲突的原因，找出主要责任方。

（2）请与本事无关的第三人从中调节。

（3）针对不同情况，酌情处理冲突。

（4）在合适的情况下，适时表达自己化解冲突的良好愿望。

（5）冲突一旦停止，如果未造成损失，不再追究，不再扩散。

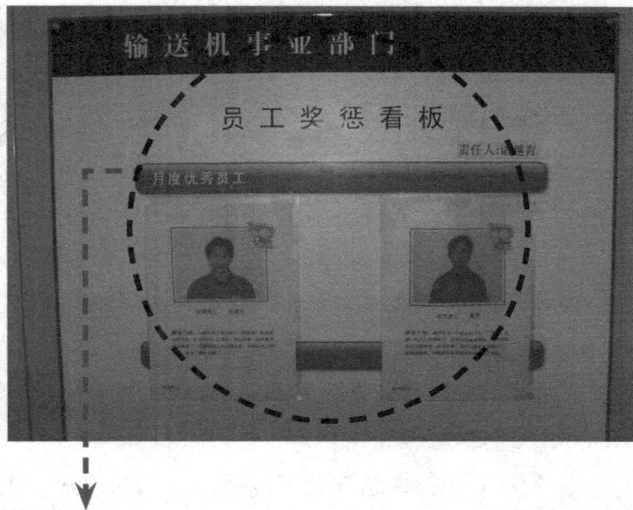

（6）如果冲突造成严重损失，应对引发冲突的主要责任方进行惩罚，可以将其登录在相关奖惩看板上。

要点10：现场员工健康管理

1．职业健康管理

在日常的生产作业过程中，企业生产现场管理人员必须做好职业健康管理工作，这是预防各类职业病产生的重要措施。

（1）职业病的起因

职业病的起因是由于作业人员在职业性活动过程中长期受到来自化学的、物理的、生物的职业性危害因素的侵蚀，或长期受不良的作业方法、恶劣的作业条件的影响。这些因素及影响可能直接或间接地、个别或共同地发生着作用。

（2）职业病的预防

现场管理人员可以采用以下措施来预防职业病的产生。

①生产工艺的革新

以无职业性危险物质产生的新工艺、新物料代替有职业性危害物质产生的工艺过程和原物料是最根本的预防措施，也是职业卫生技术在实践中加以应用的发展方向。

②提高生产过程的自动化程度

以机械化生产代替手工或半机械化生产，可以有效地控制有害物质对人体的危害；采用隔离操作（将有害物质和操作者分离）、仪表控制（自动化控制），对于受生产条件限制、有害物质强度无法降低到国家卫生标准以下的作业场所是很好的预防措施。

③加强通风

加强通风是控制作业场所内污染源传播、扩散的有效手段。经常采用的通风方式有局部排风和全面通风换气。

④使用防护用品

使用合格的防护用品，如手套等，可以减少有害物质从皮肤、消化道及呼吸道侵入人体。

⑤合理安排劳动时间

企业要根据劳逸结合的原则，对员工的生产、工作、学习和休息进行合理安排，确保员工有充沛的精力参加工作。

⑥加强卫生保健

对员工实行定期健康检查，做好厂区内部的环境卫生工作。

2．心理健康管理

（1）心理不健康的表现

员工心里不健康的表现具体如图2-6所示。

1 忧郁

由于种种原因，员工会出现闷闷不乐、愁眉苦脸、沉默寡言的现象。如果长时期处于这种状态，就应当予以充分重视

2 狭隘

表现为斤斤计较，心胸太狭窄，不能容人也不理解他人，对小事也耿耿于怀，爱钻牛角尖

3　嫉妒

当他人比自己优秀时，表现出不自然、不舒服甚至怀有敌意，更有甚者会用打击、中伤手段来发泄内心的嫉妒

4　敏感

即神经过敏、多疑，常常把别人无意中的话、不相干的动作当做对自己的轻视或嘲笑，为此而喜怒无常，情绪变化很大

5　自卑

对自己缺乏信心，以为自己在各方面都不如人家，无论在工作上，还是在生活中，总把自己看得比别人低一等，抬不起头来。这种自卑严重影响了自己的情绪，压抑感太强

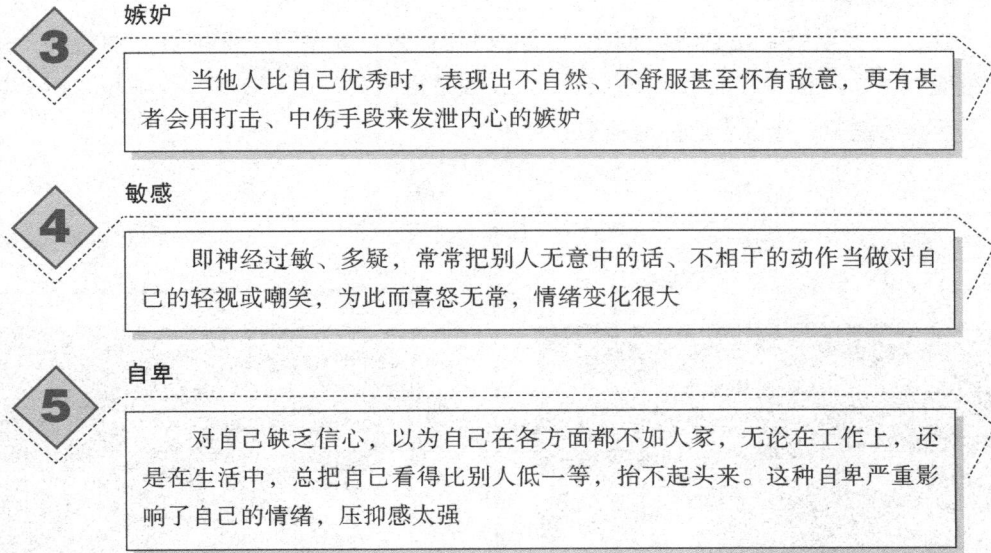

图2-6　员工心理不健康的表现

3．促进员工心里健康的方法

（1）心理调节

心理调节是指通过调节和控制生活中的矛盾和事件所引起的心理反应，使之推迟发作或发作适可而止。在工作中，员工总会因遇到令人烦恼、愤恨甚至悲伤的事情而产生不良情绪，最终导致心身疾病的发生。此时，现场管理人员要协助员工学会调节与控制自己的情绪，保持身心健康。

现场管理人员可以设置员工情绪看板、"调节情绪的小方法"看板等，帮助员工调节情绪。

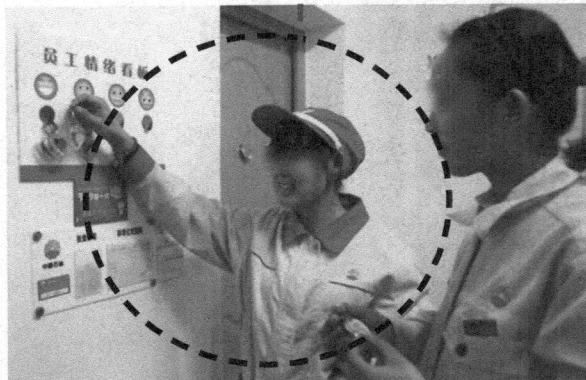

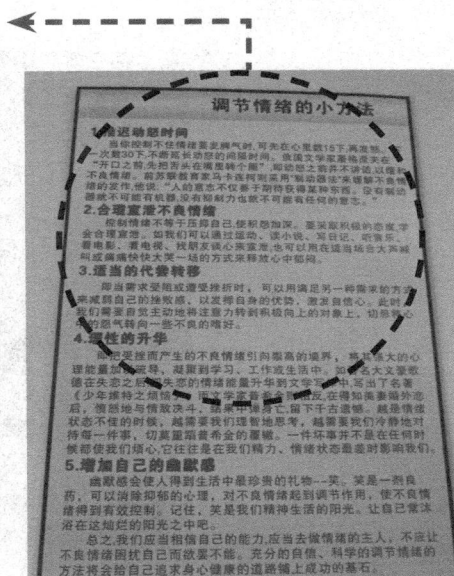

（2）工作压力舒缓

工作压力会影响着企业员工的生理、心理和行为，并会对企业绩效、运行等产生影响。企业可以采用很多方法来舒缓工作压力，如举行相关作业竞赛等。企业也可以开设运动房、乒乓球室等，让员工通过运动来舒缓压力。

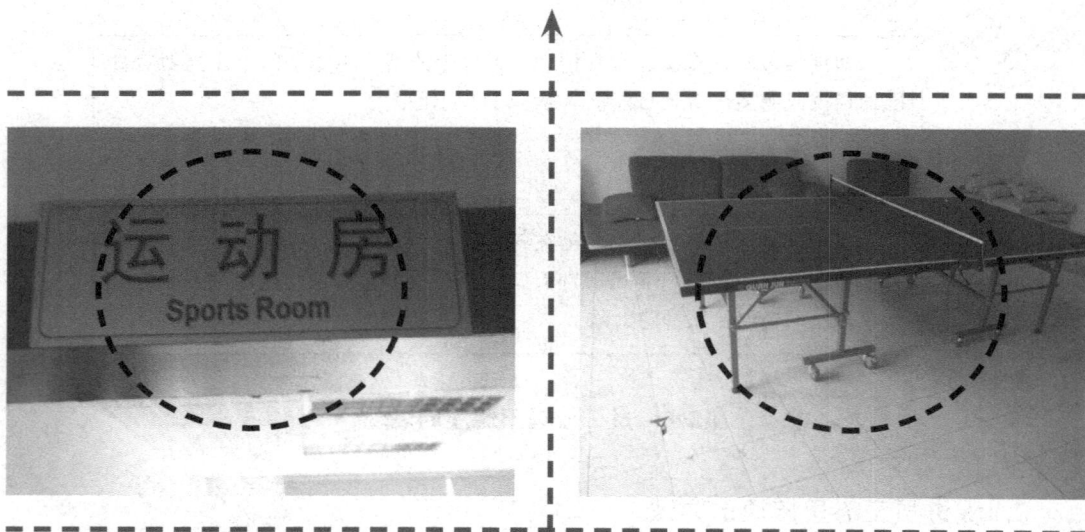

（3）心理辅导

每个员工都难免有心情不好的时候，当现场管理人员发现员工处于心情不好的状态时，应对其进行心里辅导，帮其找出导致心情不好的原因，以着手解决。

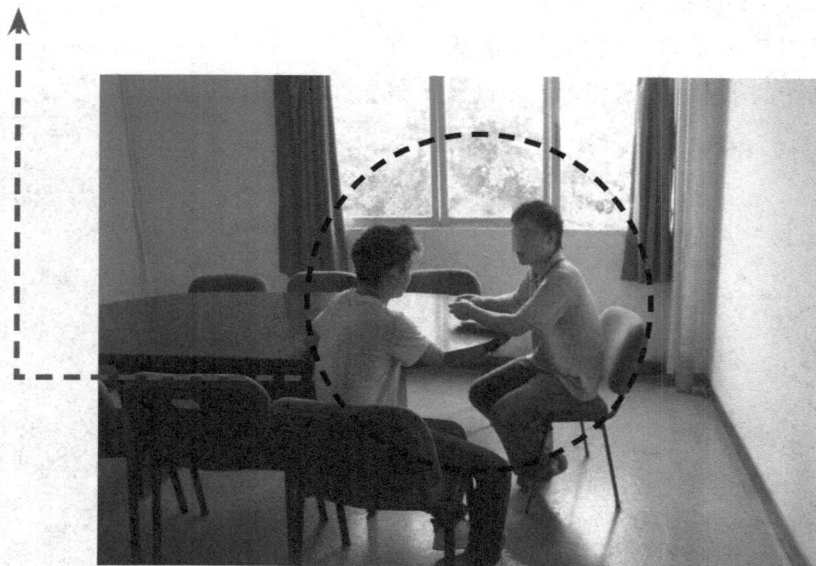

要点11：现场员工激励管理

1．目标激励

目标激励是指把大、中、小和远、中、近的目标相结合，使员工在工作中时刻把自己的行为与这些目标紧紧联系。目标激励包括设置目标、实施目标和检查目标三个阶段。在设置目标时须注意以下事项。

（1）要根据生产现场的实际业务情况来制定目标。一个振奋人心、切实可行的目标，可以起到鼓舞士气、激励员工的作用。

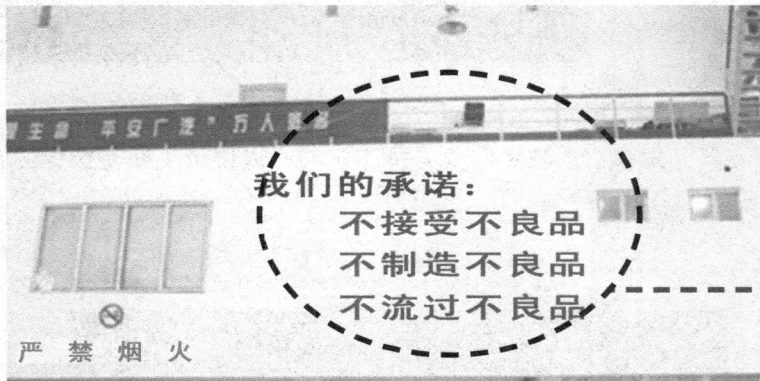

（2）现场管理人员可以对班组或个人制定并下达年度、半年度、季度、月度、日的业务目标任务，并定期检查，使其朝着各自的目标去努力、拼搏。

（3）检查目标的执行情况，确保目标得以实现。

2．领导行为激励

领导者在某些方面用有意的行为来激励下级的方法就是领导行为激励法。

（1）一个成功的主管之所以成功，关键在于其99%的行为魅力以及1%的权利行使。员工能心悦诚服地为他努力工作，不是因为他手中有权。

（2）好的领导行为能给员工带来信心和力量，使其心甘情愿地、义无返顾地向着目标前进。

（3）领导者要加强品德修养，严于律己，做一个表里如一的人；要学会推销并推动自己的目标；要掌握沟通、赞美及为人处事的方法和技巧。

3．奖励激励

奖励是指对员工的某种行为给予肯定和奖赏，使这种行为得以巩固和发展。奖励分为物质奖励和精神奖励。

（1）物质激励。物质奖励能让人发掘出非常大的潜力，如实施计件工资制，使"多劳"的员工多得，从而进行有效的物质激励。

（2）精神奖励。当物质奖励达到一定程度的时候，就会出现边际作用递减的现象，而精神奖励的激励作用则更持久、强大。因此，在制定奖励办法时，要本着物质奖励和精神奖励相结合的原则。

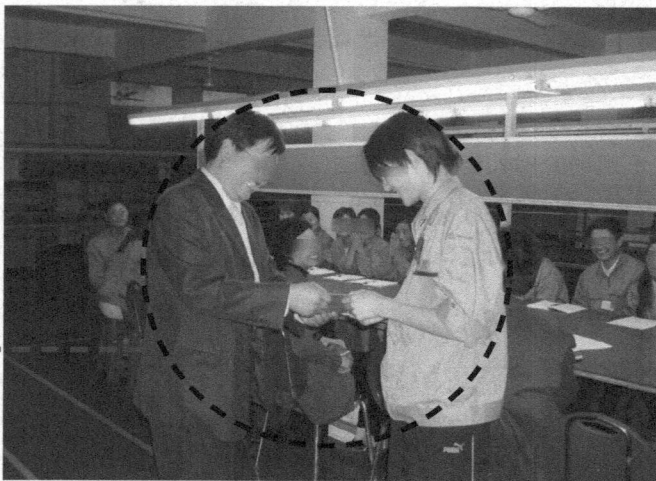

待机时间	图纸加工速度 PCS/分	实际生产数量 PCS	技师姓名	技师记件单价	技师记件金额 RMB	技师补助金额 RMB	技师改机补助
4.5	1.5	1500	杜正兵	0.0100	15	1.8	
	1.5		杜正兵	0.0100	0.0	0.0	
7	3	920	杜正兵	0.0050	4.6	2.8	
	1.5	1280	杜正兵	0.0100	12.8	0.0	
	1.5	430	杜正兵	0.0100	4.3	0.0	
	2.5	530	杜正兵	0.0060		0.0	
7	5	860	杜正兵	0.0030	2.6	2.8	
4	8	3500	杜正兵	0.0019	6.5	1.6	
	3	2250	杜正兵	0.0050	11.2	0.0	
	5		杜正兵	0.0030	0.0	0.0	

企业应不断创新奖励方式，如在生产现场向优秀员工颁奖，以使员工获得极大的荣誉感。

5．典型激励

典型激励是指树立团队中的典型人物和事例，经常表彰各方面的优秀员工、好人好事，营造典型示范效应，使全体员工向榜样看齐，鼓励其积极进取、团结向上。典型激励的实施方法如下所示。

（1）现场管理人员要及时发现、总结典型，如评选最优秀的员工，将其评选为每月之星。

（2）现场管理人员可以通过设立优秀员工榜、荣誉榜等，或成立精英俱乐部等措施表彰典型员工。

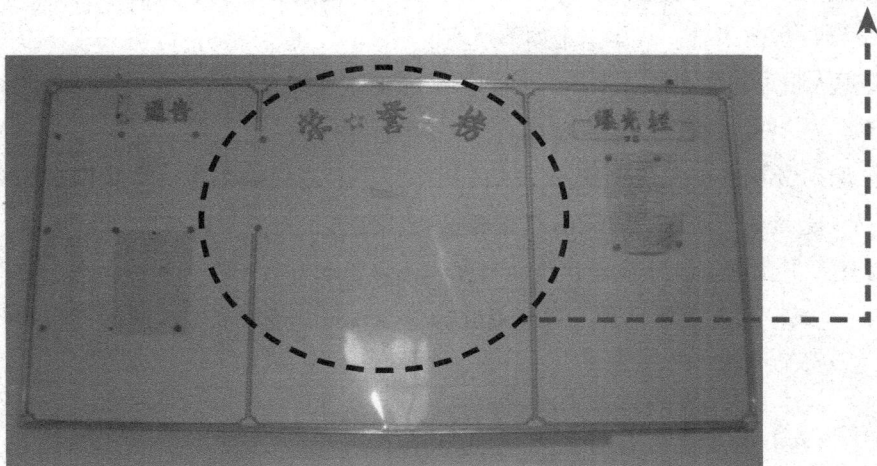

（3）现场管理人员可以给成绩优秀者放员工特别假期，以激励各级员工向其学习。

6．关怀激励

关怀激励法是指对员工进行关怀、爱护，以激发其工作积极性、创造性的激励方法，具体内容如下所示。

（1）要了解员工

了解是关怀的前提，对员工要作到"九个了解"，即了解员工的姓名、生日、籍贯、出身、家庭、经历、特长、个性和表现。"九个有数"是指对员工的工作状况、住房条件、身体情况、学习情况、思想品德、经济状况、家庭成员、兴趣爱好和社会交往心里有数。

（2）关注员工健康

现场管理人员若对员工多些体贴和关心，就会赢得员工的信服与尊崇，员工也会在你的领导下团结一心，干劲十足，业绩也会不断提高。

（3）关心员工的家庭

家庭气氛会对员工的工作产生影响，现场管理人员应主动关心员工的家庭情况。

（4）向员工表达支持。

企业应向员工表达支持。表达的方式多种多样，如及时沟通、在现场悬挂支持性横幅等。

（5）宣扬企业的"家庭氛围"

现场管理人员可以在生产现场悬挂"我们是大家庭"等宣传画，营造一种"企业就是家"的氛围，向员工表达关怀。

7. 集体荣誉激励

集体荣誉激励是指通过多表扬、奖励集体，来激发员工的集体意识，使其产生强烈的荣誉感，从而自觉维护集体荣誉，具体措施如下所示。

（1）现场管理人员通过给予集体荣誉，培养员工的集体意识，使员工为自己能在这样优秀的团队而为荣，从而自觉维护集体荣誉。

（2）现场管理人员要善于发现、挖掘团队的优势，并经常向员工灌输"我们是最棒的"的意识，让员工觉得他们所在的团队是"最棒的"，使员工为"荣誉而战"。

（3）现场管理人员在制定各种管理和奖励制度时，要考虑有利于集体意识的形成和形成竞争力这一点。例如，召开表彰大会，对员工进行公开表彰，或开展团队间的擂台赛、挑战赛等。

学习笔记

　　通过学习本章内容，想必您已经掌握了不少学习心得，请仔细填写下来，以便继续巩固学习。如果您在学习中遇到了一些难点，也请如实写下来，方便今后重复学习，彻底解决这些难点。

　　同时本章列举了大量实景图片，与具体的文本内容互为参照和补充，方便您边学边用，请如实填写您的运用计划，以使工作与学习相结合。

我的学习心得：

1. _____
2. _____
3. _____
4. _____
5. _____

我的学习难点：

1. _____
2. _____
3. _____
4. _____
5. _____

我的运用计划：

1. _____
2. _____
3. _____
4. _____
5. _____

第 3 章

工厂现场设备管理

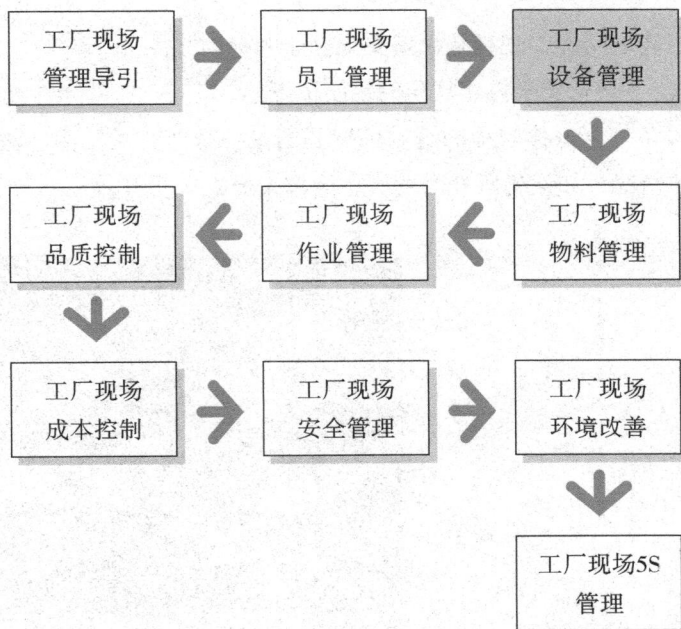

导视图

━━━━━━━━━━━━━━━━━━━ **关键指引** ━━━━━

设备对企业的正常生产活动具有非常重要的作用。现场管理人员和作业人员应做好设备的各项管理工作，确保设备完好，以节省设备成本。

要点01：现场设备安全操作管理

现场设备的安全操作管理不仅关系着设备的安全，更关系着设备操作人员的安全，因此，企业必须从各个方面严格做好设备的安全操作管理工作。

1．制作设备安全操作规程

设备安全操作规程是设备安全操作的标准文件。

（1）设备安全操作规程的编制依据

设备安全操作规程的编制依据是国家、行业有关法律、法规、规程、标准，以及企业的具体情况，如设备所处的场所、操作人员的素质等。

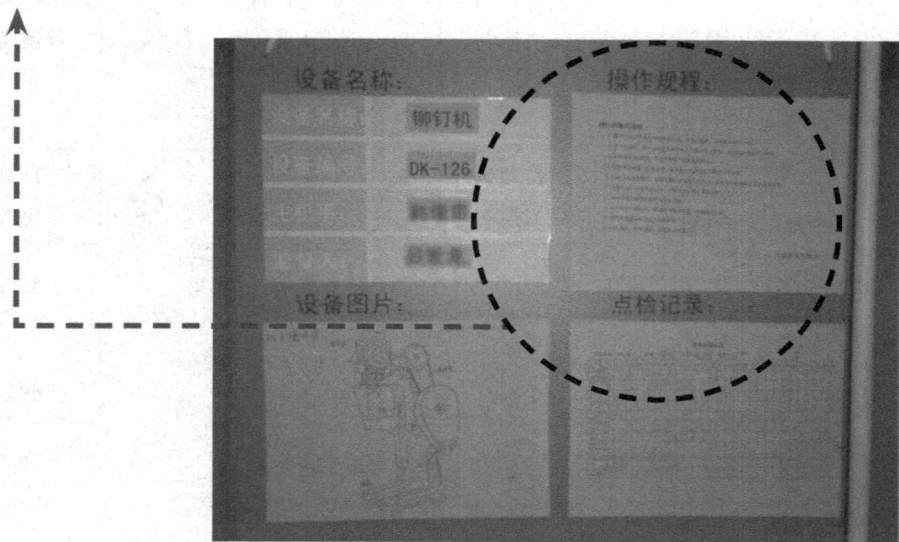

（2）设备安全操作规程的内容

设备安全操作规程一般包括以下内容。

①设备安全管理规程

设备安全管理规程主要是对设备使用过程的维修保养、安全检查、安全检测、档案管理等的规定。

②设备安全技术要求

设备安全技术要求是对设备应处于什么样的技术状态所做出的规定。

③设备操作过程规程

设备操作过程规程是对操作程序、过程安全要求的规定，它是岗位安全操作规程的核心。

如果设备安全操作规程的内容较多，一般将设备系统或工作系统划分为若干部分展开编写，实际划分可视机械设备组成情况、作业性质、操作特点等而定。

（3）设备安全操作规程的通用要求

设备安全操作规程的通用要求包含以下内容。

①接通电源、开动设备以前应清理工作现场，仔细检查设备各部位是否正确、灵活，安全装置是否齐全可靠。

②开动设备前首先要检查油池、油箱中的油量是否充足、油路是否畅通，并按润滑图表卡片进行润滑工作。

③变速时，各变速手柄必须转换到指定位置。

④工件必须安装牢固，以免松动甩出，造成事故。

⑤已安装牢固的工件，不得再行敲打或校正，以免损伤设备精度。

⑥要经常保持设备润滑工具及润滑系统的清洁，不得敞开油箱、油眼盖，以免灰尘、杂质等异物进入。

⑦开动设备时必须盖好电器箱盖，不允许有污物、水、油进入电机或电器装置内。

⑧设备外露基准面或滑动面上不得堆放工具、产品等，以免碰伤，影响设备精度。

⑨严禁超性能、超负荷使用设备。

⑩采取自动控制时，首先要调整好限位装置，以免超越行程，造成事故。

⑪设备运转时，操作人员不得离开工作岗位，并应经常注意各部位有无异常（异音、异味、发热、振动

> **请注意**
>
> 设备安全操作规程是保障设备操作安全的重要保障，因此，各级人员都应予以高度重视，尤其是设备操作人员，应当严格按照规程操作设备。

等），发现故障应立即停止操作，及时排除。凡属操作人员不能排除的故障，应及时通知维修人员排除。

⑫操作人员离开设备时，或装卸工件以及对设备进行调整、清洗或润滑时，都应关闭

设备并切断电源。

⑬ 不得随意拆除设备上的安全防护装置。

⑭ 调整或维修设备时，要正确使用拆卸工具，严禁乱敲乱拆。

⑮ 操作人员思想要集中，穿戴、站立位置要符合安全要求。

（4）设备安全操作规程的制定步骤

设备安全操作规程的制定步骤如下所示。

① 调查、收集资料信息

设备安全操作规程应具有很强的针对性和可操作性。为了制定出合理的设备安全操作规程，必须对设备的运行情况进行深入调查，并收集、分析相关资料信息。具体内容如下。

a.该类设备现行的国家、行业安全技术标准，安全管理规程，有关的安全检测、检验技术标准规范。

b.该设备的使用操作说明书，设备工作原理及设计、制造资料。

c.同类设备曾经出现的危险、事故及其原因。

d.同类设备的安全检查表。

e.作业环境条件、工作制度、安全生产责任制等。

② 编写规程

确定规程内容后即可按统一格式编写。安全操作规程的格式一般可分为全式和简式两种。全式一般由总则或适用范围、引用标准、定义或名词说明、操作安全要求构成，通常用于适用范围较广的规程，例如行业性规程。简式的内容一般就由操作安全要求构成，其针对性很强，企业内部制定的安全操作规程通常采用简式。

（5）设备安全操作规程的摆放

设备安全操作规程应摆放在设备附近，以方便操作人员查看。

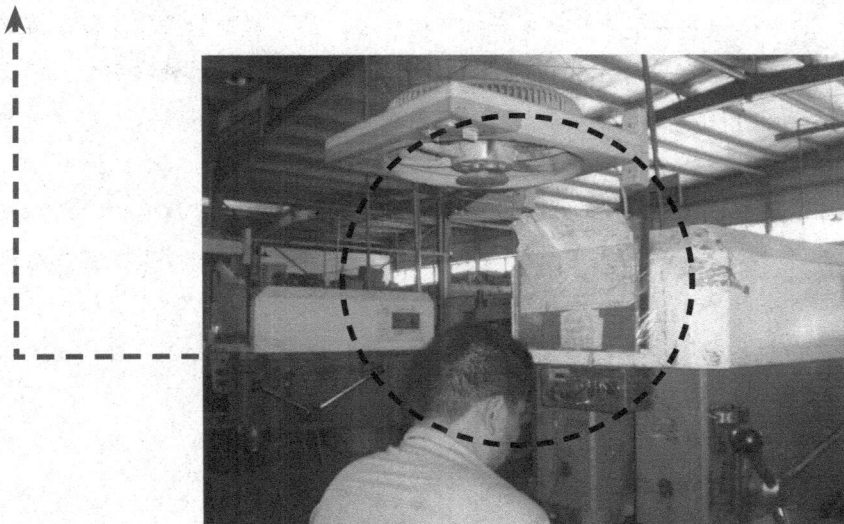

以下是一份简式的操作规程，仅供读者参考。

【参考范本】××有限公司设备安全操作规程

××有限公司设备安全操作规程

1. 设备操作人员必须熟悉机床的特点，认真学习并严格遵守设备的安全操作规程，不违章作业，并劝阻他人不违章操作。

2. 在上班前和下班后检查所使用的工具、设备，保证其安全可靠；保持作业现场的整洁，爱护和正确使用防护用具。

3. 开动机床前要详细检查机床上危险部件的防护装置是否安全可靠；机床的紧急停止装置、连锁装置、安全报警装置、自动停车装置等是否安全；润滑机床，并做空载试车。

4. 工作地点要保持整洁，有条不紊。待加工和已加工工件应摆放在架子上，不能将工件或工具放在机床上，尤其不能放在机床的运动部件上及工作地点通道上，防止物料倾倒伤人；工件及刀具的装夹要牢靠，以防工件和刀具从夹具中脱落；装卸笨重工件工装时，应使用起重设备。

5. 使用设备时，操作人员应穿戴紧身、合适的防护衣服，把袖口扣紧或者把衣袖卷起，腰带端头不应悬摆。留有长发的操作人员要戴防护帽或头巾，头巾及领带的端头要仔细塞好。操作人员应佩戴防打击的护目镜（硬质玻璃目镜，胶质粘合玻璃片护目镜、钢丝网护目镜）。护目镜应选用没有气泡、杂质，表面平滑的平光镜；还要注意镜片与镜架衔接是否牢固，镜架是否圆滑无锐角，以免造成擦伤或有压迫感。

6. 旋转运动加工零件的机床在旋转运行时，禁止带手套操作设备；禁止用手调整机床或测量工件；禁止把手肘支撑在机床上；禁止用手触摸机床的旋转部分；禁止取下安装护板或防护装置；不要用手清除切屑，以防止操作人员的局部卷入或夹入机床旋转部件而造成伤害事故。

7. 直线运动加工零件的机床在运行时，操作人员应集中注意力，正确操作。禁止用手调整机床或测量工件；禁止用手触摸机床的旋转部分；禁止把手肘支撑在机床上；禁止用手取放工件；禁止取下安装护板或防护装置；使用脚踏开关时，禁止将脚一直放在开关上；防止操作者与机床相碰撞（操作者和机床相互碰撞、操作者撞机床、机床撞操作者）引起伤害事故。

8. 不要使污物或废油混入机床冷却液，严禁使用乳化油、煤油和机油洗手，以避免冷却液对皮肤造成侵蚀。

9. 当切屑飞溅严重，必须使用压缩空气清除切屑时，应在机床周围安装挡板，隔离操作区。不能用压缩空气吹去衣服或头发上的尘土及脏物，以免造成耳朵和眼睛的损伤。

10. 机床运转时，操作人员不能离开工作地点。发现机床运转不正常时，应立即停止生产，请维修工检查。当停止供电时，要立即关闭机床或其他电动机构，并把刀具退出工作部位。

11. 工作结束后，应关闭机床和电动机，把刀具和工件退出工作位，清理、安放好所使用的工、夹、量具，仔细地清擦工件。

12. 发生事故后立即报告班组长，保护现场，向事故调查人员如实介绍情况。

2. 设备的安全操作

（1）定人定机、凭证操作 ◄━━━━━━━━━━━━━━━━━┐

凡是主要设备的操作人员，必须凭证操作。特种设备操作人员需经过相关培训，没有操作证一律不得擅自使用设备。

① 操作人员在独立使用设备前，企业应对其进行设备结构、性能、技术规范、维护知识和安全操作规程及实际技能方面的培训，经设备工具处、教育处、劳资处审查

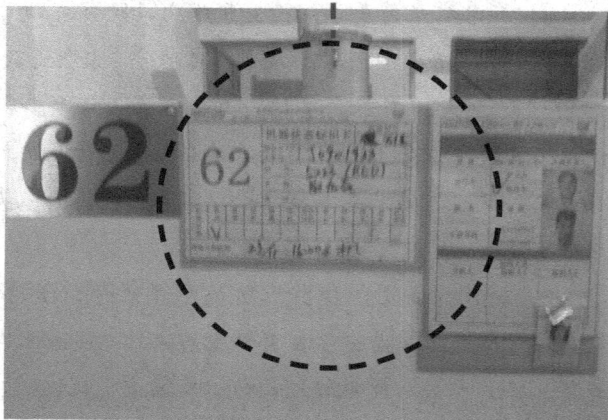

合格后发放操作证。

②重点设备，进口设备，精、大、稀、关键设备的操作人员经培训后，还须由设备工具处会同有关部门对其进行考核，考核合格后发放操作证。

③确有操作多台设备能力者，经考试合格后，允许其操作同工种2～3台设备。多人操作的设备必须实行台机长负责制。

④临时使用设备的操作人员，培训后经企业领导和机械员同意方可临时使用设备。

⑤因调离企业或工种变动而不再使用原设备的人员，企业应收回其操作证，并交设备工具处注销。

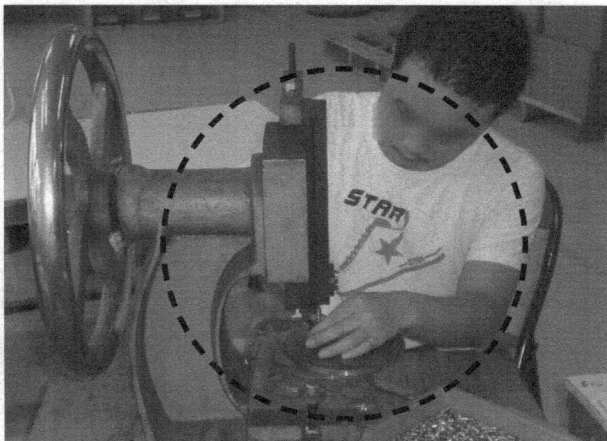

（2）制定设备操作规定

①操作设备时必须集中注意力，不得"开小差"。

②凭操作证使用设备，遵守安全操作规程。

③经常保持设备整洁并按规定加油。

④遵守交接班制度。

⑤管好设备工具、附件，不得遗失。

⑥发现故障立即停机检查，并通知检修部门处理。

（3）建立和健全操作人员的岗位责任制

按照岗位责任制的要求，对个人操作、一班作业的设备建立专人专机制，对于三班作业和几个人共同操作的设备，建立机长负责制。在机组内进一步划分操作岗位和职责，做到台台设备有专人管、人人有专责。

（4）为设备划定放置区域

现场管理人员应为设备划定放置区域，方便放置设备，如"油压车放置区"。

（5）开展"红旗设备"、"信得过设备"竞赛活动

设备竞赛的实质是员工的竞赛，主要比赛员工的精神面貌和劳动态度，比赛员工的操作和维修技术，比赛员工互相之间的协作配合。通过竞赛，评选出"红旗设备"，在此基础上再进一步评出"信得过设备"。对于"红旗设备"、"信得过设备"的操作人员和检修人员，要给予适当的精神奖励和物质奖励，以便竞赛活动能持久和巩固。

"红旗设备"的标准一般规定为：

① 完成任务好，出勤好，设备性能好，零部件完整齐全；

② 按规定要求使用设备；

③ 搞好设备的清洁、润滑、紧固、调整和防腐工作；

④ 设备使用记录齐全、准确。

而"信得过设备"的标准，则比"红旗设备"还高一些。

（6）设置班组设备员

在基层生产班组中，由全体员工推举出设备员，以协助班组长和车间设备员管理好本班组内的所有设备。在规模较大的班组内，可以推举数人组成设备管理小组。

（7）设备安全操作警示

在设备上张贴相关警示标志，如禁止运行等。

（8）培育与树立先进岗位或班组

在生产现场设备管理过程中，培育与树立先进岗位或班组，对动员广大员工群体管好、用好设备起着不可估量的作用。

要点02：现场设备台账管理

设备台账是对于企业设备各种信息汇总所做的账簿，是掌握企业设备资产状况，反映各种类型设备的拥有量、设备分布及其变动情况的主要依据。

1．设置设备台账的必要性

设备台账管理不好，会引起很多问题，具体如下所示。

（1）部分图纸、技术资料、备件无从查找。

（2）熟练工走后，接替者无从着手。

（3）设备缺乏正确的维护、校正，运行时好时坏，而且改善对策未留存；不同的人员操作同一台机器，可能犯同样的错误，须花更多的时间去查源究策。

2．设备台账的内容

设备台账的内容如下所示。

（1）设备名称、型号

设备名称、型号通常会记录在设备的铭牌上。

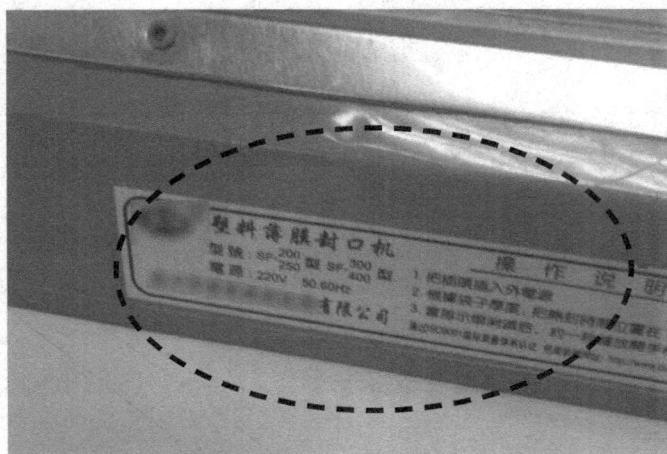

（2）设备编号

当设备种类繁多、数量庞大时，就得考虑为其设置编号，以方便借助电脑进行管理。企业可按设备的种类或持有部门的不同而设置不同的管理号码，但最好是全企业统一编号。

（3）设备数量

越是微型的设备越容易丢失，同时也容易受损，所以一定要记清设备的数量。闲置设备要记载在案，因为对正在使用中的设备大家都清楚在哪里，而闲置设备却往往

无人理睬。"设备在库管理一览表"，如表3-1所示。

表3-1 设备在库管理一览表

名称：		型号：		编号：		制造厂商：		责任人：		
是否要精度校正		□是 □否			上次校正日期： ＿＿＿年＿月＿日			下次校正日期： ＿＿＿年＿月＿日		
入库				出库				余数		
入库日	来源	入库数	型号	出库日	出库数	去向	原因	领取人	在库数	月末 确认数

（4）设备使用场所

因生产的需要，有的设备要改变使用场所，此时必须办理转移手续。一些公用的设备更要留下使用记录，以免被人滥用。

（5）记录厂商资料

记录制造厂商或代理商的正式名称、电话号码、传真号码、电邮地址（网站）联络窗口等信息。

（6）故障维修、精度校正的记录

（7）其他信息

其他信息如下所示。

①与制造厂商之间的信息往来。

②"操作说明书"、"机械结构图"、"电气回路图"等相关资料。

③"保修卡"、"购买合同"、"发票"的正本或复印件。

④实际操作、维修中的经验总结。

要点03：现场设备运行动态监督

设备运行动态监督是指通过一定的手段，使各级维护人员与管理人员能掌握设备的运行情况，并依据设备运行的状况制定相应措施。

1．建立并完善设备巡检标准

企业应依据每台设备的结构和运行方式，确定其检查的部位（巡检点）、内容、正常运行的参数标准，并针对设备的具体运行特点，明确设备的每一个巡检点的检查周期，一般可分为时、班、日、周、旬、月检查点。

2．建立、健全巡检保证体系

生产岗位操作人员负责对本岗位所使用的设备的所有巡检点进行检查，专业维修人员要承担重点设备的巡检任务。企业应根据设备的多少和复杂程度，确定专职巡检员工的人数和人选，专职巡检员工除负责承担重点设备的巡检点之外，还要全面掌握设备的运行动态。

3．完善信息传递与反馈

（1）操作人员检查

在生产岗位操作人员检查时，如果发现设备不能继续运转，要立即通知当班调度，由值班负责人组织处理。至于一般隐患或缺陷，应在检查后登入检查表。对于某些需要经常进行检查的设备，可以将检查记录贴在设备表面。

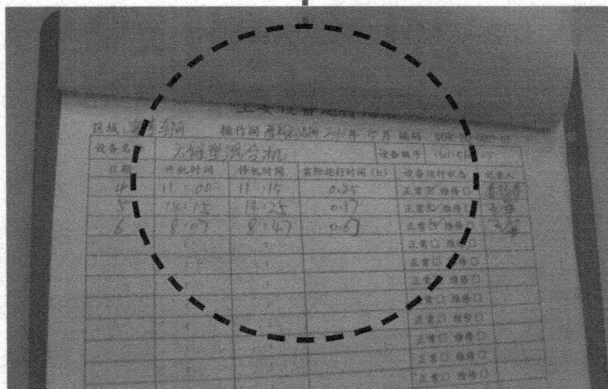

（2）专职人员进行设备点检

① 专职人员进行设备点检时要做好相关记录，除安排本组人员处理外，还要将信息向专职巡检人员传递，以便统一汇总。

② 专职人员除完成其所负责的巡检点任务外，还要负责将各方面的巡检结果按日汇总整理，并列出当日重点问题，然后向设备管理部门反馈。

③ 设备管理部门要将反馈问题登记台账。

4．设备缺陷的及时处理

（1）巡检员针对巡检中发现的设备缺陷、隐患，提出应安排检修的项目，并将其纳入检修计划。

（2）巡检中发现的设备缺陷必须立即处理的，由当班的生产指挥者即刻组织处理；本班无能力处理的，由企业领导确定解决方案。

（3）重要设备的重大缺陷由厂级领导组织研究，确定控制方案和处理方案。

5．薄弱环节的处理

（1）薄弱环节的认定

凡属下列情况之一即可被认定为设备薄弱环节。

①运行中经常发生故障停机而反复处理无效的部位。

②运行中影响产品质量和产量的设备、部位。

③运行达不到小修周期要求，经常要进行计划外检修的部位。

④存在安全隐患，且日常维护和简单修理无法解决的部位或设备。

（2）薄弱环节管理要求

①设备管理部门应依据动态资料，列出设备薄弱环节，按时组织审议，确定当前应解决的项目，并提出改进方案。

②组织有关人员对改进方案进行审议，审定后列入检修计划。

③对设备薄弱环节采取改进措施后，要进行效果考察，提出评价意见，经有关领导审阅后存入设备档案。

6．设备巡检标示

进行设备巡检时应做好记录，同时要进行必要的标识，如巡检正常则标示"正常运转"、巡检发现故障则标示"机器故障"等。

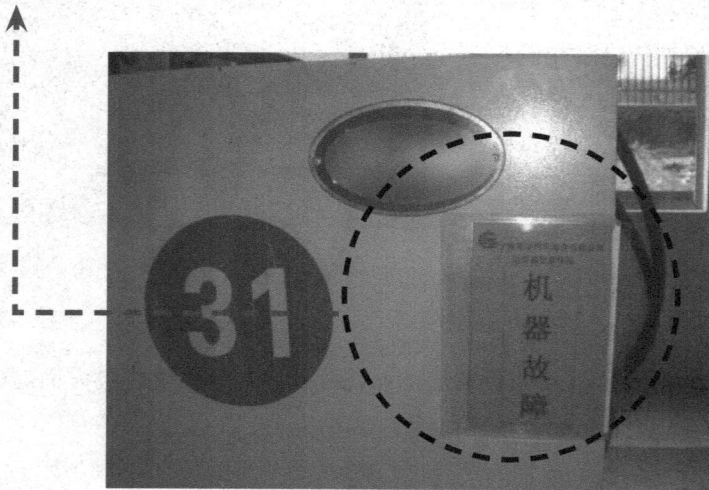

要点04：现场设备异常操作预防

一般来说，设备的操作顺序都有严格的要求，不遵守操作规程会直接导致或加速产生故障。然而，生产现场中总有不按操作规程进行作业的现象，因而必须要有相应对策来禁止异常操作。

1．异常操作含义

异常操作是指正常操作手法以外的操作。异常操作可分为对设备、产品、人员有损害和无损害两种，不论有无损害，都应该严格禁止和设法防止其发生。

2．禁止异常操作的措施

（1）明令禁止异常操作

现场管理人员应在设备上张贴相关标签，明令禁止设备异常操作。

（2）张贴操作提示

在设备上张贴操作提示，如"操作人员请注意"等，以便于操作人员小心操作，避免发生异常事故。

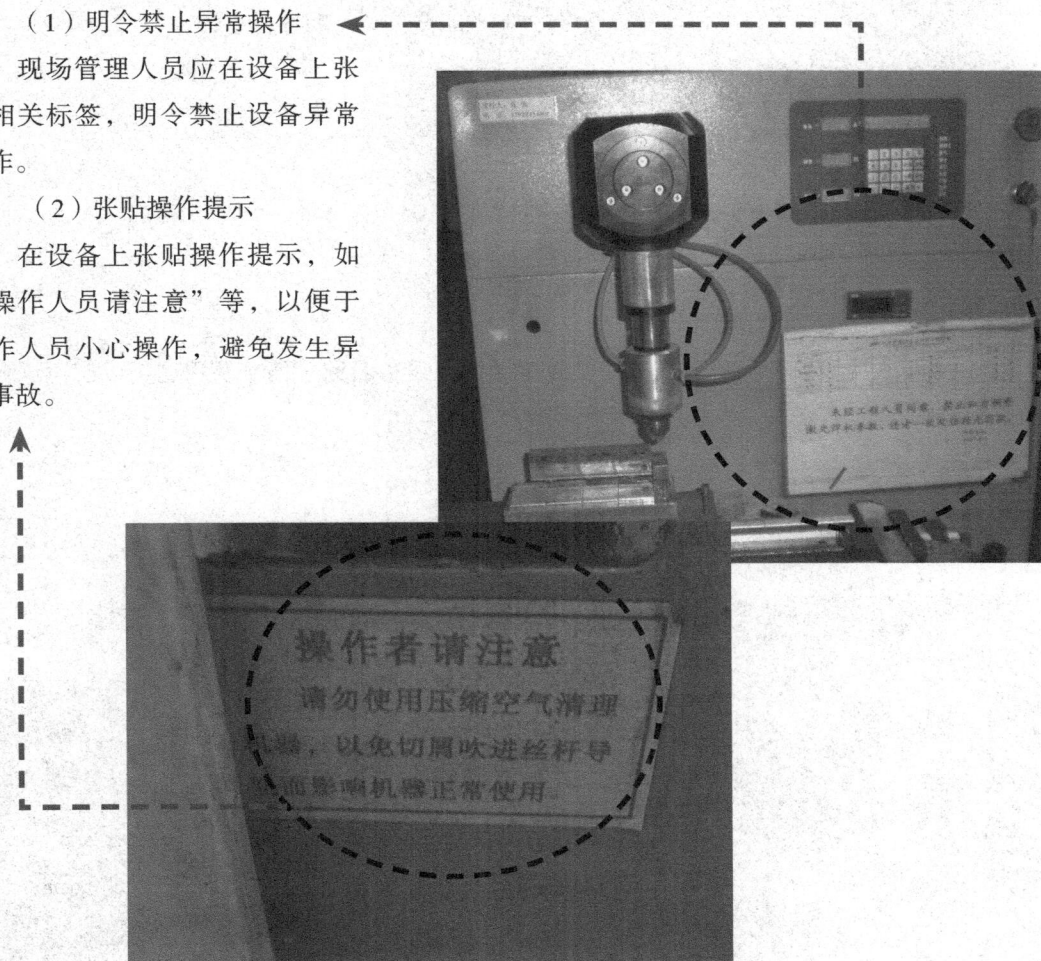

（3）设置锁定装置

锁定装置的设置如下所示。

①通过电脑设定程序，或者在机械上设定异常操作锁定机构，使设备只能按正常步骤操作。

②操作键盘上设有透明保护盖（罩、护板），既可以看见动作状态，又能起保护作用，即使不小心碰到按键，设备也不会错误运行。

（4）明确非操作人员不得操作

企业要向所有人员讲明：非操作人员严禁擅动设备，违者重罚。设备旁边也应立一块明显标志以作提醒。

（5）为设备标明"身份"

为设备标明"身份"是指通过在设备表面标明设备名称、编号及用途，以避免操作人员进行误操作。

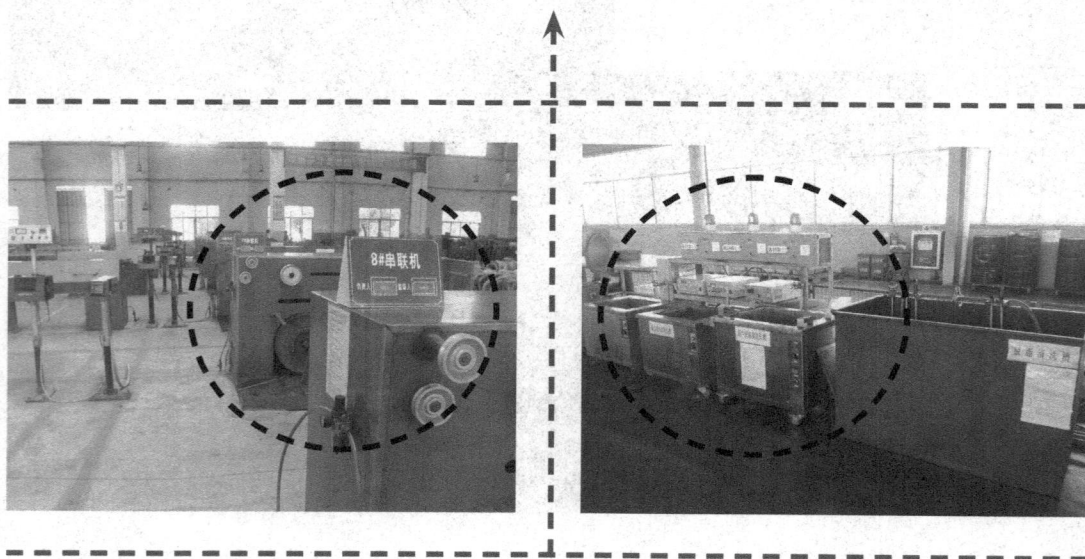

（6）制定异常补救措施

企业应预先制定各种异常操作后的补救措施，并对操作人员进行培训，以便在出现异常操作时使损失降到最低。

要点05：现场设备点检

点检就是对机器设备以及场所进行定期的检查、加油、维护等工作，以维持设备的原有性能，以使设备的隐患和缺陷能够及早被发现并处理。

1．设备点检的分类

设备的点检通常可分为开机前点检、运行中点检和周期性点检三种情况。

（1）开机前点检就是要确认设备是否具备开机的条件。

（2）运行中点检是确认设备运行的状态、参数是否良好。

（3）周期性点检是指停机后定期对设备进行的检查和维护工作。

2．设备点检流程

设备点检流程具体如下所示。

（1）定点

即确定设备点检的部位、项目。

（2）明确点检方法

即完成一个点检项目的手段，例如目视、电流表测量、温度计测量等。

（3）制定点检基准

点检基准是指一个点检项目测量值的允许范围，它是判定一个点检项目是否符合要求的依据。判定基准不是很清楚时，可以咨询设备制造商或根据技术人员（专家）的经验进行假定，以逐渐提高管理精度。

（4）编制设备点检书

设备点检书可以列举出点检工作的各项要点，作为点检工作的依据。

（5）编制点检表格

点检表格是对设备进行点检作业的原始记录，通常包括以下项目：点检项目、点检方法、判定基准、点检周期、点检实施记录和异常情况记录。

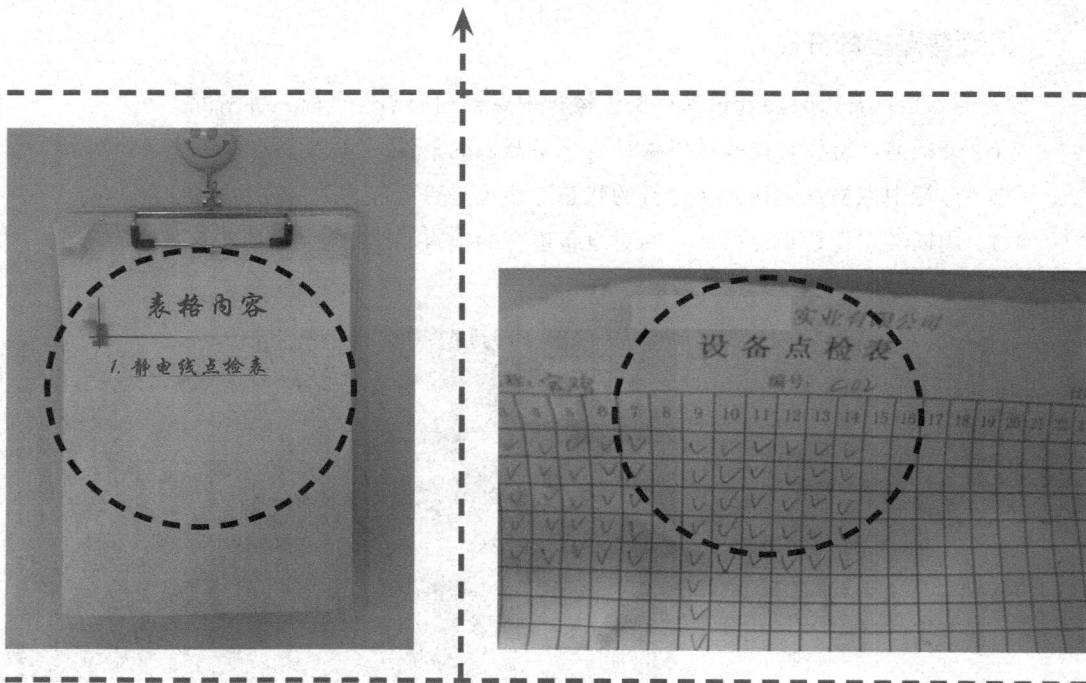

（6）设定点检周期

即一个点检项目两次点检作业之间的时间间隔，如每班点检等，应将点检周期以标志的方式贴在设备上，以方便开展点检工作。

（7）设置点检通道

在设备较集中的场所应考虑设置点检通道。点检通道的设置可采取在地面画线或设置指路牌的方式，然后再沿点检通道，依据点检作业点的位置设置若干点检作业站，这样能有效地避免点检工作中的疏忽和遗漏。

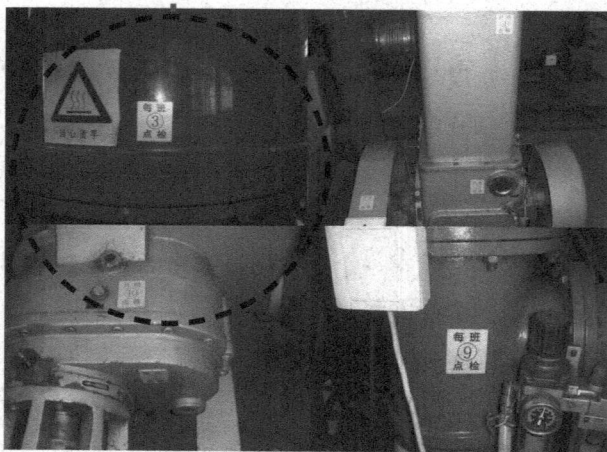

（8）点检实施

在点检前，可由技术人员对操作人员进行一定的专业技术知识和设备原理、构造、机能的培训，然后再开始组织进行点检。企业应按照相应的点检表进行点检，例如对发电机的点检可以在其开机前、运行时和周期性三方面进行，具体可参考表3-2、表3-3和表3-4。

表3-2 发电机开机前的点检表

序号	点检项目	判断标准	结果确认
1	燃油油位	绿色范围	
2	负荷开关	关闭状态	
3	速度转换开关	低速状态	
4	机油油位	标定范围内	
5	冷却水位	标定范围内	
6	风扇皮带	无松动损伤	
7	输油管阀门	开启状态	
8	蓄电池	观察孔呈绿色	
9	机身	无杂物	
满足开机条件后签字、开机			

备注："结果确认"栏里，正常记"√"，不正常记"×"。

表3-3 发电机运行点检表

序号	点检项目	正常状况	结果确认
1	油箱油位	绿色范围（200~400L）	
2	电源指示灯	亮	
3	输出频率	50Hz	
4	输出电压	380V	
5	输出电流	绿色范围（0~1064A）	
6	输出功率	绿色范围（0~560KV）	
7	单/并机开关	并机状态	
8	高/低速开关	高速状态	
9	电池开关	开启状态	

（续表）

序号	点检项目	正常状况	结果确认
10	负荷开关	开启状态	
11	过滤器报警	无	
12	启动钥匙	运行状态	
13	冷却油压	绿色范围（4~7kg/cm2）	
14	冷却油温	绿色范围（小于100 ℃）	
15	冷却水温	绿色范围（小于90 ℃）	
16	转速表	1500转/每分钟	
确认人签名			

备注："结果确认"栏里，正常记"√"，不正常记"×"。

表3-4　发电机（房）周期点检表

序号	点检项目	点检方法	判断标准	周期	结果确认
1	机体状态	目视	干净无损伤	次/周	
2	油路和油阀开关	观测试验	灵活无锈蚀	次/周	
3	蓄电池	观测试验	无溢液、电量足	次/周	
4	应急照明灯	观测试验	功能正常	次/周	
5	空气过滤器	清洁或更换	干净无损伤	次/周	
6	燃油泵开关柜	观测清洁	电流电压正常	次/周	
7	机油及过滤器	测试或更换	油位油质正常	次/周	
8	皮带松紧度	测试	松紧正常	次/周	
点检者盖章					
异常记录					确认

备注："结果确认栏"中，良好记"○"；要维修记"×"；修理中记"▲"。

（9）点检结果的分析

点检实施后，要对所有记录，包括点检记录、设备的潜在异常记录、日常点检的信息记录等进行整理和分析，并在此基础上实施改善措施，提高设备的使用效率。

（10）点检中问题的解决

设备点检中发现的问题不同，解决问题的途径也不同，一般经过简单调整、修正可以解决的，由操作人员自己解决；在点检中发现的解决难度较大的故障隐患，由专业维修人员及时排除。

> **请注意**
>
> 在确定点检项目时要根据设备的有关技术资料、设备技术人员的指导和操作人员的经验完成。

要点06：现场设备的维护保养

要想让设备运转良好，除了要合理使用外，还要进行正确的保养维护。只有这样才能提高设备运行率，保证生产的安全、稳定和高产低耗。

1．设备保养宣传

企业应通过各种方法进行设备保养宣传，提醒员工注意设备的保养工作，如悬挂宣传画等。

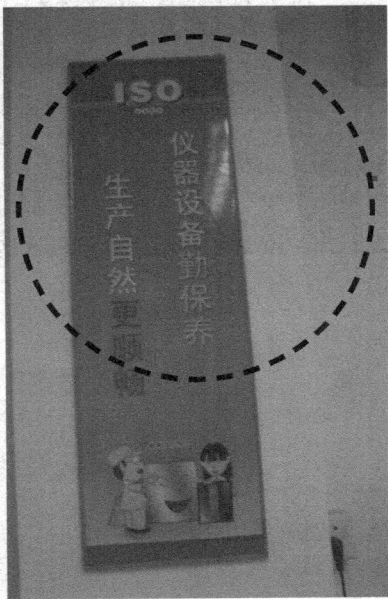

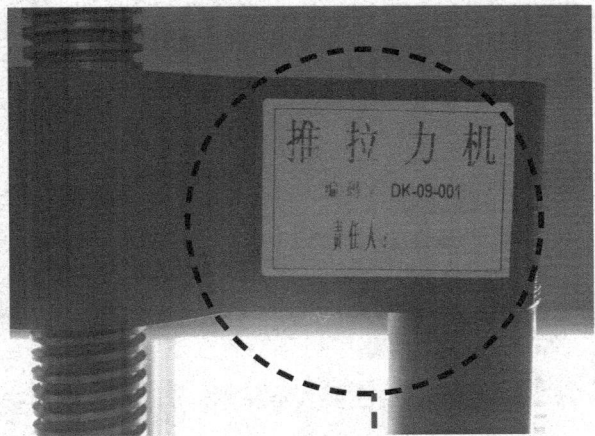

2．实行责任人管理

责任人管理的实行如下所示。

（1）将设备及管线按岗位和人头分工，做到每台设备都有人负责。

（2）定期检查维护，保持设备清洁、无尘、无腐蚀。

（3）配合维修工检修设备。

3．操作人员的要求

由于设备都是由具体的操作人员进行操作控制，因此对操作人员的要求是有效维护设备的重要内容。

（1）人员要求。操作人员必须做到"四懂三会"，即懂结构、懂原理、懂性能、懂用途，以及会使用、会维护保养、会排除故障。

（2）具体的操作要求如下所示。

①严格按规程进行正常操作和事故处理。

②严格控制工艺指标，做到不超温、不超压、不超速、不超负荷。

③严格执行巡回检查制度，实行听、摸、查、看、闻五字方针，认真进行检查和记录，使设备经常保持清洁、润滑、紧固、无腐蚀。

④设备润滑要求做到"五定"（定人、定点、定质、定量、定时）和三级过滤（油桶、油壶、注油器）。

⑤定期对设备周边进行清扫，防止各类杂物对设备造成损害。

4．实施三级保养制度

依据设备保养工作量的大小、难易程度，可将设备保养划分为以下三个级别。

（1）一级保养

一级保养项目主要如下所示。

①检查皮带是否松动。

②检查制动开关是否正常。

③检查安全防护装置是否完整。

④检查设备易松动的部件是否坚固。

⑤检查设备运作环境是否清洁，有无障碍物。

一级保养工作结束后要做好记录，将保养内容记录在一级保养卡中（见表3-5）。由于一级保养大多是由设备操作人员自主完成，因此应参考一些保养文件进行，如设备维护保养作业规程。

序号	周期	文件记录	维护保养项目及方法	责任人
1	日点检	日常点检表	打开电源，检查各指示灯和仪表显示是否正常?	操作工
2	日点检	日常点检表	马达、油泵等部件正常运转时有无异常声音振动?	操作工
3	日点检	日常点检表	手动、半自动运转时各活动部件是否正常动作?	操作工
4	日点检	日常点检表	检查油温是否在25℃-50℃之间?	操作工
5	日点检	日常点检表	模具和机台冷却水是否畅通? 各接头部位是否漏水?	操作工
6	日点检	日常点检表	检查各活动部位是否活动灵活? 机器是否有漏油现象?	操作工
7	日点检	日常点检表	检查各辅机(如模温机)工作是否正常?	操作工

设备维护保养作业规程　编制/日期　审核/日期　批准/日期

表3-5　一级保养卡

日期 \ 保养内容	周围环境	表面擦拭	加油润滑	固件松动	安全装置	放气排水	……	保养者签章	上级签章
1									
2									
3									
4									
5									
…									

设备名称　　　编号
直接保养责任人　　　直接上级

（2）定期的二级保养

二级保养主要是为了清除设备使用过程中由于零部件磨损和维护保养不良所造成的局部损伤，减少设备的有形磨损。设备二级保养内容如下所示。

①清扫、检查电器箱、电动机，做到电器装置固定整齐，安全防护装置牢靠。

②清洗设备相关附件及冷却装置。

③按计划拆卸设备的局部和重点部位，并进行检查，彻底清除油污，疏通油路。

④清洗或更换油毡、油线、滤油器、滑导面等。

⑤检查磨损情况，调整各部件配合间隙，紧固易松动的各部位。

二级保养主要根据"周保养检查记录表"完成，一般周末进行停机保养，由操作人员进行，特殊情况可请维修人员配合。二级保养需编制二级保养卡（见表3-6）。

表3-6　二级保养卡

设备名称		设备编号		
二级保养者		督导者		
项次	保养项目	保养标准	保养周期	保养结果记录
1				
2				
3				
4				
5				
…				

（3）三级保养

三级保养是设备磨损的一种补偿形式，是以维持设备技术状况为主的检修形式。三级保养的实施主要以维修人员为主，操作人员参加。其主要内容如下所示。

①对设备进行部分解体检查和修理。

②对各主轴箱、变速传动箱、液压箱、冷却箱进行清洗并换油。

③修复或更换易损件。

④对设备进行校准，并在"校准证"上做好记录。

⑤三级保养要保证主要精度达到工艺要求。

⑥三级保养的周期视设备具体情况而定。

三级保养工作结束后，除了要做好记录（见表3-7），还要及时检查其效果，并运用检查表（见表3-8）对三级保养的情况进行检查。

表3-7　三级保养卡

设备名称		设备编号	
保养方式	1. 自行实施（　） 2. 厂外实施（　）		
责任部门		责任人	
保养周期			
厂外实施单位			

（续表）

项次	保养情况记录	保养费用
1		
2		
3		
4		
...		

表3-8　三级保养效果检查表

设备名称		设备编号	
保养方式	1. 自行实施（　） 2. 厂外实施（　）		
责任部门		责任人	
保养周期			
厂外实施厂名			
保养时间			
保养成本			
项目	保养前	保养后	升降率
工作效率			
故障率			
......			
综合评价			

要点07：现场设备故障管理

设备在运作过程中难免会发生一些故障，这就需要加强对设备故障的诊断与预防对策工作，使全体员工重视并参与其中，这样才能减少直至防止设备发生故障。

1．正确认识设备的故障管理

（1）设备与人一样有状态的好坏，也有使用寿命，因此设备的维护是必要的。

（2）要抱有此想法：与其在发生故障后付维修费，还不如在日常工作中进行保养、点检，同时预防故障。

（3）设备的管理必须预先使操作顺序标准化。

2. 设备故障发生的原因

设备故障发生的原因如下所示。

（1）设计、制作上的缺陷。

（2）设备的老化。

（3）人为使用所导致的，包括操作的失误、润滑管理不良、超负荷运行等。

3. 故障故障的诊断

设备故障诊断是指诊断设备现在的状态。设备故障诊断实施方法主要有以下几种。

（1）观察表面的涂布状态。

（2）机械的刺激。

（3）拆解检查。

（4）利用超音波、光学法、放射线等方法。

（5）用手触摸各部位。

4. 设备故障的预防措施

设备的预防主要包括使用之前、实际运作和点检时的预防。

（1）设备使用之前所需的准备

①向制造厂商索要设备的使用说明，掌握一般的使用方法。

②从制造厂商处听取关于保养、点检的措施以及发生故障时的处置说明。

③明确发现设备不良时，通知制造厂商的方法。

④准备保养所需的材料、部品（如有必要，库存一定数量）。

⑤在设备操作按钮、仪表盘边注明其名称。

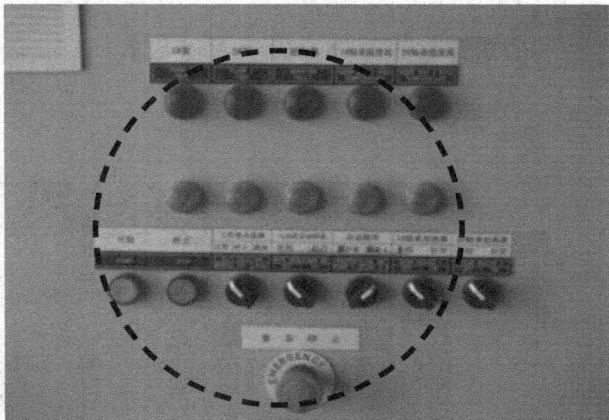

（2）日常运转时的预防措施

①遵守操作要求，通过清扫来发现微小的缺陷。

②根据"日常点检检查表"每天进行点检，发现异常后根据操作手册来处理。

③知道自己修理不了时，立即通知制造厂商。

④设备运转时的异常现象全部要告知直接上司。

（3）进行定期点检

①决定定期点检的主要负责部门。

②根据法律法规进行定期点检。

③制作定期点检表。

④根据定期点检表来点检。

⑤即使在点检时发现的故障对设备的运转无障碍也要进行维修。

⑥日常点检、定期点检都要进行记录。

⑦对出现异常或者故障的原因进行分析，这样有利于预防和保养。

⑧根据具体情况，把点检时发现的问题通报给制造厂商。

5. 加强设备日常维护

设备维护的主要目的是使设备经常保持清洁、润滑、安全，以保证设备的使用性能和延长修理间隔期，其重点是润滑、防腐与防泄漏。

请注意

在进行设备的故障管理时，可以考虑让技术人员就近维护检修，也可以设置故障挂牌看板进行提示。

（1）加强包装

设备不用时可以包装起来，防止进入灰尘。

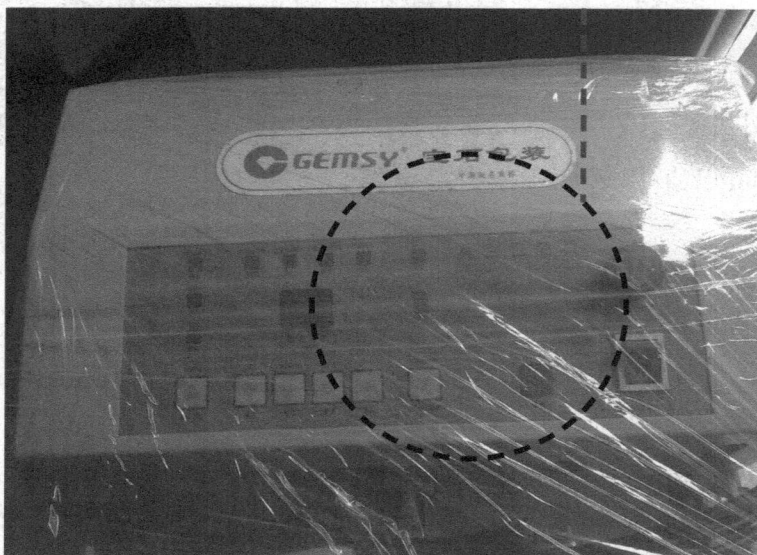

（2）润滑管理

要认真执行润滑"五定"（定点、定质、定量、定期、定人），这样能有效地减小摩擦阻力和磨损，保护金属表面，使之不锈蚀、不损伤。

（3）防泄漏

防泄漏也是维修保养工作的重要内容之一。认真治理和防止设备的跑风、冒气、滴水、漏油是一切设备的共同要求。

（4）防腐蚀

设备的腐蚀会引起效率和使用寿命的降低，影响安全运行，甚至会造成设备事故，特别是对石化行业的生产装置来说，防腐、防泄漏更加重要。

要点08：现场设备维修管理

设备一旦发生故障或者损坏就需要对其进行维修，因此必须做好设备维修管理工作。

1. 设备维修常见方式

设备维修的常见方式如图3-1所示。

1 预防维修

为了防止设备的功能、精度降低到规定的临界值或降低故障率，按事先制订的计划和技术要求所进行的修理活动称为设备的预防维修

2 事后维修方式

事后维修也称故障维修。它是指设备发生故障或性能、精度降低到合格水平以下的所进行的非计划性维修

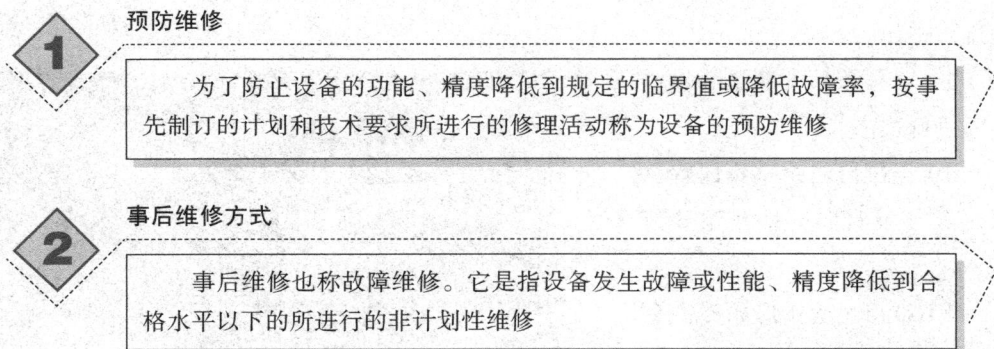

图3-1　设备维修常见方式

2．设备维修人员应具备的素质

设备维修人员应具备以下的素质，具体内容如图3-2所示。

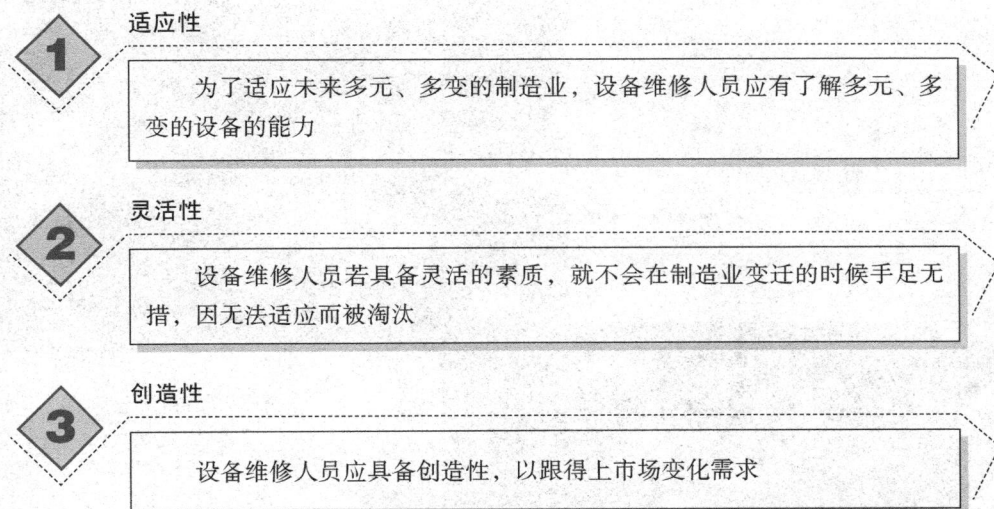

1 适应性

为了适应未来多元、多变的制造业，设备维修人员应有了解多元、多变的设备的能力

2 灵活性

设备维修人员若具备灵活的素质，就不会在制造业变迁的时候手足无措，因无法适应而被淘汰

3 创造性

设备维修人员应具备创造性，以跟得上市场变化需求

图3-2　设备维修人员应具备的素质

3．设备维修作业

维修人员应依据维修计划、维修作业指导书和维修工艺规程进行设备维修。在维修时，应注意以下事项。

（1）划出维修区域，以方便开展维修工作。

（2）必须严格按照维修作业指导书进行维修。

（3）若维修时遇到难以解决的难题，须及时向同事或领导请教。

（4）维修过程中应始终注意对机器设备的保护工作，不能损坏机器设备。

（5）维修工作必须尽可能节省，不能浪费使用备件等。

（6）做好维修状态标示工作，如挂上"设备需维修"、"待修设备"等标示牌。

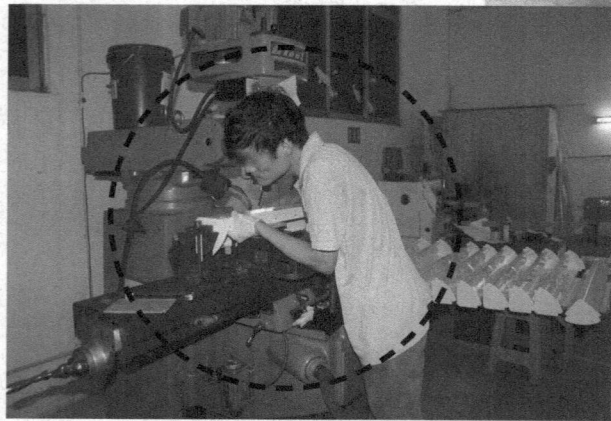

（7）维修结束后必须进行检查，检查时应使用白手套，并将检查结果记录在设备维修

记录表中。

4. 设备委托维修管理

由于自身维修技术不足，或者认为自行维修成本较高时，企业可以将维修任务委托给其他单位，如专业设备维修厂进行维修。为保证委托维修质量，企业应掌握如下要点。

（1）对需要进行对外委托的设备维修项目，要通过调查研究，选择取得国家有关部门的资质认定证书、维修质量高、费用适中、服务信誉好的承修单位。

（2）优先考虑本地区的专业维修厂、设备制造厂。

（3）对于有特殊专业技术要求的委托维修项目，应尽量选择专业设备制造厂。例如维修起重设备、电梯、锅炉、受压容器等，承修单位必须有主管部门颁发的生产、制造、安全许可证。

（4）对于重大、复杂的工程项目及费用超过一定额度的大项目，应通过招标的方式来确定承修单位。

要点09：现场设备磨损控制

设备的故障很多都是由于长时间使用引发磨损、老化而出现的，因而采取有针对性的对策可以有效地减少故障的发生和延长设备的使用寿命。

1. 设备磨损的类型

设备磨损一般分为物质磨损和技术磨损两种，其中物质磨损又可分为运转使用的磨损和闲置过程中的磨损。

（1）物质磨损

物质磨损也称为有形磨损，即设备在使用过程中被消耗。在正常情况下，设备的物质磨损主要是在运转中产生的磨损。

①设备在运转中受到机械力的作用，零部件会发生摩擦、振动和疲劳等现象，致使设备及其零部件的实体产生磨损。

②设备在闲置过程中，由于自然力的作用，加上保养、管理不善，导致自然锈蚀，丧失其精度和工作能力。

（2）技术磨损

技术磨损也称为无形磨损，是指由于科学技术的进步，各种性能和效率更高的设备不断被设计制造出来，使原有设备的价值受到影响而造成的损失。

2. 设备磨损的对策

（1）开展清洁化活动

①下班前五分钟开展整理、整顿、清洁活动，专门清扫设备，保持设备清洁。

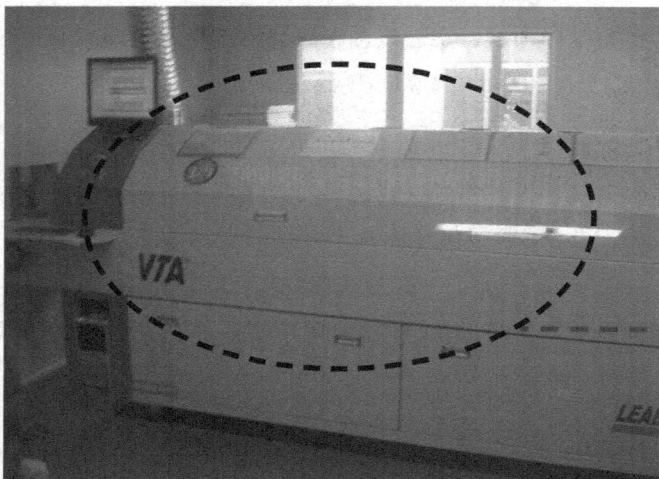

②对滴漏、破损、残缺的部位要查找源头，不要试图用清扫来暂时应付。

③设备的里里外外，尤其是角落里、眼睛不易看到的地方也要进行清扫。

④电气元器件使用一定时间后，其表面也会大量吸尘，从而破坏散热效果，最终导致其性能劣化。因此，应要求作业员主动定期清扫。

⑤对设备使用过程中所产生的粉屑，应该随时清理。对设备周边区域也要进行清扫，以使其保持干净清洁。

（2）开机前点检

检修人员可设定一些简单易行的项目，制作成"点检一览表"，开动设备之前或在作业结束之后，由操作人员进行确认，如果发现异常，应及时报告。

（3）定期更换易损件

有的企业在购入设备时就购入了一定数量的易损件。易损件的库存数量可参考设备制造厂家的推荐，也可按自己的实际经验来决定。

对一些寿命即将结束的部件，不要等到完全坏了才来更换。从表面上看，部件用到"生命"最后一刻没有一点浪费，坏了才更换似乎节省了一些费用，但临坏之前所生产的产品已无法确保品质，最终产生的浪费就很难确定。

（4）加强日常巡检

仅靠一次点检并不能确保设备全过程的精度，企业还应当加强日常巡视检查。巡检时应留意表3-9所列事项，并将结果记录下来。

表3-9 日常巡检应注意事项

事项	详细说明	结果
电气方面	（1）配线、接头部位有无龟裂、松垮、暴露、老化 （2）各种信号、电压、频率发出装置，以及相关的输入、输出信号值是否正常 （3）仪表盘指针游动是否正常 （4）各种控制开关是否正常 （5）软件运行是否有变慢或不动作的迹象	
机构方面	（1）各种定位柱（杆）、导向柱（杆）紧固螺丝（栓）、铆接头、焊接处、粘接处有无松脱、脱落、变形 （2）材料表面有无氧化、龟裂、掉漆 （3）机构滑动、滚动、旋转、传动部位是否缺少润滑剂，开动时是否有异常响声 （4）各机械的动作时间、行程大小、压力、扭矩等是否符合要求	
环境方面	（1）设备设置场所的温湿度、腐蚀性气体、光照度、电磁波干扰等是否正常 （2）建筑物的地面水平、震动、通风散热等是否正常	

要点10：现场设备精度校正

在现场管理活动中，若使用的设备精度有误差，检测出来的结果必然是不正确的，甚至出现把合格品当作不良品废弃的情形，所以对设备的精度进行校正是必要的。

1．需要进行精度校正的设备

需要进行精度校正的设备如下所示。

（1）生产工艺设备

生产工艺设备主要包括以下几种。

①直接决定产品性能的生产工艺设备，例如电烙铁温度、电批扭矩、张力仪等。

②影响产品性能稳定的保管设备，例如恒温箱、无尘车间等。

（2）辅助设备

例如空压机、输送带等。

（3）检测设备

例如"检验指导书"、"标准作业书"、"出货检查标准书"中所使用的检测、试验设备及品质追踪所使用的检测设备。

2．精度校正的方法

校正的方法有内部校正和外部校正两种。

（1）内部校正是指本公司内部具有校正资格的人员，依据"标准校正作业书"的要求对设备进行精度校正。内部校正具有校正周期短、费用低等特点。

（2）外部校正是指委托国家或行业认定的计量机构，对设备进行精度校正。其校正精度较高，缺陷是校正周期长、费用高。

3．精度校正步骤

精度校正的步骤如下所示。

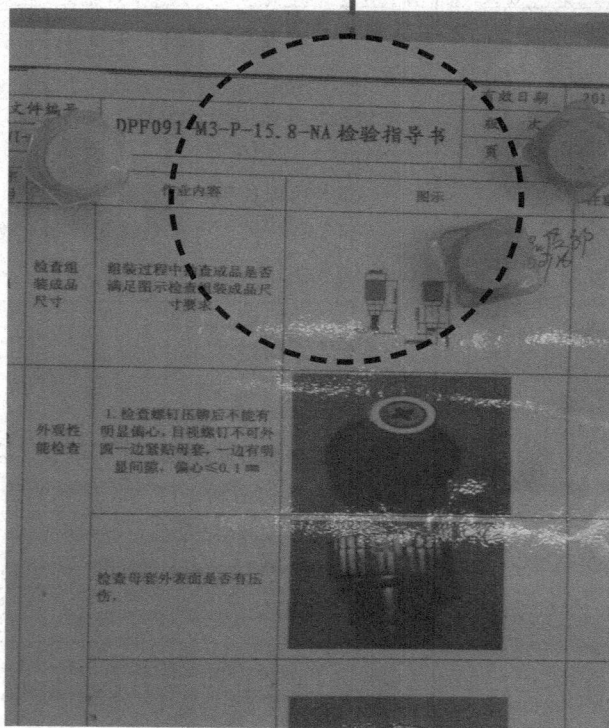

（1）培养校正人员

培养校正人员的途径：通过国家指定机构、企业内部、行业指定机构、特殊制造厂商等进行培训。

（2）制定"标准校正作业规程"

该作业规程应包括以下内容。

①确定设备实际使用频率。使用频率越高，校正周期越短。

②确定相应法律、行规、制造厂商的推荐校正周期。

③确定客户对产品精度的要求。客户的要求越严格，校正周期越短。

（3）按"标准校正作业规程"要求进行校正

①按设备精度、校正周期、校正项目的要求实施校正。

②事先与该设备的使用部门协调好时间，尽量在短时间内完成。

③为了校正而设定的各种条件，要采取各种标志进行标示，以防被人误改。

④如果是用"母器"进行校正的话，需要在"台账"和被校正设备上标注清楚。

⑤在设备上贴"已校正"的标贴。

4．校正结果及其处理

校正结果及其处理如下所示。

（1）精度校正的结果

精度校正结束后会有以下几种结果出现。

①精度没有偏差，校正后精度更高。

②精度有偏差，校正后回到标准规格内。

③精度有偏差，经校正仍无法回到标准规格内。

（2）结果的处理

①第一种结果，只须记录校正结果就行了。

②第二、第三种结果的处理如表3-10所示。

表3-10　第二、第三种结果处理

事项	第二种结果	第三种结果
设备的处理	设定新的（更短）的校正周期	（1）替换成精度正常的设备 （2）彻底维修或废弃有精度偏差的设备 （3）有精度偏差的设备，限定在某个非生产的范围内（场合）使用 （4）寻找其他设备替代原有发生偏差的设备，同样对替代品也要进行精度校正

（续表）

事项	第二种结果	第三种结果
产品的处理		1．立即确认对产品品质有何影响 （1）对品质无影响的，已完成的产品照常出货 （2）对品质有影响的，视其影响程度大小作出综合判定和处理 2．追溯品质发生偏差的时间，估算每一时段的影响程度，并采取相应对策 （1）收集不同时段的样品，再次检测，确定品质偏差的初发时间 （2）联络后道工序、客户时采取必要的应变措施 （3）对工序内判定合格但尚未流到下一工序的部件进行再次检测

5．精度校正管理的注意事项

（1）对于新购入的设备，在使用前最好要进行校正。

（2）校正对象与非校正对象都要进行识别管理，识别越详细，错漏机会就越少。

（3）设备精度偏差过大，无法校正而废弃时，必须做好标示，并报请相关部门审批。

（4）"母器"要尽量避免在生产上频繁使用，以免本身精度发生偏差。

（5）不要统一所有设备的校正周期，既要考虑保证精度，又要设法降低校正成本。

学习笔记

　　通过学习本章内容，想必您已经掌握了不少学习心得，请仔细填写下来，以便继续巩固学习。如果您在学习中遇到了一些难点，也请如实写下来，方便今后重复学习，彻底解决这些难点。

　　同时本章列举了大量实景图片，与具体的文本内容互为参照和补充，方便您边学边用，请如实填写您的运用计划，以使工作与学习相结合。

我的学习心得：

1. _____
2. _____
3. _____
4. _____
5. _____

我的学习难点：

1. _____
2. _____
3. _____
4. _____
5. _____

我的运用计划：

1. _____
2. _____
3. _____
4. _____
5. _____

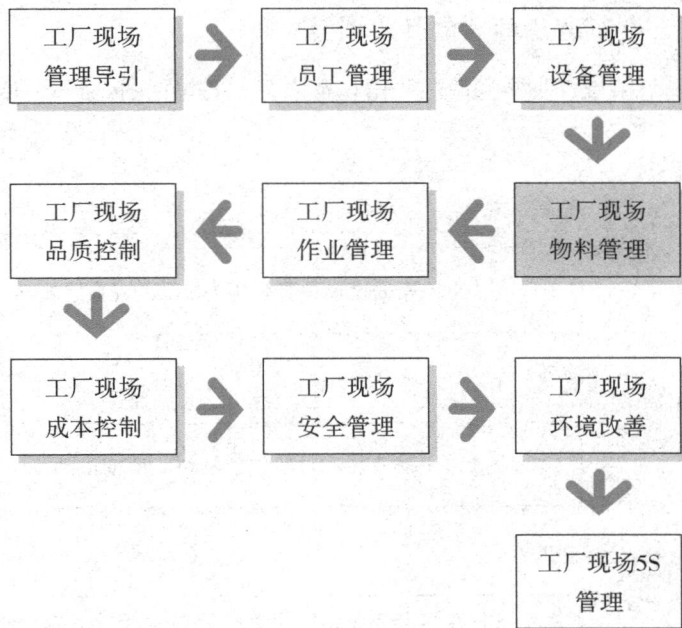

第 4 章

工厂现场物料管理

导视图

工厂现场管理导引	工厂现场员工管理	工厂现场设备管理
工厂现场品质控制	工厂现场作业管理	工厂现场物料管理
工厂现场成本控制	工厂现场安全管理	工厂现场环境改善
		工厂现场5S管理

物料是指用于生产工作的各种材料。物料经过加工生产变成企业的产品，因此生产现场的工作离不开各类物料，工厂必须从物料的领取、使用、搬运以及盘点各个方面全面管理好物料，确保物料得到正常使用、消耗。

要点01：现场物料的入库验收

物料的验收工作是做好物料管理工作的基础，应做到进出验收，品质第一。

1．物料入库验收的基本内容

一般来说，物料入库验收的基本内容主要包括图4-1所示四个方面。

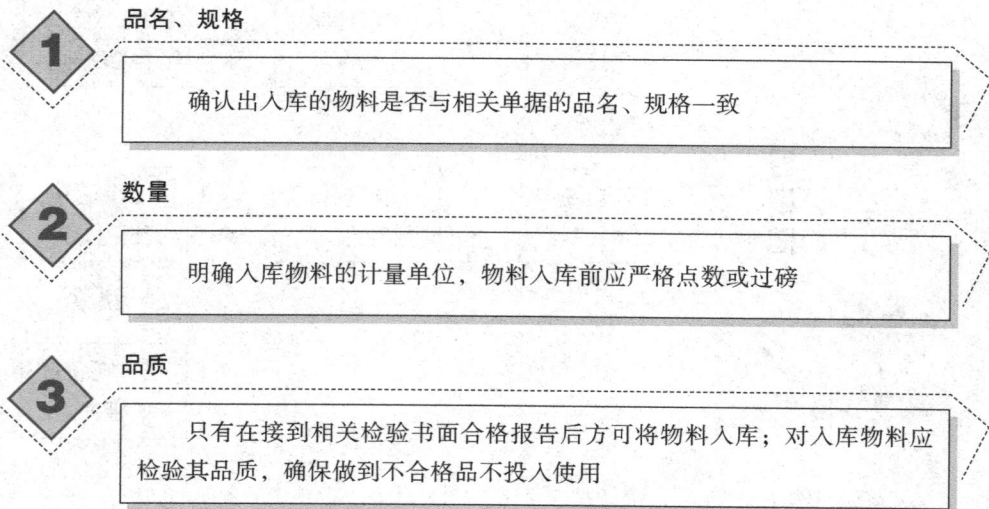

1 品名、规格

确认出入库的物料是否与相关单据的品名、规格一致

2 数量

明确入库物料的计量单位，物料入库前应严格点数或过磅

3 品质

只有在接到相关检验书面合格报告后方可将物料入库；对入库物料应检验其品质，确保做到不合格品不投入使用

4　凭据

单据不全不收，手续不齐不办。入库时要有入库单据及检验合格证明；出库时要有相关出库单据

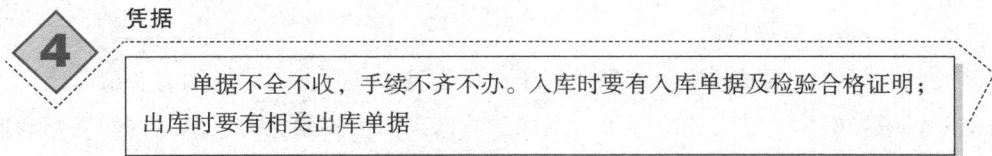

图4-1　物料入库验收的基本内容

2．物料入库验收步骤

（1）确认供应商

如果一批物料分别向多家供应商采购，或同时数种不同的物料进厂时，更应确认供应商，同时，验收后的标示工作也非常重要。

（2）确定交运日期与验收完工时间

交运日期可以判定供应商交期是否延误，有时可作为延期罚款的依据。对于验收完工时间，有不少公司将其作为付款的起始日期。

（3）确定物料名称与物料品质

确定所收物料是否与所订购的物料相符合，并确定物料的品质。这项工作一般由企业的质量部门完成，且通常采用抽样的方式检验。质量部门的检验工作必须设置专门的检验区域。

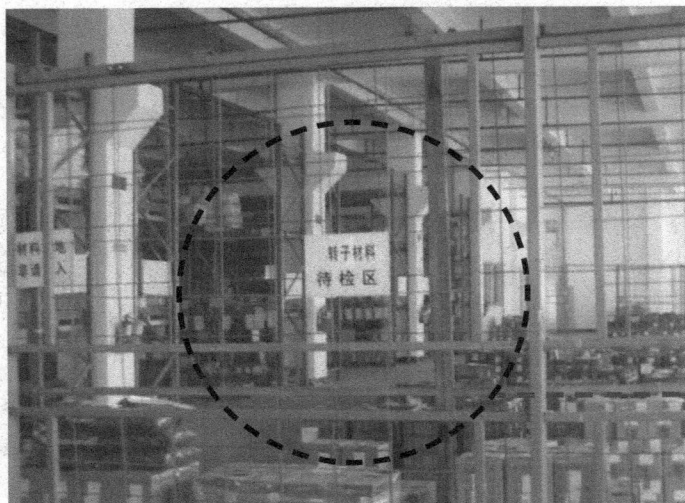

（4）清点数量

查清实际成交数量与订购数量、送货单上记载的数量是否相符。对短交的物料，即刻

促请供应商补足；对超交的物料，在不缺料的情况下退回供应商。

（5）通知验收结果

将允收、拒收或特采的验收结果填写于"物料验收单"上，并通知有关部门，同时要对这些来料做好标示，贴上相应标签。不同验收结果的标签颜色有所不同，如果是判退，则应贴上退货标签。

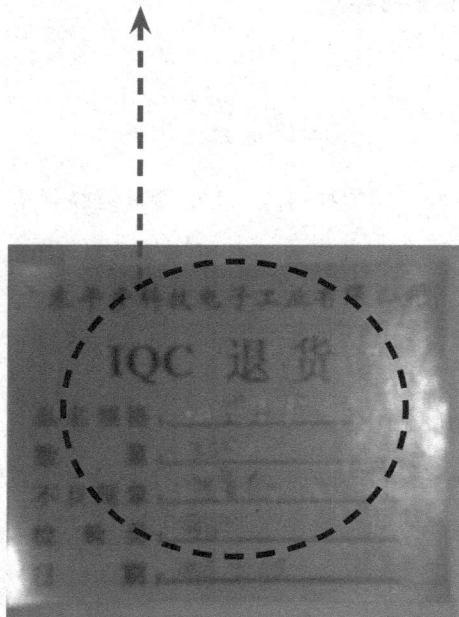

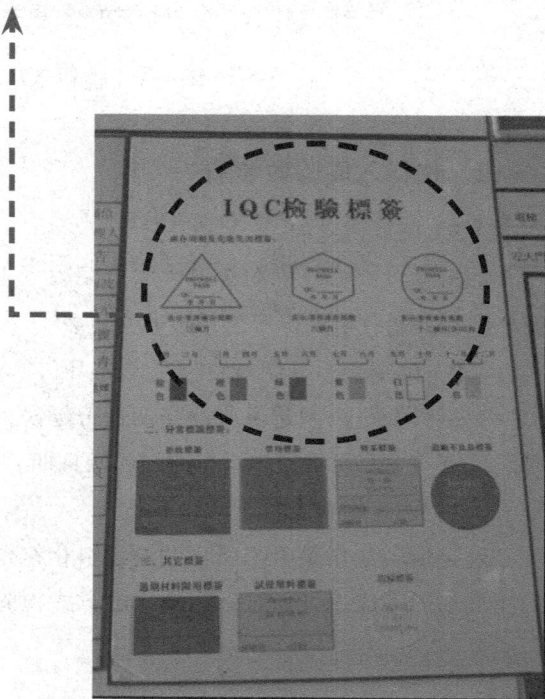

（6）退回不良物料

供应商送交的物料品质不良时，应立即通知供应商，准备将该批不良物料退回，或促请供应商前来用合格品交换，并重新检验。

（7）入库

验收完毕后的物料便可以搬运入库，以备生产时使用。

（8）入账登记

相关人员必须做好物料入库的记录工作，并保存好相关单据，如入库单、物料交验一览表等。

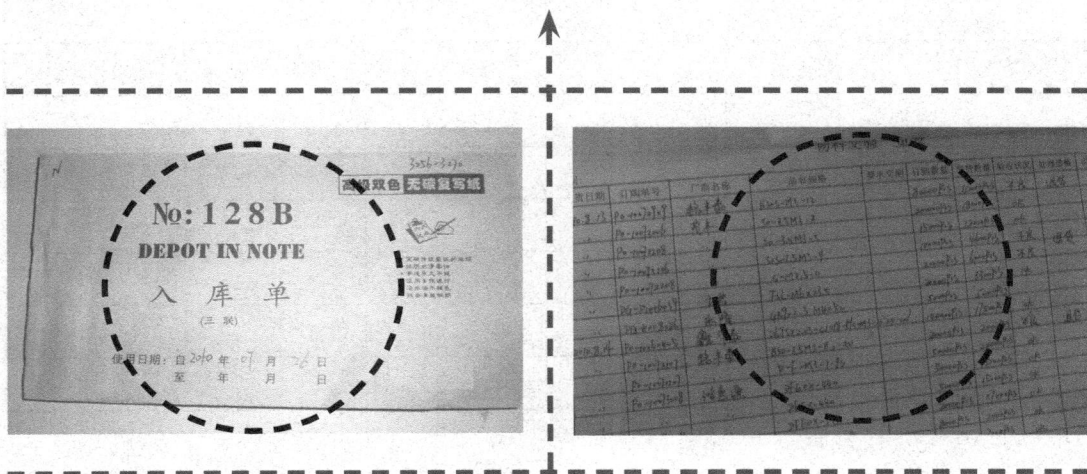

要点02：现场物料领用管理

物料的领取必须严格根据生产计划、消耗定额和规定的手续来进行，以免造成领料和用料的混乱。

1. 领取物料的具体手续

（1）明确申领、批准途径及责任人

建立领用途径时，要明确以下几点。

①需要申领的对象。

②申领步骤及需要填写的表格。

③不同职务的权限范围，主要是指可审批的对象及数量（金额）。

④审批的时限。

⑤领取方法。

⑥申领者及管理责任人各自的数量。

（2）正确填写申领表格，报请上司批准

使用部门或人员领用物料时应将领用表格填写清楚，而批准者只要见到"领料单"（见表4-1）手续齐全，就应立即给予办理。申请单需要存档一段时间，以便日后确认和平衡数据之用。

表4-1 领料单

申领部门			申领日期		
申请人			批准人		
序号	型号	名称	数量	申领用途	备注

3. 管理人员的示范作用

有的管理人员对自己管理范围内的物料实行"宽以待己，严以待人"的做法，即自己在拿取物料时，什么手续都不办。有的管理人员则与别人约定：你来找我申领时，我不要你办手续；我找你申领时，你也不要向我要手续。

以上行为绝对是错误的。如果自己不履行办理手续，其他人也会模仿。最后，就无法实施有效的管理，物料也无法得到有效控制。

物料到达现场后，如果一时不用，应设置暂存区域予以存放。

请注意

物料的领取与发放必须填写申请单，并在办理相应手续后才能将物料领走。

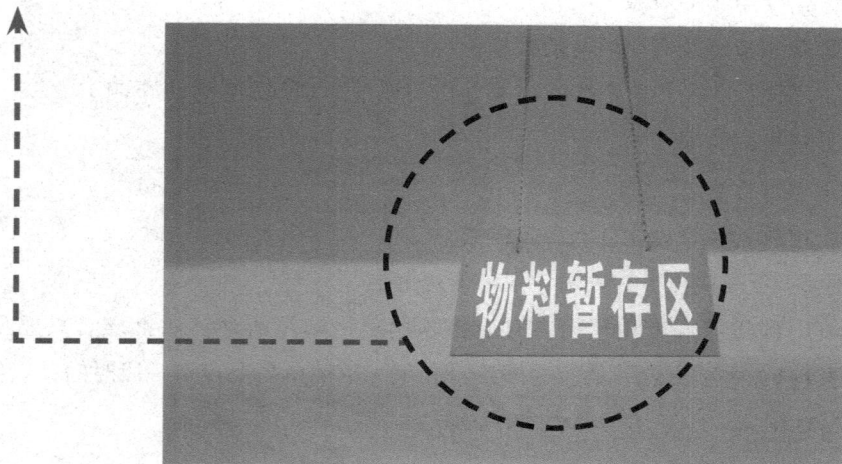

要点03：现场物料的搬运

物料的搬运要符合时效性，即按时、按量、准确而及时地实施搬运。搬运物料时要运用适当的搬运方法来提高工作效率，保证物料搬运的安全、经济。

1．物料搬运的方法

（1）人工搬运

人工搬运是指在搬运货物时全部使用人力，不借用其他设备。这种做法既不安全，也不经济，更浪费体力及时间，一般情况下应尽量少用。

（2）工具搬运

工具搬运包括运用推车、栈板加油压拖板车搬运，可大大提高工作效率，而且可以使厂房内的物品摆放整齐，提升员工士气。

（3）机器搬运

对于物料或产品体积大、搬运距离长、流动的方法固定等情况，就需要运用机器搬运，具体应根据不同情况选择不同的机器来搬运，例如电动叉车、手叉、小推车、架子车等。管理人员应为这些设备划定存放区域，并用线标示。

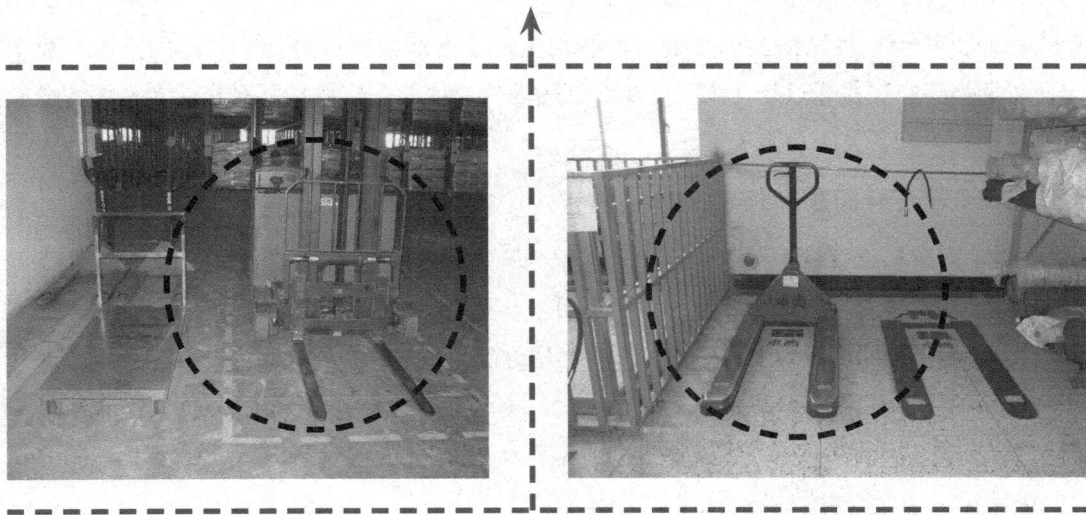

2．物料搬运作业要求

（1）在物料的搬运过程中，应对物料易被磕碰的关键部位提供适当的保护（如保护套、防护罩等）。

（2）使用与物料特点相适应的容器和运输工具（如托盘、货架、板条箱、集装箱、叉车、载重汽车等），平时要加强对容器和运输工具的维护和保养。

（3）在搬运精密、特殊的物料时，还要防止震动和受到温度、湿度等环境的影响。

（4）物料搬运过程中须通过环境有污染的地区时，搬运人员应对物料进行适当的防护。

（5）在搬运易燃、易爆或对人身安全有影响的物料时，应有严格的控制程序。

（6）在搬运有防震、防压等特殊要求的物料时，要采取专门的防护措施并加以明显的识别标记，同时注意保护有关的标志，防止其丢掉或被擦掉。

（7）物料、半成品、成品等应有明确的产品及路程标志，不可因搬运而造成混乱。

（8）要对搬运人员进行培训，使其能掌握作业规程和要求。

3．搬运装具与注意事项

（1）物料和半成品的搬运，最常见的是使用塑料箱。塑料箱可以用不同的颜色来区别产品状况，而且塑料箱要规定标准容量，并按规定位置存放。

（2）成品的搬运通常使用纸箱。纸箱应尽量标准化，虽有多种产品，但外箱应尽可能减少规格种类，以减少管理及仓储的困难。

要点04：现场物料的台面摆放

作业台是生产现场的关键之处，所有的生产活动都在这里进行。产品的品质、成本和交货期都要在这里通过作业人员一步步变为现实，因此一定要加强对作业台台面的摆放管理。

1．作业台台面物料摆放的错误做法

（1）将物料堆满整个作业台。

（2）装载托盒不合理，要么"大材小用"，要么"小材大用"。

（3）多人挤用一张作业台，作业人员利用身前身后的空间到处存放物料。

（4）合格品与不合格品全都放在台面上，除了作业人员自己之外，其他人无法分清。

对于以上这些现象，许多现场管理者都以为很正常，但实际上这些都是极其错误的做法。

2．作业台台面物料摆放的具体要求

（1）外包装物品不能直接上作业台

作业台本身就不大，只适合放一些物料、夹具、小型设备。若把物料连同外包装物品（如纸箱、木箱、发泡盒、吸塑箱等）一起放上台面的话，不仅占地大，而且极容易产生各种粉尘。

（2）使用合适的托盒、支架

①选定合适的托盒、支架，将物料摆放在托盒或支架上。体积大的物料可以放在台

侧或便于拿取的空位上，但每一次摆放都要有数量限定。体积小的，可以放在台面的托盒上。

②托盒、支架要力求稳定。托盒彼此之间要相互串联，以有效增加拿取时的稳定性，同时节省台面空间。

③在托盒、支架的标签上写清物料的品名、编号，便于其他人确认。

④充分利用斜托板摆放物料托盒。斜托板的使用是梯形摆放的进一步延伸，适用于细小而又要单个摆放的零部件。使用斜托板摆放后，可大大提高拿取效率。

（3）控制好物料投放

工作人员要分时段等量投入物料，不要将当日所需物料一次性全部放到台面上，以免使台面物料过多，无处摆放。

（4）物料摆放好

①物料摆放必须整齐有序，不得混杂。

请注意

　　作业台面要保持整洁，除了一些必须要摆放的物料、托盒和支架外，其余物品不能直接摆放，尤其是物品的外包装物料和私人物品。

　　②两种大小不同的物料在一起摆放时，小件的物料要就近摆放，大件的物料要放在外侧；取拿次数多的物料就近摆放，取拿次数少的物料放在外侧。

　　③相似的物料不要摆放在一起，尤其是外观上较难区分的物料，尽可能在工序编成时就将其错开。

　　④物料呈扇形摆放，可创造阶梯空间。扇形摆放符合人体手臂最佳的移动范围，来回取拿时，不易产生疲劳。

　　⑤对摆放的物料进行标示。

　　（5）及时清理台面

　　①及时清理台面上的不良物料，不让不良物料在作业台面上存放过久。

　　②台面上的物料堆积达到一定数量之后，就要随时清理。

要点05：现场退料补货的程序

　　如果发现生产线上有与产品规格不符的物料、超发的物料、不良的物料和呆料，现场管理人员应对其进行有效的控制，进行退料补货，以满足生产的需要。

1．退料的类型

通常物料退库的对象包括下列几项。

　　（1）与产品规格不符的物料。

　　（2）超发的物料。

　　（3）不良的物料。

　　（4）呆料。

　　（5）报废的物料。

2．退料补货的程序

　　（1）退料汇总

生产部门将不良物料分类汇总后填写"退料单"，并送至品质部IQC组（见表4-2）。

表4-2　退料单

退料部门：　　　　　　　　　　　　　　　　退料部门编号：

收料库：　　　　　　　　　　　　　　　　　　收料库编号：

原发料编号：　　　　　　　　　　　　　　　　日期：

| 物料编号 | 品名 | 规格 | 单位 | 金额 | 数量 | | 品质鉴定 | 退料原因 | 备注 |
					退货	实收			

仓管员：　　　　　　　　　检验员：　　　　　　　　　退料员：

（2）品质鉴定

检验完毕后，检验人员将不合格品分为报废品、不合格品与合格品三类，并在"退料单"上注明数量，同时选择好存放区域，做好标示。

（3）退货

生产部门将分好类的物料送至货仓，货管员对"退料单"上所注明的分类数量进行确认，清点无误后，分别收入不同的仓位，并挂上相应的"物料卡"。

（4）补货

因退料而需补货者，需开具"补料单"（见表4-3），退料后办理补货手续。

表4-3　补料单

制造单号：　　　　　　　产品名称：　　　　　　　　　编号：

生产批量：　　　　　　　生产车间：□物料 □半成品　　日期：

物料编号	品名	规格	单位	单机用量	标准损耗	实际损耗	损耗原因	补发数量	备注

生产领料员：　　　　　　　　仓管员：　　　　　　　　PMC：

（5）登账记录

仓管员及时将各种单据凭证入账。

（6）表单的保存与分发

仓管员将当天的单据分类归档或集中分送到相关部门。

要点06：现场暂时不用物料的管理

不用的物料是指由于生产要素的制约或突变，本次生产活动结束后，仍无法全部使用完毕的物料，包括呆料、旧料等。

1. 不用的物料产生的原因

不用的物料产生的原因如表4-4所示。

表4-4　不用的物料产生的原因

序号	原因类别	明细
1	设计上的原因	（1）设计失误。正式生产后才发现设计错误所在，重新设计后，前一个旧版本的物料来不及处理掉，堆积在生产现场 （2）设计变更。若是自然切换，可以混入使用，但若要完全"对号入座"，旧物料可能完全不能用，于是被积压下来
2	生产、销售计划上的原因	（1）计划变化快，一条生产线上什么都做 （2）客户突然取消订单，生产、出货计划被迫紧急变更，制造对应措手不及，处于生产途中的物料无处可去，形成积压 （3）生产要素突生变故，生产能力波动巨大，一会多用，一会少用。如：设备发生故障，一时半会无法动弹，预定投料无法进行；某个物料消耗量偏离计划，而其他物料无法与之配套生产完毕等

（续表）

序号	原因类别	明细
3	采购方面的原因	（1）没有严格按生产计划进行采购，绝大多数情况下是买多不买少 （2）供应商没有严格控制实际包装数量，"合格证"上的记录与实数相差较大，扰乱了配套生产计划的实施

2. 持有现场暂时不用的物料的负面影响

暂时不用的物料不应该长时间摆放在生产工序上，它会分散现场管理力量，有可能导致不良的发生。

（1）容易造成相互串用和丢失

每一次机种切换，都会涉及到生产要素再设置的问题。对前一机种用剩的物料，若不及时在各工序上回收保管，作业人员就会把它摆放在自己认为不会出错的地方，有的还会画上只有自己才明白的标记。如果隔几天，该作业人员因故缺席的话，顶位人员就有可能误用物料，尤其是外观上极其相似的物料，从而形成不合格品。

（2）管理成本增大

物料多一个分布地点，就等于多出一个物流环节，那么就要多一分管理力量去对应。

（3）浪费生产现场空间

工序上的作业空间本身就很有限，如果什么物料都堆在现场的话，制造现场必定杂乱不堪，同时由于制造现场不恰当地担负起仓管职能，反而妨碍了物流的顺畅。

3. 处理措施

（1）设置"暂时存放区"

企业可以根据日程计划的安排来进行区域放置。

首先，明确不同的日程计划。大日程计划是指为期数月至数年的计划，它规定了从产品设计开始经物料、部件筹措，一直到产品制造阶段的时间；中日程计划是指关于制造日程的计划，时间多为一个月至数个月；小日程计划是指每个作业人员或机械从作业开始到结束为止的计划，时间为数日或数星期。

然后，再依据日程计划进行具体的放置操作。

①只有小日程计划生产的物料才可以在暂时存放区摆放。

②虽然在小日程计划里需要使用，但是数量多、体积庞大，或者是保管条件复杂的物料，则应该退回物料仓库进行管理。

③不管是现场保管还是退回仓库，都必须保证其品质不会有任何劣化。

④中日程或是大日程计划里才生产的物料应该退回仓库进行管理。

（2）机种切换前物料全部"清场"

从第一个生产工序开始，回收所有剩下的物料，包括合格品和不合格品。点清数量后，放入原有的包装袋（盒）中，并用标贴纸加以注明，然后拿到"暂时存放区"摆放。若不合格品不能及时清退时，合格品与不合格品要分开包装，并为不合格品加以标示。

物料"清场"要注意以下事项。

① 要特别留意修理工序上的备用剩余物料，如不仔细追问，修理人员不会主动"上缴"这些物料。

② 确认是否有短暂外借给其他部门的物料，如有，则要设法尽快追回或约定返还日期。

③ 确认有无跌落在地面上的小物料，或是停留在设备夹缝里的物料。

④ 在旧物料"清场"的同时，不要派发新物料。

⑤ 如有残留在机器内部的物料，必须彻底排出。

（3）其他要求

需要暂时存放的物料同样也要遵守"先来先用、状态良好、数量精确"三项原则。

① 用原装包装盒（袋、箱）再封存起来。如果原有包装盒（袋、箱）破损，可以用保鲜薄膜或自封胶袋处理。总之，要采取防潮、防虫、防尘等措施。

② 对于无保质期限要求的物料，应考虑有无暂存的必要。

③ 如有可能，机种切换后，前一机种的不合格品要立即清退给前道工序。

④ 暂时存放的各种标志要确保显眼。

⑤ 下次生产时，要优先使用"暂时存放区"里的物料。

⑥ 定时巡查封存后的物料，以防出现不合格品。

要点07：现场特采物料的管理

特采是指在特殊状态下采购进来的物料，一般是指因料物不符合要求或品质状态不明确而紧急收下物料的过程，也称为紧急放行。

1．特采的情形

特采的一般情形如表4-5所示。

表4-5 特采的情形

序号	类别	具体说明
1	可以特采的情形	（1）制造或生产的过程中很容易发现并排除的判退原因 （2）有轻微或次要缺陷，且对产品不造成功能影响或看不出来 （3）有安全等缺陷，对产品功能有重要影响，但经重新全检或挑选后可以使用，且与供应商协商沟通好条件，可采用特采后再安排人员挑选使用 （4）原材料计量值管制特性的CPK值比目标值小一点，且不影响产品的关键特性
2	坚决不能特采的情形	（1）规格完全不符或送错来料 （2）有严重缺陷，且在制程中不易发现的来料 （3）新供应商来料，且其为本企业产品中的关键原料 （4）在整批物料中普遍存在一种以上主要缺陷的来料 （5）该供应商以前送来的同类型物料发生过客户投诉现象，并且此次物料与其缺陷相类似

2．特采物料的品质责任归属

特采物料的品质问题的责任一般由审核和核准人员负责，但检验人员所检验出来的状况必须是真实的；如果在后期出现非曾检验出来的品质问题，其责任必须由检验人员来承担。

3．特采的申请程序

特采的申请程序如图4-3所示。

4．"特采申请单"的填写

在填写"特采申请单"时，最好加一个特采单号，以便对物料状况进行追踪及品质分析，其编码可采用年加月再加流水号的形式，如1010008表示2010年10月第8特采批（见表4-6）。

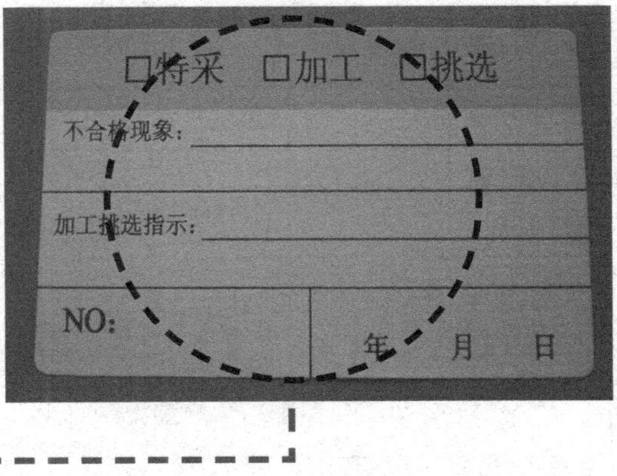

□特采 □加工 □挑选

不合格现象：_____

加工挑选指示：_____

NO：_____ 年 月 日

```
┌─────────────────────────┐
│  IQC判定不合格或时间不够   │
└─────────────────────────┘
            │
            ▼
┌─────────────────────────┐
│   特采人员填写特采申请单    │
└─────────────────────────┘
            │
            ▼
┌─────────────────────────┐
│    送IQC部门主管审核       │
└─────────────────────────┘
            │
            ▼
         ◇审核◇ ──────否──────┐
            │                 │
            是                │
            ▼                 │
┌─────────────────────────┐   │
│  品质部高层主管或技术高层   │   │
│       主管核准            │   │
└─────────────────────────┘   │
            │                 │
            ▼                 │
         ◇核准◇ ──否──→ ◇退货◇
            │
            是
            ▼
┌─────────────────────────┐
│  将特采单副本分发给IQC和   │
│       仓库人员            │
└─────────────────────────┘
            │
            ▼
┌─────────────────────────┐
│  仓库注明物料的状况并贴上   │
│    标签，然后发料          │
└─────────────────────────┘
```

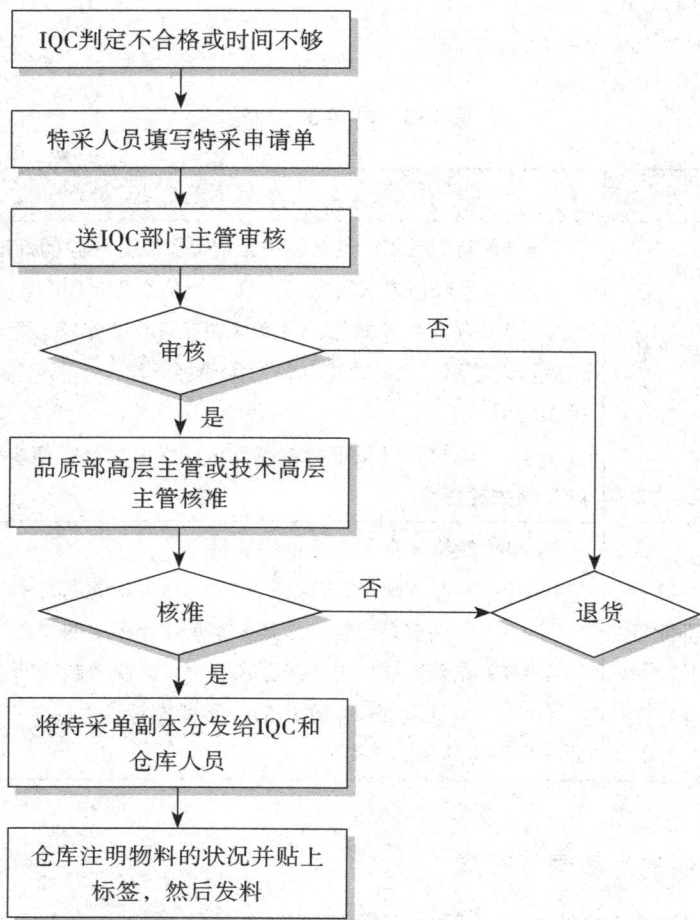

图4-3　特采的申请程序

表4-6　特采申请单

物料/成品：　　　　　　　　　　　　　　　　　　　　申请日期：

订单号码		品名规格		数量		特采单号	
供应商/客户名称				需求日期			
异常情况描述：							

申请人：

（续表）

申请特采理由：	申请人：
品质主管意见：	签字：
总经理意见：	签字：

5．物料特采管理的具体要求

（1）企业应在进货检验程序中对特采作出规定，明确特采情况的审批人、责任人，规定作出可追溯性标志的方法，明确识别记录的内容、传递方式和保管人。

（2）特采所使用的全部质量记录，应按规定认真填写，在保存期内不得丢失和擅自销毁。

（3）当供方的产品进厂后，根据情况对需要特采的产品，由责任部门（一般为采购部或生产计划部）的责任人提出申请，并报经授权人审批。

（4）对特采的物料作出可追溯性标示，同时做好识别记录。记录中应详细记载特采产品的规格、数量、时间、地点、标示方法和供方的名称及所提供的证据。

（5）在特采的同时，应留取规定数量的样品进行检验，且形成检验报告。企业应设置适当的特采停止点（相应文件规定的某点，未经指定组织或授权批准，不能越过该点继续活动），对于流转到停止点上的特采产品，在接到证明该批物料合格的检验报告后方可放行。若发现特采的物料经检验不合格，要立即根据可追溯性标示及识别记录，将不合格品追回。

要点08：现场生产辅料的管理

所谓辅料，是指在生产过程中起辅助作用，但不构成产品主要实体的物料，例如油脂、溶剂、胶水、油漆、焊接物料、防护类物料等，也被称为"辅助物料"、"次要物料"、"乙材"。对辅料的有效管理可从以下几方面着手。

1. 设置辅料信息看板

企业可通过设置辅料信息看板，使各级人员都能随时了解辅料信息。

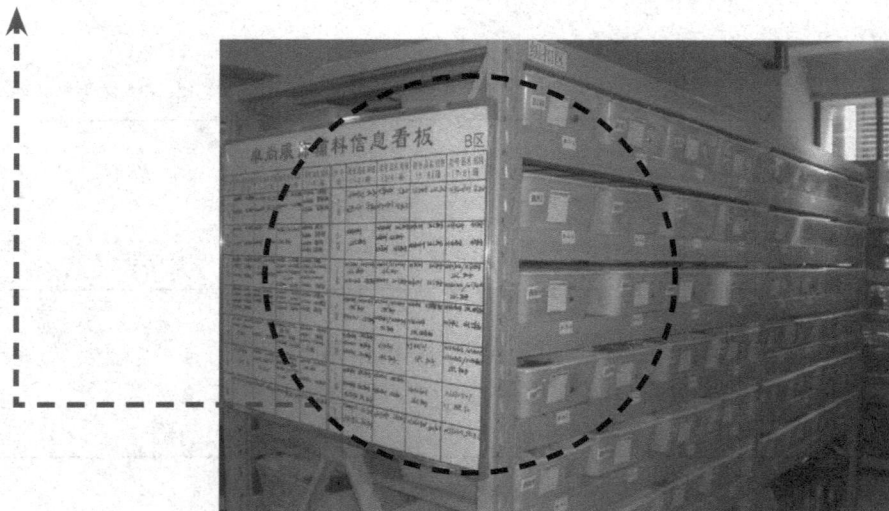

2. 实施专人负责

企业应指定专职管理人员，负责辅料的订购、保管、派发、统计等工作。发放辅料时，可以改变传统的由生产现场派人到仓库领取的方式，而采用送货上门式，即将当日所需的辅料预先放在小推车上，定时、定点推送。这样做能使有需要的部门或人员立刻就得到辅料。

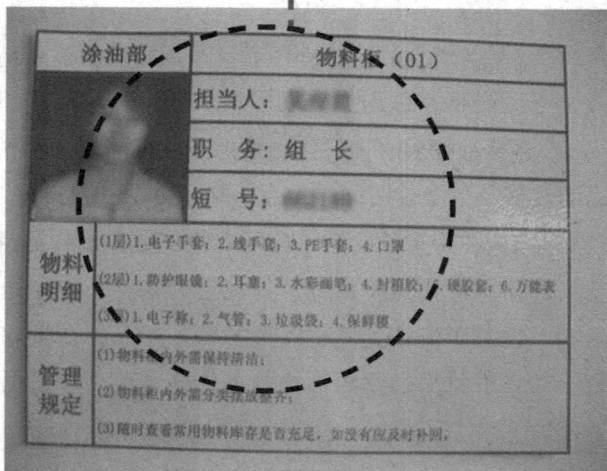

这种派发辅料的方式还有以下好处。

（1）直接将辅料供给生产工序，避免各个生产现场或生产线存放辅料。

（2）节省生产人员的工时，避免生产人员为领取辅料而离岗，浪费生产时间。

（3）可增进辅料管理人员对辅料用途、使用工序的了解，同时可起到监督、检查的作用。

（4）节省辅料在现场的摆放空间。

3．定额使用

生产现场相关人员统计单件产品的实际消耗量（也可统计月耗量），并通知生产部，然后由生产部根据生产计划事先购入相应数量的辅料。

4．分门别类进行保管

辅料要按用途或保管条件的不同分门别类保管好，例如油料要放在油料仓、油墨类放在油墨仓、危险品放在危险品仓、胶水需要在阴暗处存放、易燃易爆品要在无烟火处存放等。这样可防止辅料发霉、变质，减少呆料、缺料等情况的发生。

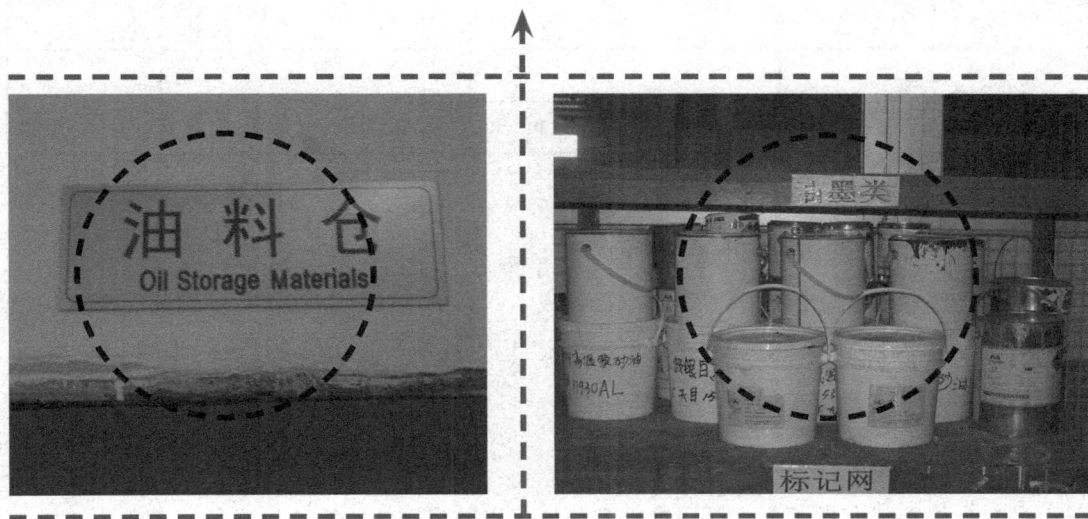

5．设置账簿，记录进出库情况

企业应为每一种辅料设置台账，以便进行管理，每次辅料的进出库情况都要详细登记，以方便查询，同时每个月或每周对辅料的进出库数据进行统计、分析。

6．确定领取手续

辅料管理账簿可分为新领和更换（以旧换新）两部分内容，新领要有上司（规定为某一职务以上）的确认；更换则只需退还用剩的残壳，例如外包装盒、袋、套等物，无需上司确认就可给予更换。

7．报废处理要手续齐全

用完的残渣、壳体，不能随便扔进垃圾堆里，也应遵循相应的规定处理。对于一些特殊的残辅料，不能按一般垃圾处理，有的要交由专业公司处理，以免造成环境污染。此外，还要填写"废弃申请单"以备核实（见表4-7）。

表4-7　废弃申请单

辅料名称	型号	数量	废弃原因	日期	经办人	批准人

要点09：现场呆料与废料的处理

呆料与废料的存在会占用一定的库存和成本，影响生产计划的执行，因此，企业必须分析呆料与废料产生的原因并进行预防和处理，以保证生产的顺利进行。

1. 呆料与废料的定义

（1）呆料

呆料是指物料存量过多、耗用量极少而库存周转率极低的物料。这种物料只是偶尔耗用，有的甚至不会再被动用。呆料是100%可用的物料，没有丧失物料原来的特性和功能，只是呆置在仓库中很少被动用。

（2）废料

废料是指报废的物料，即经过长时间使用，其本身已残破不堪、磨损过甚或已超过使用年限，以致失去原有的功能而无利用价值的物料。

请注意

呆料与废料常常也称之为旧料与残料，但定义有所不同。旧料是指物料经使用或储存过久，已失去原有性能或色泽，致使物料的价值降低的物料，残料是指在加工过程中所产生的已丧失主要功能，但仍可设法利用的物料。

2．呆料的预防与处理

（1）呆料的预防

呆料预防工作重在处理，企业可以从呆料产生原因的角度出发来进行相应的防范。呆料的预防措施如图4-4所示。

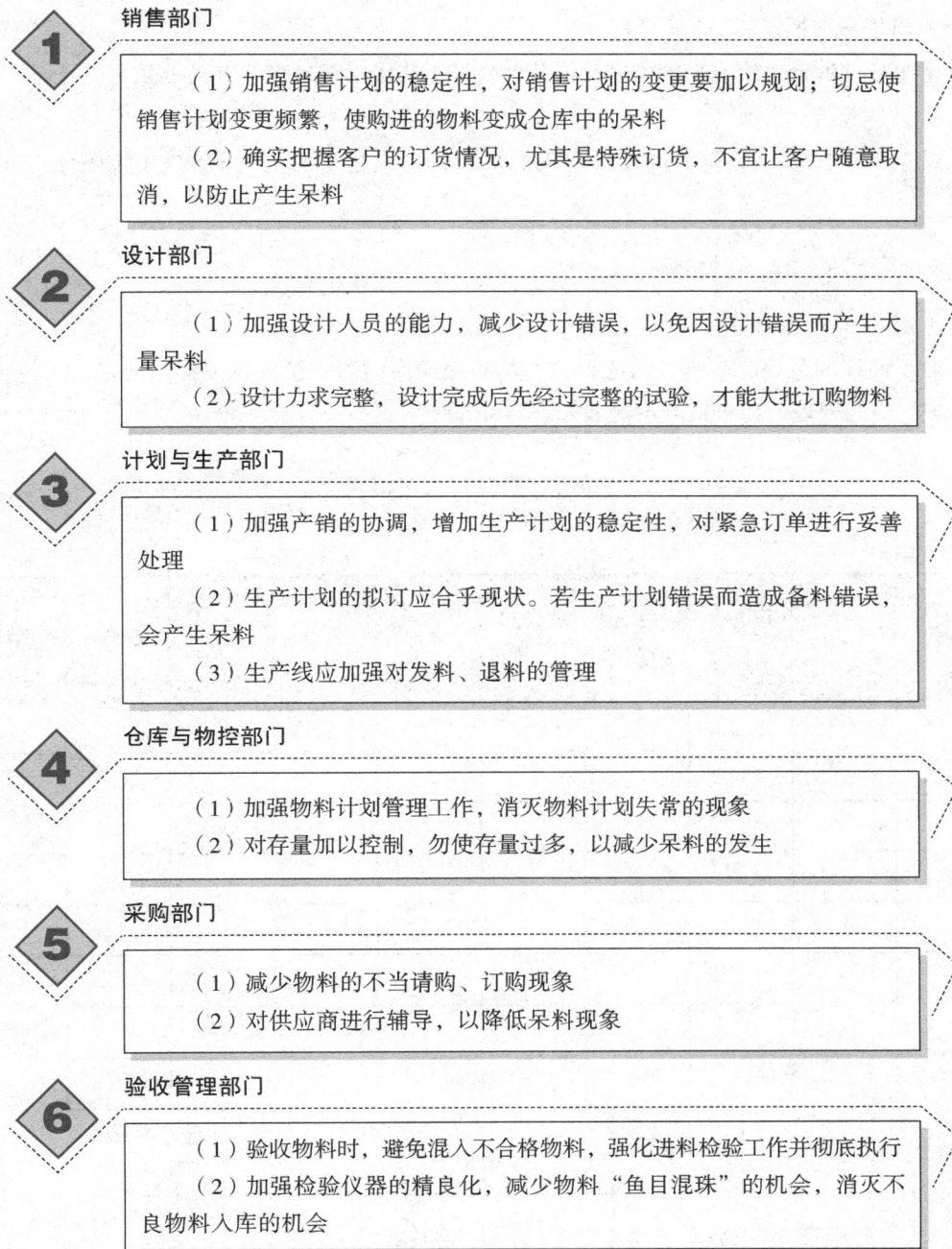

1　销售部门

（1）加强销售计划的稳定性，对销售计划的变更要加以规划；切忌使销售计划变更频繁，使购进的物料变成仓库中的呆料

（2）确实把握客户的订货情况，尤其是特殊订货，不宜让客户随意取消，以防止产生呆料

2　设计部门

（1）加强设计人员的能力，减少设计错误，以免因设计错误而产生大量呆料

（2）设计力求完整，设计完成后先经过完整的试验，才能大批订购物料

3　计划与生产部门

（1）加强产销的协调，增加生产计划的稳定性，对紧急订单进行妥善处理

（2）生产计划的拟订应合乎现状。若生产计划错误而造成备料错误，会产生呆料

（3）生产线应加强对发料、退料的管理

4　仓库与物控部门

（1）加强物料计划管理工作，消灭物料计划失常的现象

（2）对存量加以控制，勿使存量过多，以减少呆料的发生

5　采购部门

（1）减少物料的不当请购、订购现象

（2）对供应商进行辅导，以降低呆料现象

6　验收管理部门

（1）验收物料时，避免混入不合格物料，强化进料检验工作并彻底执行

（2）加强检验仪器的精良化，减少物料"鱼目混珠"的机会，消灭不良物料入库的机会

图4-4　呆料的预防措施

（2）呆料的处理

呆料的处理主要有以下几种途径。

①调拨和修改再利用。

本部门的呆料，其他部门仍可设法利用，可交呆料管理部门进行调拨。但如果呆料少有再利用机会，就可将呆料在规格上稍加修改后进行再利用。

②出售和交换。

企业可打折出售给原来的供应商或其他公司，或用以物易物的方式相互交换处理。

③破坏焚毁。

对于无法出售、交换、调拨再利用的呆料，应以物料的类别分别考虑破毁、焚毁或掩埋。

3．废料的预防与处理

（1）废料的申报

对于储存的废料，仓管员首先要填写物料报废申请表，得到相关部门的批示报告后再进行进一步的处理。物料报废申请表如表4-8所示。

表4-8　物料报废申请表

TO：物控部　　　　　　　　　　　　　　　　　　RM：仓库

品名	规格	报废申请原因	IQC重检单号	拟处理方式	数量	单价	金额	如变卖预计回收金额	备注
合计									

总经理		厂长		生产部		仓库主管审核	
财务副总经理		技术/开发		品质部		制表人	

（2）废料的产生原因

废料的产生原因如图4-5所示。

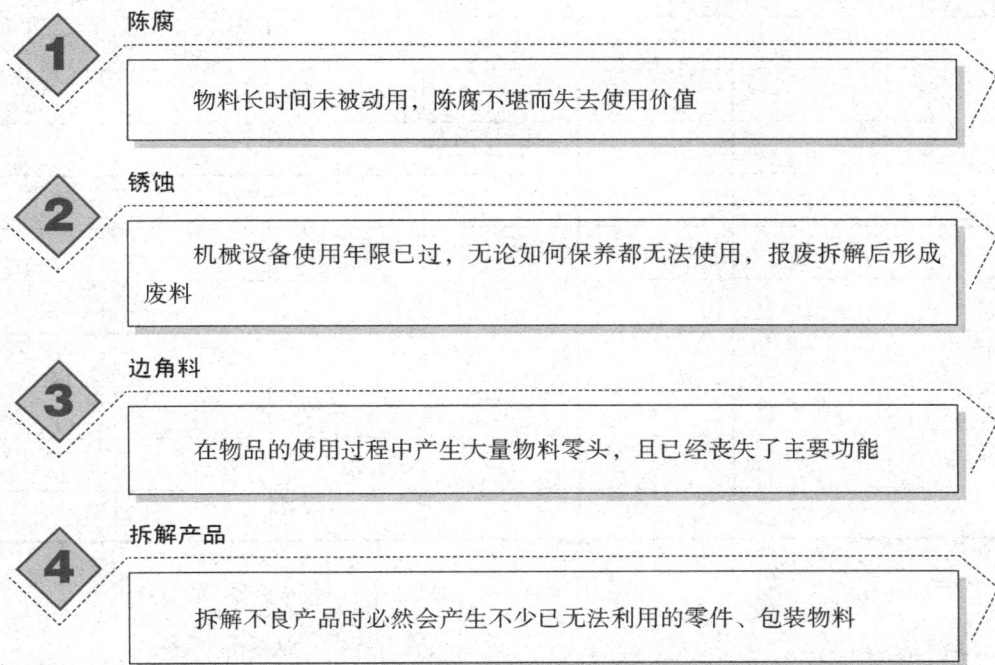

1 陈腐

物料长时间未被动用，陈腐不堪而失去使用价值

2 锈蚀

机械设备使用年限已过，无论如何保养都无法使用，报废拆解后形成废料

3 边角料

在物品的使用过程中产生大量物料零头，且已经丧失了主要功能

4 拆解产品

拆解不良产品时必然会产生不少已无法利用的零件、包装物料

图4-5　废料的产生原因

（3）废料的预防

根据废料产生的原因，企业可以采取以下预防对策。

①提高物料的使用效率，尽量少产生边角料。

②加强仓库物品的养护工作，防止物品的霉腐、锈蚀等现象的发生。

③建立先进先出的物料收发制度，以免物料堆积过久而成为废料。

④注意仓库环境的清洁，预防虫咬现象的发生，减少物料的毁损。

（4）废料的处理

在规模较小的企业，废料积累到一定程度时宜出售处理。对于规模较大的企业，可将废料集中一处进行解体，并将解体后的物料分类处理。

①移作他用。废料解体后，有些可移作他用，如机械零件、电子零件等。

②残料利用。废料解体后，其中仍有残料，如钢片、钢条等。

③废料解体后，要将剩余废料进行分类，如钢料、铝、铅、铜、塑胶等，可以回炉加工或作价出售。

④废料处理好后，要制作档案资料，以备日后查询。其具体格式如表4-9所示。

表4-9 废料处理清单

物料名称	规格型号	物料状况	报废原因	预计残值（元）	实际收入	备注

仓管员：

通过学习本章内容，想必您已经掌握了不少学习心得，请仔细填写下来，以便继续巩固学习。如果您在学习中遇到了一些难点，也请如实写下来，方便今后重复学习，彻底解决这些难点。

同时本章列举了大量实景图片，与具体的文本内容互为参照和补充，方便您边学边用，请如实填写您的运用计划，以使工作与学习相结合。

我的学习心得：

1. _____
2. _____
3. _____
4. _____
5. _____

我的学习难点：

1. _____
2. _____
3. _____
4. _____
5. _____

我的运用计划：

1. _____
2. _____
3. _____
4. _____
5. _____

第5章

工厂现场作业管理

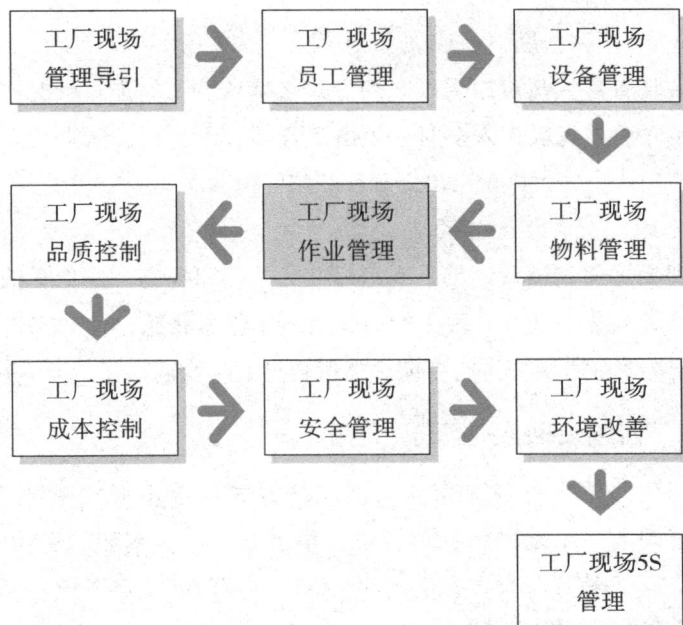

工厂现场
管理导引 → 工厂现场
员工管理 → 工厂现场
设备管理

工厂现场
品质控制 ← 工厂现场
作业管理 ← 工厂现场
物料管理

导
视
图

工厂现场
成本控制 → 工厂现场
安全管理 → 工厂现场
环境改善

工厂现场5S
管理

··· 关键指引 ········

生产现场每天都要开展作业，企业的各类产品就是通过作业生产出来的，良好的作业是提高生产效率、生产出品质优良产品的切实保障。

要点01：现场早会管理

早会是生产车间在每天上午上班前召开的班前会，主要内容是安排当日工作，提醒当日工作的注意事项，对昨天的工作进行总结，检查员工的出勤情况和员工的精神面貌，传达上级的指示精神等。

1. 整队

（1）确认出勤

现场管理人员可以用点名的方式来确认员工的出勤状况，该点名时要点名；人少时采用全员呼应式点名；人多时应该由组长等骨干自行确认本组人员的到会情况，主管向组长呼应式确认，并大声说出出勤确认结果。

（2）规定站姿与坐姿

现场管理人员要为员工规定标准的站姿和坐姿，避免头偏眼斜、手插衣袋、交头接耳等现象影响早会气氛。为了创造适度的工作紧张感，使大家进入工作状态，可以由值日员工或现场管理人员先进行整队，然后再开始早会。

2. 问候及回应

问候语要设计成大家容易回应的方式，逐步形成一种规范。例如，早上开早会，现场管理人员出来讲话："各位，早上好！"（刚毅、有中气）全员："早——上——好——！"（整齐有力，朝气蓬勃）讲话结束时，一定要道一声"谢谢"。需要注意的是，如果是班后会，现场管理人员讲话应该先道一声："辛苦了!"

一声问候一声回应，会使会议气氛顿时洋溢起来，大家的注意力也会瞬间被集中到主持人的表达中。时间一长，员工自然养成了一种互相打招呼的好习惯。

3．齐唱厂歌、朗读经营理念

根据企业要求，由值日员工领唱厂歌、领读企业经营理念。如果企业没有要求，则可以不进行。现场管理人员可以根据阶段性工作的重点，设计相关的内容，如"在生产旺季抓品质"、"品质从小做起"等品质管理方针或质量管理方面的格言，由值日者领读，以营造良好的会议气氛。

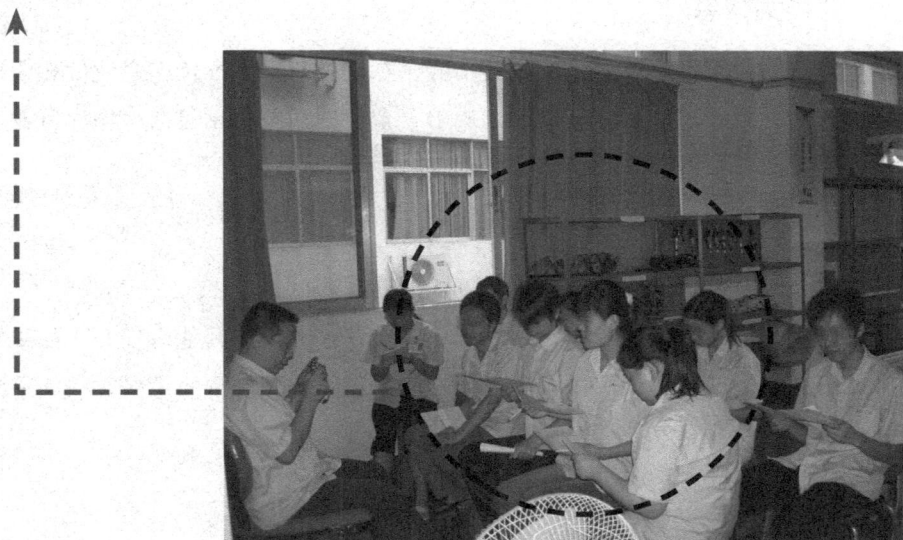

4．分享个人感想

由值日员工与大家分享个人的工作经验、心得体会、自我反省、工作建议等。分享时，要求值日员工主题明确、表达完整，至少要分享2～3分钟，避免"一句话分享"仓促了事、简单应付。让员工轮流主持早会，给予员工总结经验、表达意见和建议的机会，这是生产现场民主管理的有效途径，有利于提高员工的工作意识、集体观念和生产现场凝聚力。

5．工作总结

由早会主持者请出现场管理人员讲话。现场管理人员首先要对昨天的工作进行总结。总结昨天的工作时，可以从以下几方面进行：有没有未完成的任务、有没有达到目标、有没有事故和异常、现场有哪些变化点，以及上述情形带来的反省和要求。

在总结时，要避免诸如"大家都干得不错"之类大而空的表达内容，尽可能具体到人和事，有根有据地对员工进行表扬或批评。

6．工作安排

安排当天工作是早会的重点内容，包括当天的生产计划、工作目标、任务分配、人员调配等。布置工作时要清楚明确，不要含糊其辞，讲到具体员工的工作安排时要注视对方，确认对方的反应，确保对方理解到位。

7. 工作要求

根据前一天的工作情况和当天的安排，现场管理人员应该明确提出对大家的要求和期望，包括时间要求、工作质量要求、工作配合要求、遵守纪律的要求、及时联络的要求等。

8. 企业相关信息

现场管理人员应根据不同阶段的实际情况，在必要时向大家传递企业的相关信息，能使员工了解大局，更好地理解和接受工作要求。企业的相关信息包括市场和行业动态、客户要求、企业经营情况和发展方向、正在和即将开展的管理活动等。

早会内容要突出重点，避免由于面面俱到而导致什么也没讲好。

9. 结束

在早会结束之前，不要忘记问一句："请问大家还有没有其他事项？"如果有，就请其出来补充说明一下。这样，可以避免该通知的没通知、该提醒的没提醒；如果没有，即可宣布早会结束。

要点02：现场作业前的准备

生产现场人员应在现场工作安排好后，正式进行作业前做好准备工作。

1. 人员的准备

（1）安排人员的要求

现场管理人员在人员安排上一定要遵守以下要求。

①让熟悉的人做熟悉的工作。因为熟能生巧，所以就某一岗位、某一设备一定要安排操作熟练的人去做。

②照顾新员工。因为新员工各方面都不熟练，所以需要给新员工宽松的余地。

③适当满足个性。因为不同的人有不同的个性，而每个人的个性里都会有某种特质，如果能适当地加以满足，可以使其获得高效率的动力。

④充分发挥个人特长，即要把好钢用在刀刃上。现场管理人员在配备人员时要根据员工在工种、技术业务等级、熟练程度等方面的差别，分配他们到合适的岗位上去，尽量避免某一工种的作业人员做另一工种的工作、基本作业人员做辅助作业人员的工作、技术等级高的作业人员做技术等级低的工作。

⑤确保公平、公正。不要刻意或者在无意之间给某个下属"穿小鞋"。

⑥每日的排班情况应记录在排班表或看板上，使工作分配一眼就能看出来。

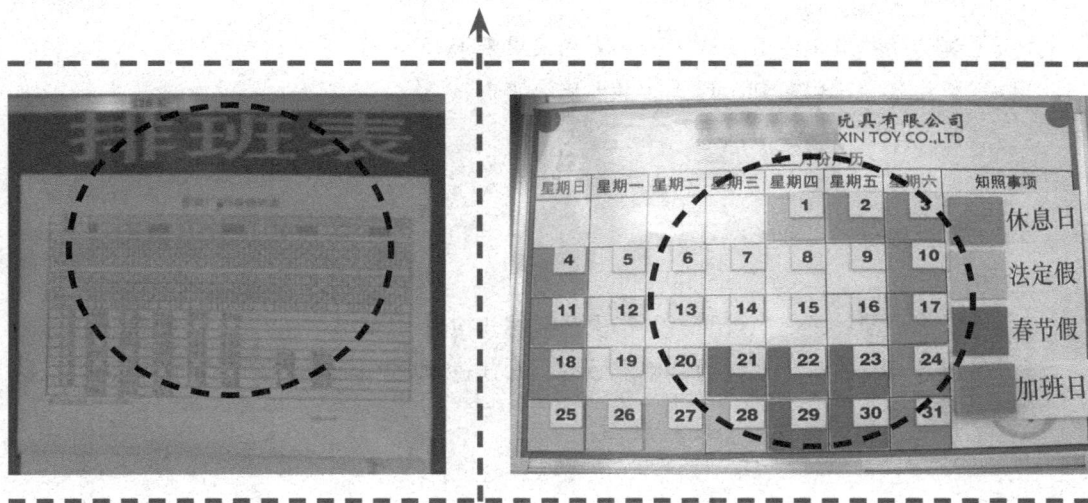

（2）掌握工位平衡

工位平衡是指流水线上的各工位完成作业所用的时间要相当，也就是说各工序的作业量要保持基本平衡。保持工位平衡可获得如下好处：生产线不会堆放半成品；不会有人忙得不可开交，而有人却闲着无所事事；不会遗漏工序；使流水线顺畅，顺利完成计划。

（3）有效安排生产线

现场管理人员依据作业步骤图和现场配置图来进行排程，并制定排程表。

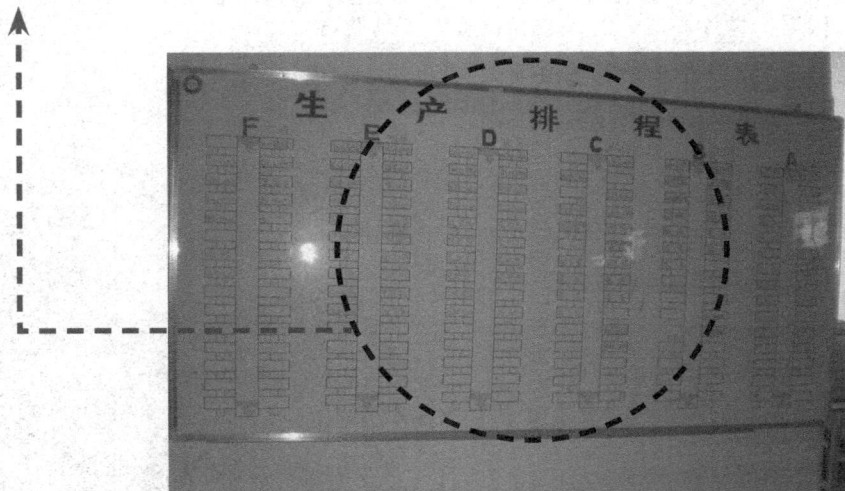

①排程表的作用

排程表对生产管理起着指导作用，现场管理人员可根据排程表上的时间、人数、设备或工具、辅料等内容作生产前的计划或安排，以确保生产顺畅。其具体作用表现在以下几个方面。

　　a．了解产品各道生产工序的生产速度和人员要求。

　　b．通过排程表可以看到工序之间的前后关系。

　　c．后道工序可以检查出前道工序的错误。

　　d．后道工序不会损害前道工序加工出的产品。

　　e．可以平衡各工序的生产进度。

　　f．可以给出合理的工作空间和时间。

　　g．可以明确地计算出生产时间、非生产时间和检验时间。

　　h．可以计算出每日生产能力及生产效率，并通过对比来了解和改进差距。

　　② 正确认识排程表

　　现场管理人员接到排程表后，应认真研究与领悟，理解排程表内每个工序的要求（如人力、时间、工序名称、工夹具等重点项目的内容），做到心中有数，以此来安排生产和了解生产现场的生产能力，并作为改善或调整的基础。有些现场管理人员认为，排程表没有用或者与自己没有关系，因此随便乱放或根本不去看它，这都是不正确的。

　　③ 编写排程表

　　编写排程表前必须清楚以下事项。

　　a．产品每一个工序生产需用的总时间／每小时产量。

　　b．生产线或设备最大可容人数。

　　c．要求每小时的产量是多少。

　　d．根据产量计算所需的人数和设备／工具数量。

　　e．每一个工序生产所需用的辅助物料。

　　f．生产性、非生产性、检验时间的划分。

　　g．操作方法。

2．设备工具的准备

　　（1）设备的准备

　　生产设备是否处于良好的状态、能否正常运转，是保证完成生产作业计划的一个重要条件。生产现场应确保各种设备在生产之前准备好，并对其进行检查，确认其处于良好的状态。

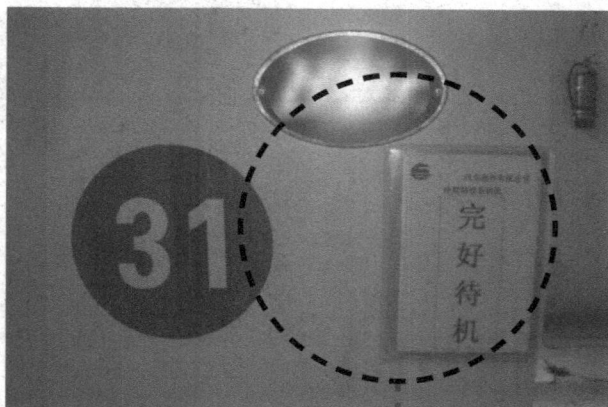

（2）工具的准备

现场作业往往会使用到大量工具。正式开始作业之前，作业人员必须准备好这些工具。

工具的领用和借用必须按规定手续进行。生产现场应有工具使用保管卡片，记录操作人员领用工具的型号、数量、名称、规格和日期。操作人员应根据工艺文件的规定，适当适量领取。对于共用工具也应建卡管理，个人使用时要办理借用手续，登记在相应的"领用工具清单"上，用完后及时归还。

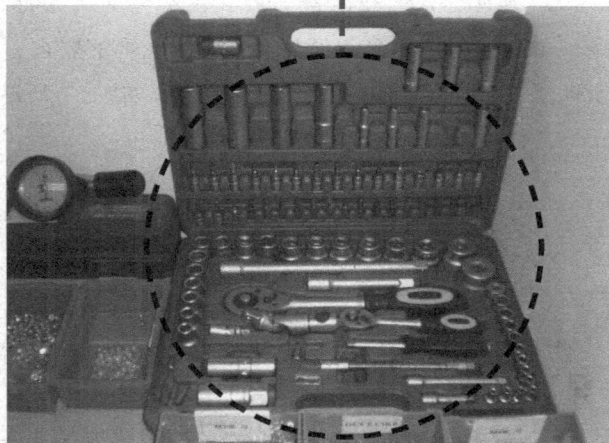

技师领用工具清单

序号	领用工具	品牌	规格	编号	数量	单位	备注
1	开口扳手		5.5-7.0		1	PCS	
2	开口扳手		6.0-7.0		1	PCS	
3	开口扳手		8.0-9.0		1	PCS	
4	开口扳手		10.0-12.0		1	PCS	
5	开口扳手		12.0-14.0		1	PCS	
6	开口扳手		14.0-17.0		1	PCS	
7	开口扳手		17.0-19.0		1	PCS	
8	开口扳手		19.0-21.0		1	PCS	
9	内六角扳手		2.5		1	PCS	
10	内六角扳手		3.0		1		

3. 生产物料的准备

为进行生产，生产生产现场必须按照生产计划、工作指派向物料管理部门或仓储部门领料。将所需物料放在靠近生产现场的地方，可以缩短搬运的距离，同时也应将物料分类放置，并做好标示。

4. 工艺和技术标准文件的准备

现场管理人员在准备工艺和技术标准文件时，要确认所有的文件都是最新版本，否则，员工们制造出来的产品会达不到顾客的要求，甚至有可能就是废品。在确认工艺和技术性文件时应注意以下事项，具体内容如图5-1所示。

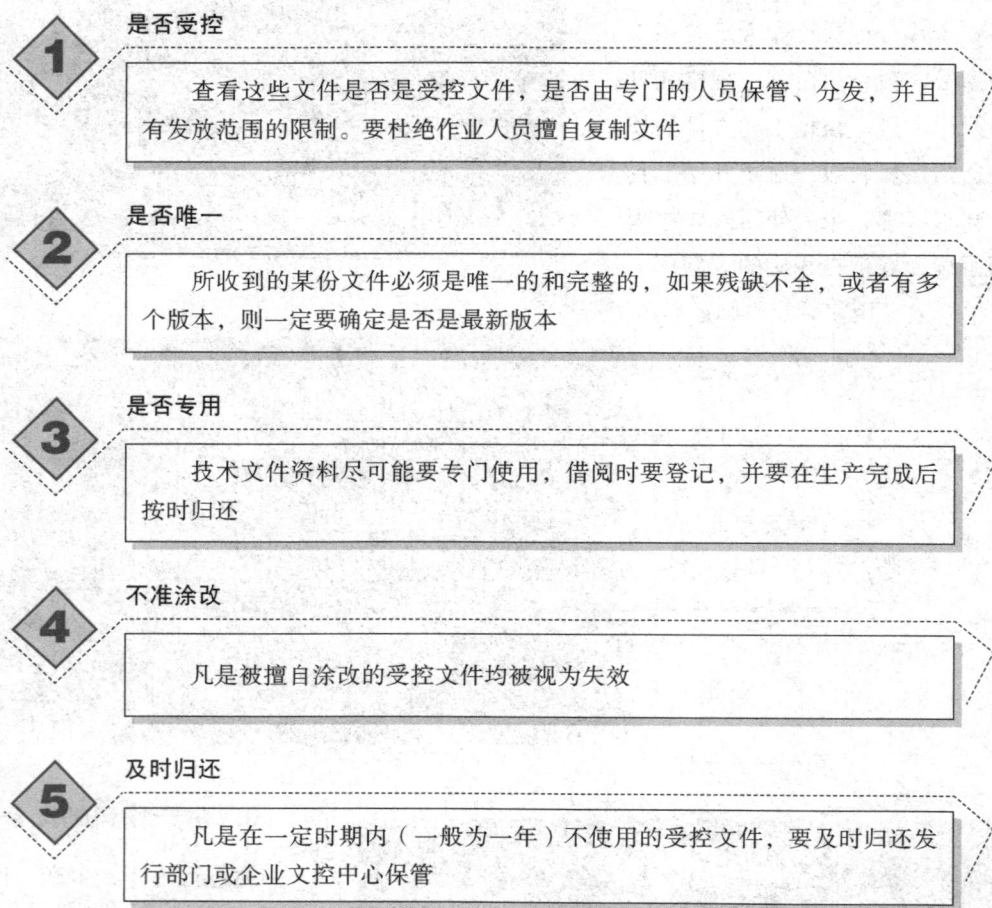

1 是否受控

查看这些文件是否是受控文件，是否由专门的人员保管、分发，并且有发放范围的限制。要杜绝作业人员擅自复制文件

2 是否唯一

所收到的某份文件必须是唯一的和完整的，如果残缺不全，或者有多个版本，则一定要确定是否是最新版本

3 是否专用

技术文件资料尽可能要专门使用，借阅时要登记，并要在生产完成后按时归还

4 不准涂改

凡是被擅自涂改的受控文件均被视为失效

5 及时归还

凡是在一定时期内（一般为一年）不使用的受控文件，要及时归还发行部门或企业文控中心保管

图5-1　工艺和技术标准文件的准备注意事项

5. 创造良好的秩序

（1）现场秩序管理

现场秩序包括劳动纪律、工作风气、人员面貌和素质等内容，管理的目的一方面是要确保作业人员能够按企业的规定从事工作；另一方面要促使员工积极、主动地维护这种秩序。具体需要准备的内容如下所示。

①彻底执行5S，绘制现场平面图，方便员工了解各自的工作区域。

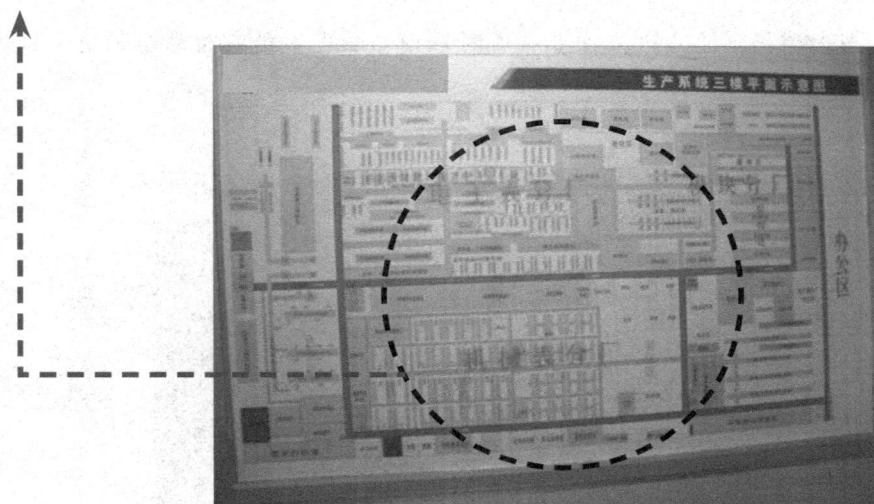

②教导员工遵章守纪，没有迟到、旷工等现象，人人都能服从管理。

③精神状态良好，没有萎靡不振的员工。

④员工自觉行动，能自觉地参与各种准备活动。

⑤维护公共秩序，确保自己的行为符合规范和要求，不会妨碍他人。

⑥学习和掌握工作要点，加强新产品、新技术的训练，使作业人员能熟知重点作业内容。

（2）倡导员工自主管理

所谓自主管理就是要求员工以自我管理的心态处理工作事项，并及时报告发现的异常，主动采取措施处理，而不是等待管理者来催促。现场管理人员从工作一开始就要帮助员工树立这种思想，以确保形成良好的风气。现场管理人员可以为每个员工划出一块区域，让其自我管理。

（3）现场环境管理

现场环境包括现场的温度、湿度、污染、噪声和安全等内容，管理的目的一方面要确保员工能够在生产现场愉快地工作；另一方面要符合不同的产品和设备的具体要求。通常需要准备的内容如下所示。

①点检各种环境指标检测器具的有效性，并记录显示的数据。

②当发现有现场环境不符合人员、产品和设备的要求时，要及时采取处理措施，并确认处理结果。

要点03：现场作业监督

当现场员工正式进入作业状态时，现场管理人员应时常走到员工身边，做好监督工作。

1. 时刻关注员工的状况

关注员工的状况是指在工作过程中要注意观察员工，发现员工是否有身体不好、身心疲劳的现象。员工身体状况不合格，或超时作业所引起的身心疲劳，会使员工的精神无法集中在工作上，从而容易导致事故的发生。

通常来说，现场管理人员要留意以下事项，具体内容如图5-2所示。

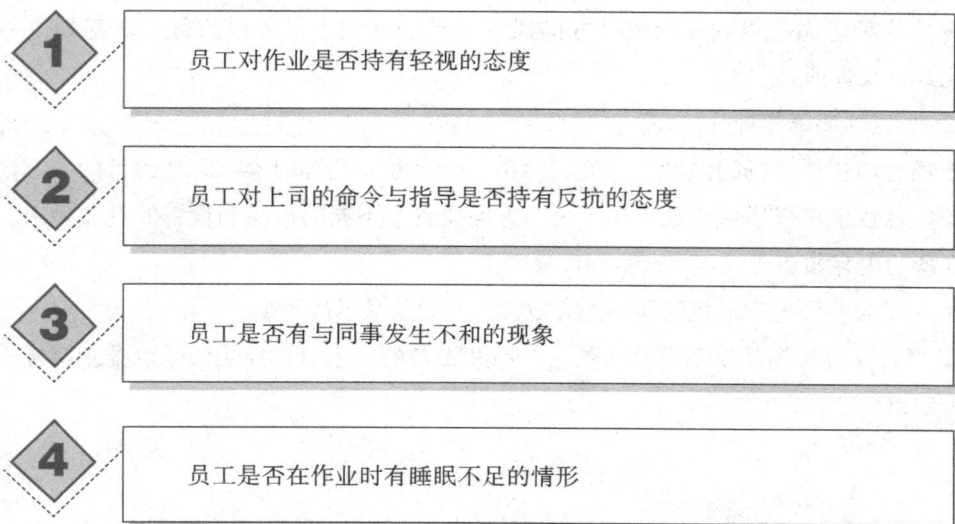

1	员工对作业是否持有轻视的态度
2	员工对上司的命令与指导是否持有反抗的态度
3	员工是否有与同事发生不和的现象
4	员工是否在作业时有睡眠不足的情形

| 5 | 员工身心是否有疲劳的现象 |

| 6 | 员工手、足的动作是否经常维持正常状况 |

| 7 | 员工是否经常有轻微感冒或身体不适的情形 |

| 8 | 员工对作业的联系与作业报告是否有怠慢的情形发生 |

| 9 | 员工是否有心理不平衡或担心的地方 |

| 10 | 员工是否穿着不整洁的作业制服或违反企业规定的事项 |

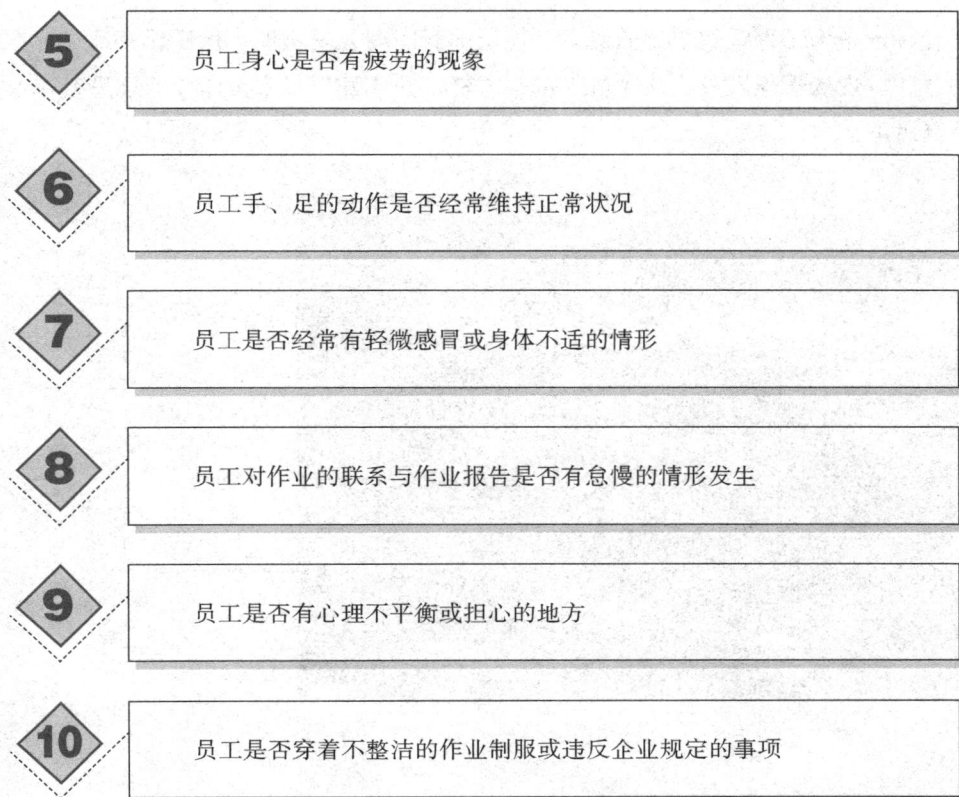

图5-2　现场管理人员要留意的事项

2．监督员工认真做到文明操作

文明操作是确保安全操作的重要组成部分，要求员工做到明确任务要求，熟悉所需原料的性质，检查设备及其防护装置有无异常现象，排除设备周围的阻碍物品，作业准备充分，避免中途分散注意。保持生产现场的秩序井然，遵守劳动纪律，不得中途擅离岗位而让设备运转，不得一边操作一边做其他的事，更不得让不懂操作的人员操作。

请注意

现场管理人员应要求现场员工热爱本职工作，要有高度责任心，能确保安全，要仔细观察和思考判断，从而保持清醒的头脑去操作，要理智地控制自己的情绪，避免外来因素的干扰而分散注意力等。

3. 监督员工严格遵守作业标准

作业标准是为了保证在规定的成本、规定的时间内，安全地、保质保量地完成产品所制定的方法。现场管理人员应该对员工进行监督，如果发现其未按作业标准进行作业，要及时予以纠正。

要点04：现场生产流水线的管理

流水线是指通过某种形式将很多个独立的个体有机地联系在一起，并使其彼此关联并互相制约，统一频率和速度，形成高效匀速生产的作业流程。

1. 流水线的特点

流水线的特点如图5-3所示。

1 作业分工程度高，工序衔接紧密

> 每个人只做几道工序，各道工序加起来就能生产出一件产品；前一道工序若作业缺漏，将会影响后道工序的顺利进行

2 生产要素有序配置且高度集中

> 一条生产线如何布局、每个人要完成哪几道工序、用多少材料、什么时候送到等问题，都须事先周密布置，不能缺漏其中任何一个环节，否则生产就无法顺利进行

3 生产要素呈节拍性流动

> 手工作业、机器作业、材料搬运等都要遵循节拍，太快不行，太慢也不行。各生产要素的动作时间要么相等，要么呈整倍数关系

4 不良品成批发生，品质确保难度大

> 由于生产的不间断性，不合格品很少在第一次发生时就被发现并得到有效处理，往往要到一定数量才会引起重视

5 生产能力大，交货期容易确定

> 由于生产要素高度集中，而且是按一定节拍动作的，所以每一件产品的产出时间、每一个生产计划的完成时间都能准确地计算出来

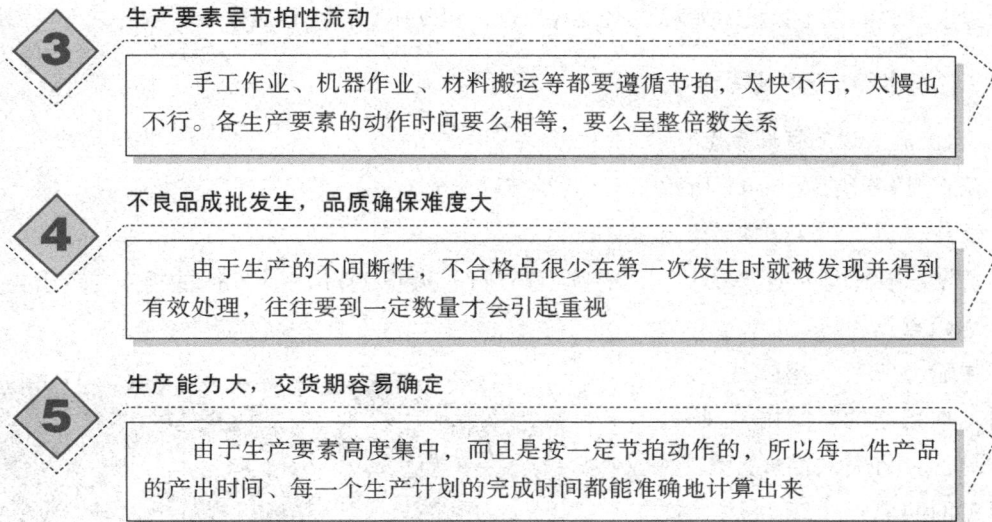

图5-3　流水线的特点

2．流水线作业的常见问题

流水线作业的常见问题如图5-4所示。

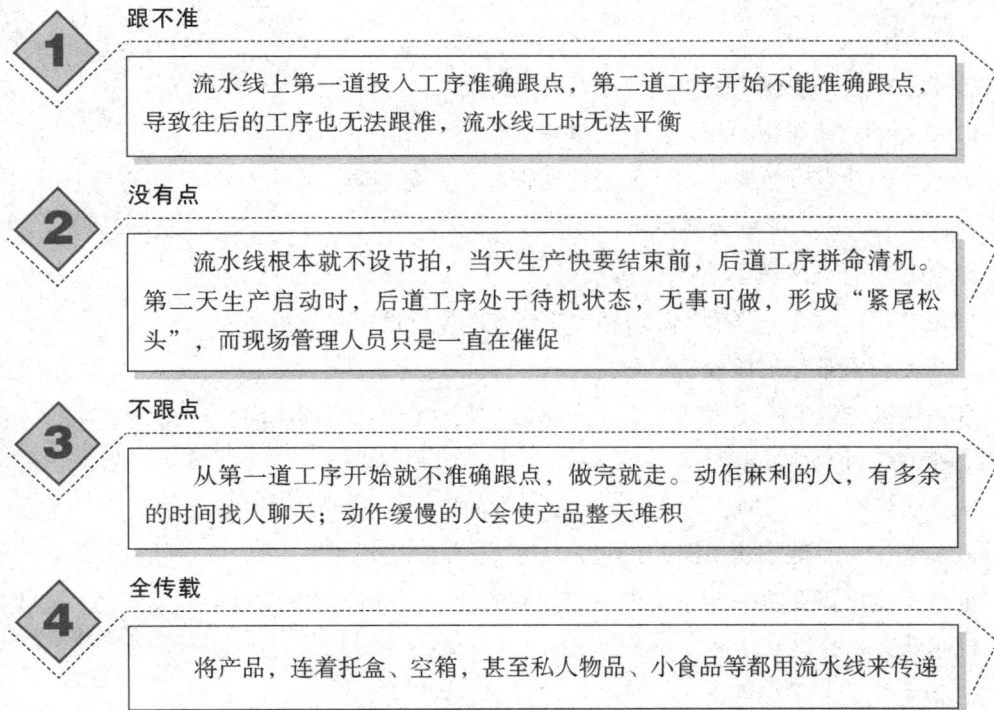

1 跟不准

> 流水线上第一道投入工序准确跟点，第二道工序开始不能准确跟点，导致往后的工序也无法跟准，流水线工时无法平衡

2 没有点

> 流水线根本就不设节拍，当天生产快要结束前，后道工序拼命清机。第二天生产启动时，后道工序处于待机状态，无事可做，形成"紧尾松头"，而现场管理人员只是一直在催促

3 不跟点

> 从第一道工序开始就不准确跟点，做完就走。动作麻利的人，有多余的时间找人聊天；动作缓慢的人会使产品整天堆积

4 全传载

> 将产品，连着托盒、空箱，甚至私人物品、小食品等都用流水线来传递

图5-4　流水线作业的常见问题

以上这些问题不但没有发挥流水线的优点，相反还会直接导致作业品质的下降。

3．流水线的有效管理

（1）流水线的管理重点

流水线管理的重点如下所示。

①IN（投入）、OUT（产出）

根据标准时间（生产一件产品需要多长时间）就可以算出一个小时的投入与产出。

②跟点作业

在能力所及、速度可达的范围内，在指定的时间内完成一个组装动作，将完成品放入流水线上划定的间隔点（线）上。为了使作业能够很好地跟上点，就必须要求每一个员工全身心投入到工作中去，不能一边工作一边做其他与工作无关的事情。

（2）流水线的管理要领

流水线的管理要领如下所示。

①标明区域

流水线作业必须标明区域，防止无关人员混入。

②线点颜色要鲜艳

流水线的线点颜色要鲜艳，要与输送带底色完全不同，且粘贴牢固;当有两套以上的线点（混流）时，识别颜色必须不同。

③输送带行进速度要稳定

输送带行进速度（节拍）必须经常验证，以保持稳定。

④特别留意连接过渡处、转弯处

前后两条输送带的连接过渡处、转弯处，要注意能否顺利流动。

⑤摆放人性化

前道工序跟点投入时，作业对象的摆放方向要尽量方便后道工序的拿取。

⑥输送带上不能搭建不同的托架

如果不得已需要将一些小型设备摆放在流水线上的话，应该用统一式样的台架支撑起来，以达到美观的效果。

⑦流水线的开动、停止

流水线正常的开动、停止，由靠近电源控制开关的作业人员代为实施即可。

因生产要素不合格而导致流水线停止时，其命令要由相应的管理人员下达，作业人员不得擅自停止。如遇生命财产将要遭受重大损失的情况，作业人员可以紧急开动或停止流水线。

⑧流水线平衡效率

在正常情况下，不熟练的顶位对工时平衡破坏最大，常常出现堆积、跳空现象，因此一定要小心安排。

⑨堆积识别

由于设备、物料、作业方法而引发的不合格，造成中途工序出现大量堆积时，首先要将堆积的作业对象离线存放，并做好识别管理。

⑩保持输送带的整洁

可在输送带的两头设置半湿润清洁拖布或黏物辊筒，以便清除输送带上的脏物。

⑪明确取放方法并对员工加以培训

流水线的取放一般遵守"左进右出"或"右进左出"的原则，这样取放时双手便可同步进行。若左侧对着流水线，则左手取放作业对象兼投料，右手操作设备、仪器较好。若右侧对着流水线，则右手取放作业对象兼操作设备、仪器，左手投料。对于取放的方法和时机，企业要在对作业人员进行上岗培训时加以说明，并要求其严格遵守。

⑫线点数量控制

线点不是越多越好，点数设定越多，在线库存就越多，但前后两道工序之间的点数不应少于两点。生产结束时，工作人员必须将流水线上的产品进行遮盖以便防尘，或收回工序内暂时存放，次日再重新摆放到流水线上。对人手台面传递的流水线作业，要控制好第一个工序的投入数量，这样整条生产线的产出才有保障。

⑬流水线的管理应参照"流水线标准书"进行。

要点05：现场生产信息利用

生产信息是指符合生产的计划、措施，进一步进行生产改善所需的信息，也就是常说的"5W1H"，即做什么、到什么时候止、谁做多少、在何处做、为什么做、怎样做。

1. 生产信息的分类

（1）生产计划信息

生产计划信息是指计划生产所需要的基础性的信息，即品质、成本、交货期（QCD）所需要的信息，它包括订单信息、生产技术信息、生产管理信息、品质信息和成本信息。其具体内容如表5-1所示。

表5-1　生产计划信息表

信息种类	信息内容	备注
订单信息	（1）产品的种类 （2）生产数量价格 （3）交货期 （4）出货品的式样 （5）出货地	是获得客户订单时的信息。企业以此信息来安排生产，它是所有生产活动的基础信息
生产技术信息	（1）物料、部品 （2）产品构成 （3）加工图纸 （4）使用设备、模具、治工具	计划生产所需的基础信息。多由设计部门提供
生产管理信息	（1）QC工程表 （2）标准时间 （3）加工费 （4）标准工时 （5）标准日程 （6）工程、设备能力 （7）防止再次发生的对策信息 （8）库存信息	是进行生产管理所必需的信息
品质管理信息	（1）品质不合格信息 （2）客户投诉信息 （3）设备移动信息	是进行品质管理所必需的信息
成本信息	（1）成本单位 （2）物料、部品费 （3）使用数量 （4）经费	是计算成本所必需的信息

（2）生产统制信息

生产统制信息有三个种类，即生产进度信息、品质信息和成本信息，其具体说明如表5-2所示。

表5-2　生产统制信息表

信息种类	信息内容	备注
生产进度信息	（1）综合生产量或生产实绩 （2）不同机械或不同工位的生产实绩 （3）工程进度缓慢原因及其处置结果	是了解进度的信息

（续表）

信息种类	信息内容	备注
品质信息	（1）品质不合格项目和详细的内容 （2）品质不合格对策的实施信息 （3）不合格的库存品	品质信息是表示产品品质是否达到了要求的重要信息
成本信息	（1）实际工时 （2）使用的物料、部品费	成本信息是表示如何进行利益管理的信息

2．生产信息利用的方法和要点

（1）生产信息利用的方法

①管理人员巡视

管理人员在作业现场来回巡视，观察有无不合格品的发生、机械故障、欠品、异材混入等，从而发现异常。

②流水线信息的通报

作业人员是流水线发生异常时的第一发现者，发现时必须通报给管理人员，通报方法包括以下几种。

a．口头通报

若生产现场不大，可大声地把异常状态通报给管理人员。管理人员听到后马上进行确认，采取停止生产、排除不合格品等措施。

b．利用警示灯

即在每条流水线、每个作业人员旁边都安装一个按键，发生故障时一按，设置在管理人员旁边的警示板上的灯就会亮。

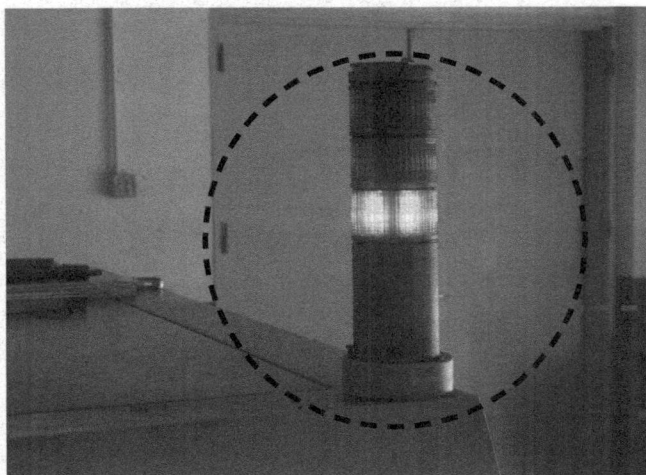

c. 利用纸质看板

通过纸质看板也能了解各类生产信息，如目标实施状况等。

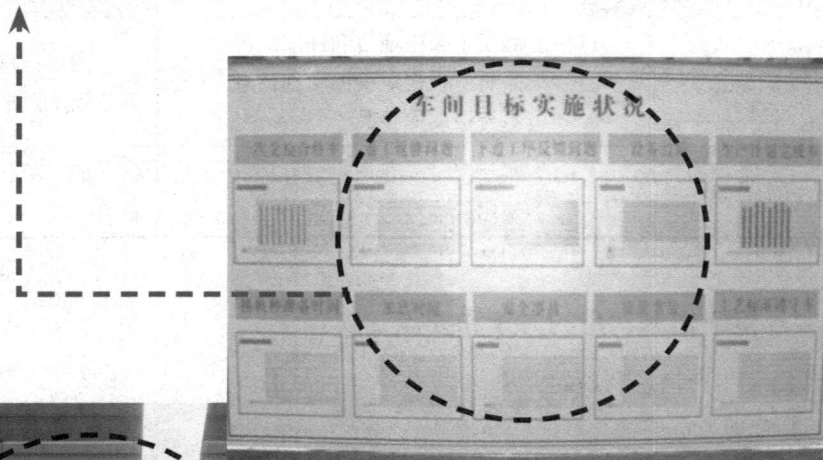

d. 设置电子看板

通过电子看板实时掌握现场各项信息，如目标看板等。

（2）生产信息利用的要点

①要确保生产信息能够在转动管理圈时起作用。

②要确保生产信息能够在预防、事先的管理上起作用。

③生产信息应是实时的信息。

④可以通过目视管理法来利用信息。

要点06：现场生产瓶颈的解决

生产瓶颈实际上是整体生产运作中的一种不平衡现象，它极大地制约了生产能力、生产进度和生产效率，从而影响生产任务的完成。因此，管理人员必须分辨哪些是生产瓶颈并采取对应措施。

1. 了解生产瓶颈的表现方式

（1）工序方面的表现：A工序日夜加班赶货，而B工序则放假休工。

（2）半成品方面的表现：A工序半成品大量积压，B工序则在等货。

（3）均衡生产方面的表现，例如生产不配套等。

（4）生产线上的表现：A工序大量滞留，而B工序则流动正常。

2．导致生产瓶颈出现的原因

引发瓶颈出现的因素包括物料供应、工艺技术、设备、品质、时间、人员因素和突发事件等，具体内容如图5-5所示。

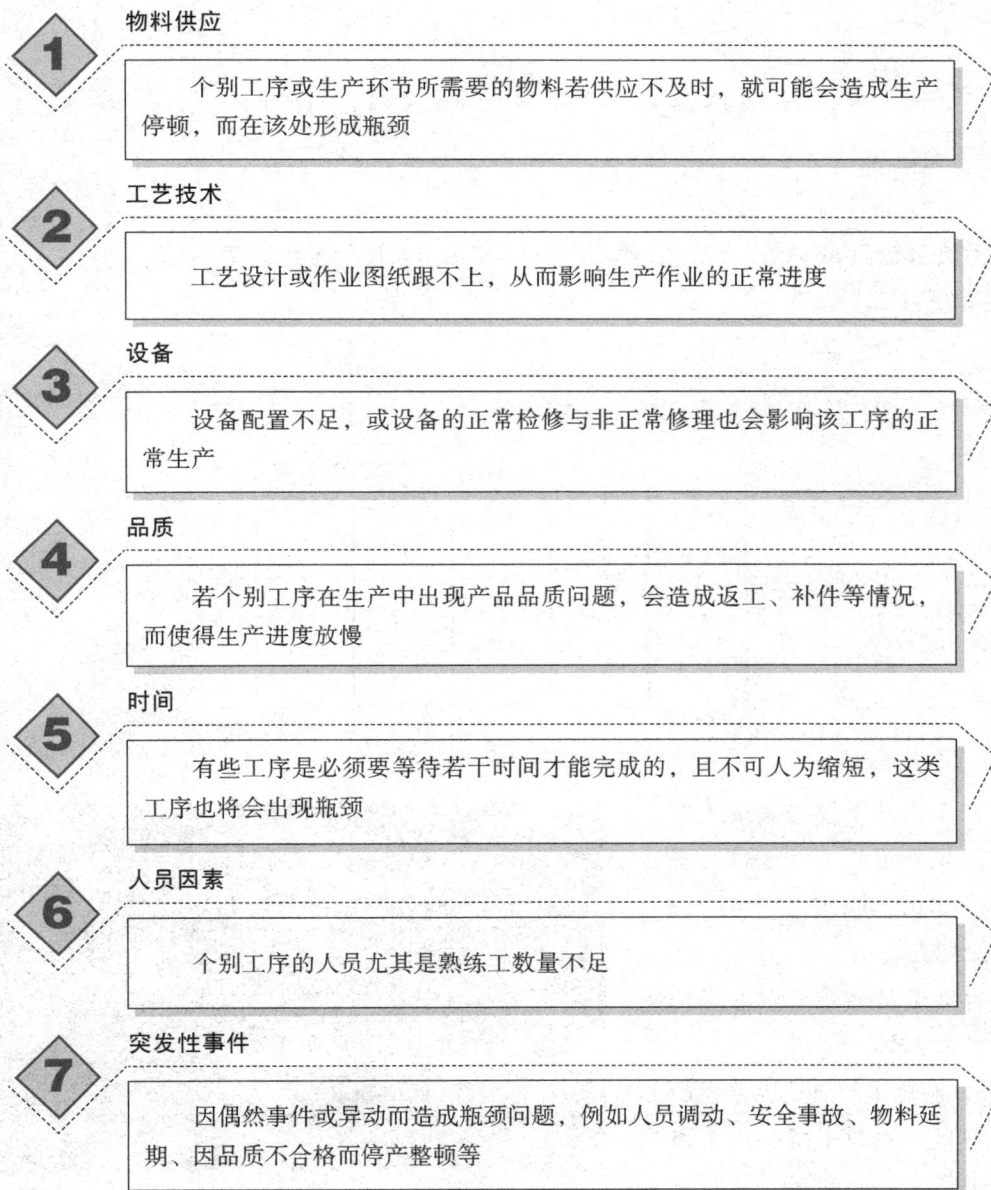

1　物料供应

个别工序或生产环节所需要的物料若供应不及时，就可能会造成生产停顿，而在该处形成瓶颈

2　工艺技术

工艺设计或作业图纸跟不上，从而影响生产作业的正常进度

3　设备

设备配置不足，或设备的正常检修与非正常修理也会影响该工序的正常生产

4　品质

若个别工序在生产中出现产品品质问题，会造成返工、补件等情况，而使得生产进度放慢

5　时间

有些工序是必须要等待若干时间才能完成的，且不可人为缩短，这类工序也将会出现瓶颈

6　人员因素

个别工序的人员尤其是熟练工数量不足

7　突发性事件

因偶然事件或异动而造成瓶颈问题，例如人员调动、安全事故、物料延期、因品质不合格而停产整顿等

图5-5　引发瓶颈出现的因素

3．解决生产瓶颈

（1）生产进度瓶颈的解决

生产进度瓶颈是指在整个生产过程之中，或各生产工序中，进度最慢的时刻或工序。它又分为以下几种。

①先后工序瓶颈

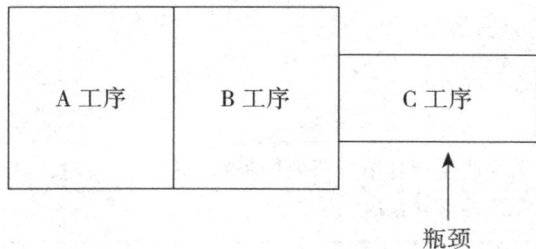

存在着先后顺序的工序瓶颈，将会严重影响后道工序的生产进度。

②平行工序瓶颈

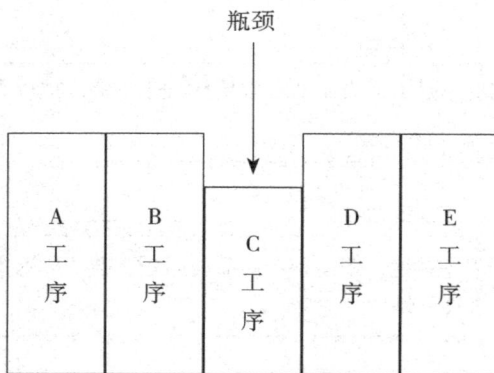

如果瓶颈工序与其他工序在产品生产过程中的地位是平行的，那么，瓶颈问题将会影响产品配套。

针对进度瓶颈，企业可按以下步骤解决。

a．利用生产进度表或生产进度看板，随时了解生产工作进展状况。

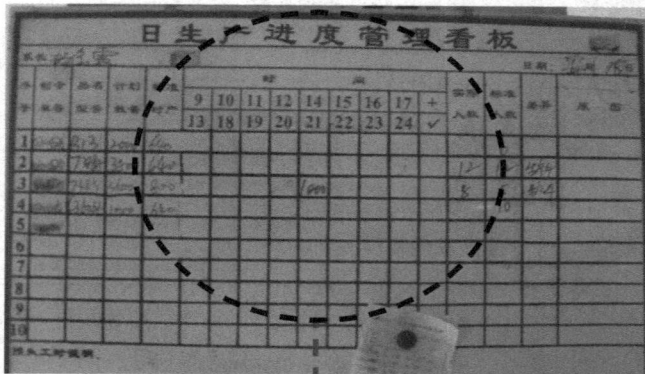

　　b．进度瓶颈所处的位置点。

　　c．研究该瓶颈对整体生产进度的影响。

　　d．该瓶颈对生产进度的影响程度。

　　e．分析产生瓶颈的因素并对其进行具体分析。

　　f．明确解决时间和责任人，研究具体的解决办法。

　　g．实施解决办法，并在生产过程中进行跟踪。

　　h．解决办法实施完毕后，对整体生产线进行再次评估。

　　（2）物料供应瓶颈的解决

　　物料供应不及时，会造成瓶颈或影响产品某一零部件的生产，甚至影响产品最后的安装与配套；也可能影响产品的总体进度，这主要看瓶颈物料在全部物料中所处的地位。

　　由于物料的供应工作存在着一定的周期性和时间性，因此须及早发现、及早预防并及早解决。其具体解决步骤如下所示。

　　①寻找造成瓶颈问题的物料。

　　②分析研究其影响及处理程序。

　　③对物料进行归类分析。

　　④与供应商就该物料进行沟通协调，并努力寻找新的供应商，从而建立可靠的供应网络。

　　⑤还可进行替代品研究，或要求客户提供相关物料。

　　（3）技术人员瓶颈的解决

　　技术人员的短缺会影响生产进度，特别是特殊人才或者是技术人员、重要的设备操作员，一时缺失又难以补充，因此这一瓶颈常常成为困扰生产进度的重要问题。

　　在生产空间允许的情况下，特别是实行计件工资的企业，应注意人员的充分配置，加强人员定编管理，确保各工序的生产能力，防止瓶颈的出现。具体方法如下所示。

　　①找到人员或技术力量不足的工序或部门。

　　②分析这种情况所造成的影响。

　　③进行人员定编研究。

　　④确定人员的定编数量、结构组成。

　　⑤对技术人员进行培训。

　　⑥积极招聘人员，及时补充缺失人员。

　　⑦平日应积极进行人员储备。

　　（4）工艺技术与产品品质问题瓶颈的解决

　　此类瓶颈主要体现在新产品的开发生产中。因为新产品的生产往往需要新的工艺技术与质量，要搞好生产，就必须做到以下几点。

　　①找到工艺技术瓶颈的关键部位。

②研究讨论瓶颈原因并寻找解决方案。

③进行方案实验或批量试制。

④对于成功的工艺技术方案，建立工艺规范。

⑤制定品质检验标准和操作指导说明书。

⑥进行后期监督。

要点07：现场生产进度控制

生产进度落后会直接影响交货期，所以现场管理人员必须对生产进度进行跟踪控制，以便把握准确的交货期。

1. 生产进度控制方法

（1）了解生产流程

现场管理人员可在现场设置生产流程图，使员工了解生产流程，并根据流程控制生产进度。

（2）设置管理看板

即在生产现场醒目的地方设置一个"生产管理看板"，把预定目标及实际的生产数据，在第一时间同步反映出来，以便及时把握具体的生产进度。

（3）查看各种报表

在跟踪生产进度的过程中，现场管理人员要及时查看现场以及相关人员递交的各种相关表格，如生产量日统计表、作业日报表等。

（4）使用进度管理箱

现场管理人员可以利用进度管理箱来掌握整体的生产进度。具体实施时，可以设计一个有60个小格的敞口箱子，每一个小格代表一个日期。每行的左边三格放生产指令单，右边三格放领料单。例如，某月1日的指令单放在左边1所指的格子里，则领料单放在右边1所指的格子里。检查时如果发现有过期没有处理的指令单，就说明生产进度落后了，要采取相关措施。

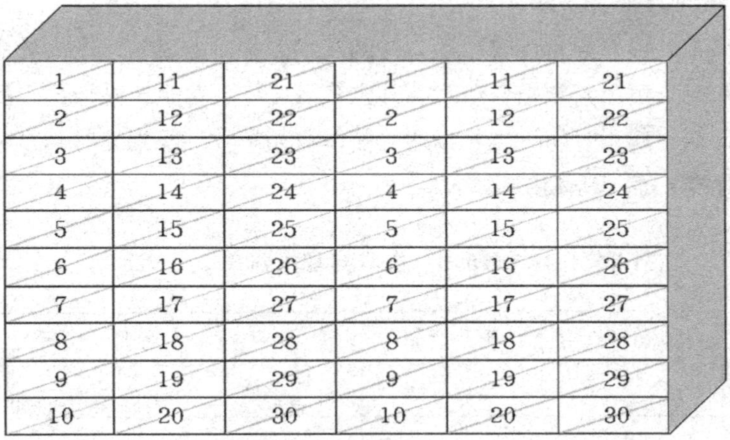

图5-6　进度管理箱

2．处理落后的生产进度

在生产过程中，对于落后的生产进度，现场管理人员要积极采取相关措施。

（1）调整班次，安排人员加班、轮班。

（2）外包生产。对于不重要、不急的订单可以外包给其他厂家，集中精力主攻重要、紧急的订单。

要点08：现场生产异常处理

生产异常是指因订单变更、交货期变更及制造异常、机械故障等因素造成产品品质、数量、交货期脱离计划等现象。它在生产活动中比较常见，现场管理人员应及时了解并采取相应对策，以确保生产任务顺利完成，满足客户交货期的要求。

1．分析生产异常发生的原因

生产异常发生的原因包括以下几种。

（1）计划异常：因生产计划临时变更或安排失误等导致的异常。

（2）物料异常：因物料供应不及时（断料）、物料品质问题等导致的异常。

（3）设备异常：因设备、工装不足或故障等原因而导致的异常。

（4）品质异常：因制程中出现了品质问题而导致的异常，也称制程异常。

（5）产品异常：因产品设计或其他技术问题而导致的异常，也称机种异常。

（6）水电异常：因水、气、电等导致的异常。

3．报告生产异常

（1）生产异常通报

发生生产异常，即有异常工时产生，时间在10分钟以上时，生产人员应填具生产部异常警报预警通知或"生产异常报告单"。其内容一般应包含生产批号、产品规格、异常发生部门、发生日期、起止时间、异常描述、停作业人员数、异常工时、临时对策、责任单位对策（根本对策）等，具体内容如表5-3所示。

表5-3 生产异常报告单

生产批号		生产产品		异常发生部门	
发生日期		起止时间	自____时____分至____时____分		
异常描述			异常数量		
停作业人员数		影响度		异常工时	
紧急对策					
填表单位	主管：		审核人：		填表人：
责任单位对策					
责任单位	主管：		审核人：		填表人：
会签					

（2）生产异常报告的流程

生产异常报告流程如图5-7所示。

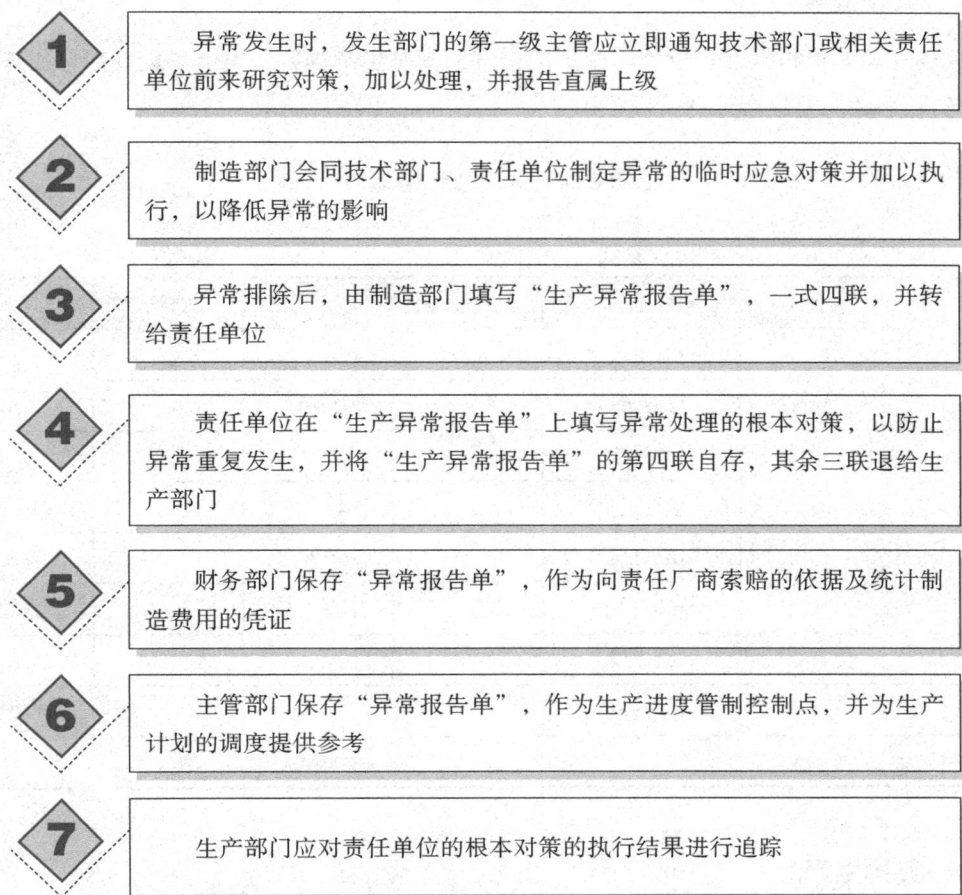

1 异常发生时，发生部门的第一级主管应立即通知技术部门或相关责任单位前来研究对策，加以处理，并报告直属上级

2 制造部门会同技术部门、责任单位制定异常的临时应急对策并加以执行，以降低异常的影响

3 异常排除后，由制造部门填写"生产异常报告单"，一式四联，并转给责任单位

4 责任单位在"生产异常报告单"上填写异常处理的根本对策，以防止异常重复发生，并将"生产异常报告单"的第四联自存，其余三联退给生产部门

5 财务部门保存"异常报告单"，作为向责任厂商索赔的依据及统计制造费用的凭证

6 主管部门保存"异常报告单"，作为生产进度管制控制点，并为生产计划的调度提供参考

7 生产部门应对责任单位的根本对策的执行结果进行追踪

图5-7　生产异常处理流程

3．生产异常的责任判定与处理

发生异常时，现场管理人员应按照企业生产异常责任判定与处理标准进行处理，生产现场若有责任，则服从处理，同时，应对异常工时作统计分析，在每月生产会议上提出分析说明，以检讨改进。

要点09：现场交货期变更处理

交货期变更是指由于各种原因推迟交货或者提前交货。交货期变更自然会影响到生产计划的调整。

如果客户由于特殊原因要更改交货期，现场主管要及时与相关人员进行沟通，并及时调整生产计划，尽量保证交货期。

1. 调整进度

现场管理人员根据客户所要求变更的交货期调整生产进度，发出"进度修订通知单"（见表5-4），调整生产计划。

表5-4　进度修订通知单

收受：　　　　　　　　日期：　　年　　月　　日　　　　　编号：

订单号	品名	类别	投料/日期	完工/日期	数量	修订日期
		原进度				
		修订进度				
		原进度				
		修订进度				
		原进度				
		修订进度				
		原进度				
		修订进度				
生产主管：				承办人：		

2. 安排生产

如果交货期提前，现场管理人员要耐心向现场人员说明，并安排加班，对于不急、不重要的订单实施外包。如果交货期延后，则可以调整生产计划，将其他订单优先生产，但必须保证调整后的订单能按期交货。

要点10：现场交货期延误处理

交货期延误是指因为各种原因不能按期完成生产任务，造成不能如期将货交给客户的现象。

1. 找出延误的原因

交货期延误并非仅仅是生产的原因，采购、品质、物料等方面的其他原因也可能导致产品生产延误，影响交货期。

2．采取补救方法

对已经延误的交货期，企业应采取以下补救方法。

（1）与不急、不重要的订单对换生产日期。

（2）延长作业时间（加班、休息日上班、两班制、三班制）。

（3）将同一订单的产品分批生产、分批交货。

（4）同时使用多条流水线生产。

（5）请求销售、后勤等其他部门的支援，这样等于增加了作业时间。

（6）外包给其他工厂生产一部分。

要点11：现场存品控制

生产线上可能会出现部品、半成品、合格品、不合格品，尤其要加强对不合格品的管理，以保证生产质量。

1．存品的定义

生产过程会出现各种各样停留在生产部门以及生产线上的制品，它们大致可分为以下几大类：部品、半成品、合格品、不合格品。

2．存品的管理

（1）部品的管理。

部品是直接构成成品的最基本组成部分，但是与零件不同的是：它不一定是零件，也可以是半成品或向其他企业外购的成品。企业可以设置部品在库管理看板，实时掌握其数量。

（2）半成品的管理

半成品又称工程内滞留品。在生产制造过程中，前一道工序的完成品就是下一道工序的半成品。半成品分以下两种。

① 同一生产线上半成品管理

如果是在同一条生产线上，工序间的数量准确性就要高于其他由于加工方式不同而需要分部门进行加工的半成品。因此，在同一条生产线上的部品、半成品的遗失情况较少，也容易管理。

② 不同部门加工出来的半成品管理

不同部门加工出来的半成品，由于加工时间长，放置地点不同，经常会出现生产报表（统计资料）和实际

> **请注意**
>
> 工厂要严格依据订单数量进行生产，以便于对合格品进行管理。对于部品、半成品、不合格品等，则要采取不同的方式进行管理。

的半成品数量不相符的情况。因此，对部门间的半成品要准确记数、专人管理、定点存放（明确标示）。存放时可以用明确的线为其划分区域，以免与其他物品混放，而且要特别注意半成品的数量，不宜过多，只生产后道工序需要的数量即可。左右配对产品更要加强管理，避免左右产品数量相差太大。

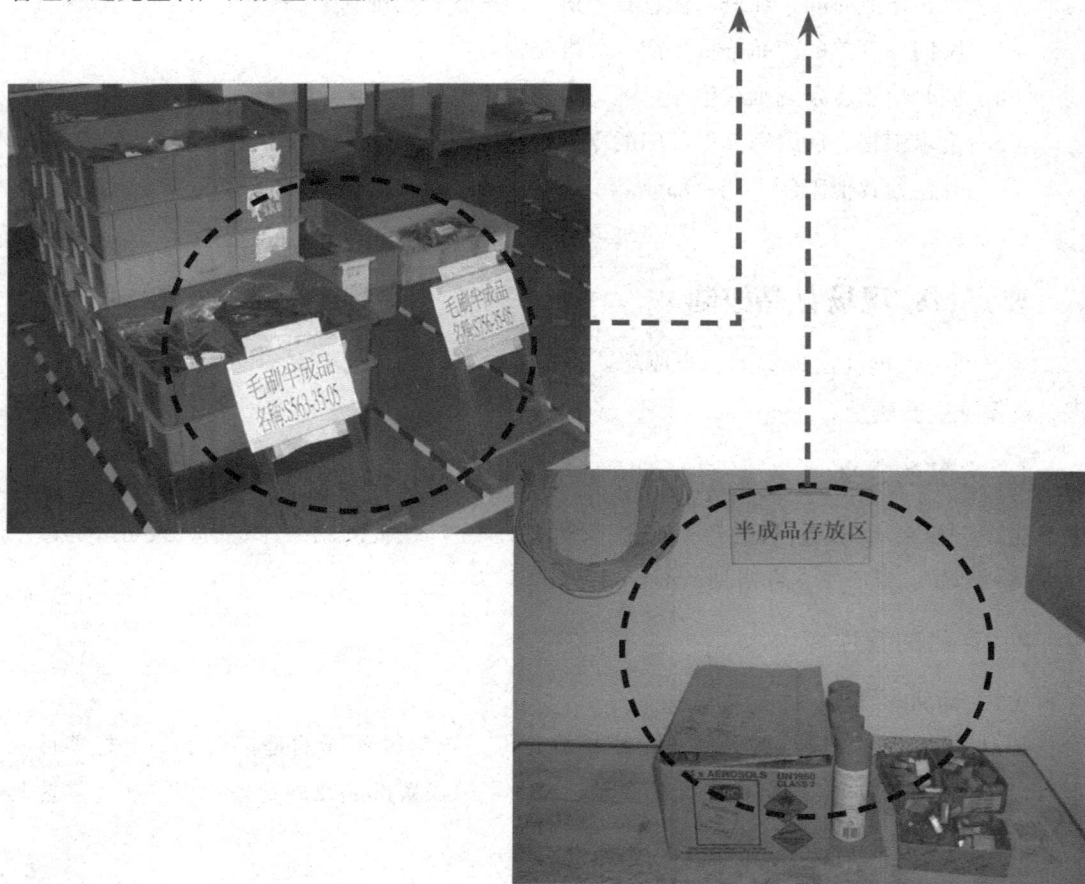

（3）合格品的管理

合格品一般来说都比较好管理，但是生产现场常犯一个错误，即"超量生产"。当客户订单终止时，超量生产的部分就变成了垃圾。因此，应依据订单要求的数量进行生产。

（4）不合格品的管理

对那些被判定为不合格品的制品，一定要标示清楚其不合格内容、数量，不合格处要用红色箭头纸（红色油性笔）标示清楚，并要用红色专用容器摆放在指定的地方等待确认处理，切不可将不合格品中途放置在车间的其他地方而转做他用。

要点12：现场作业日报的填写

作业人员应把当天所做的工作记录在作业日报（如包装日报表、全检日报表）中，而且需要本人填写，不可由他人代写。

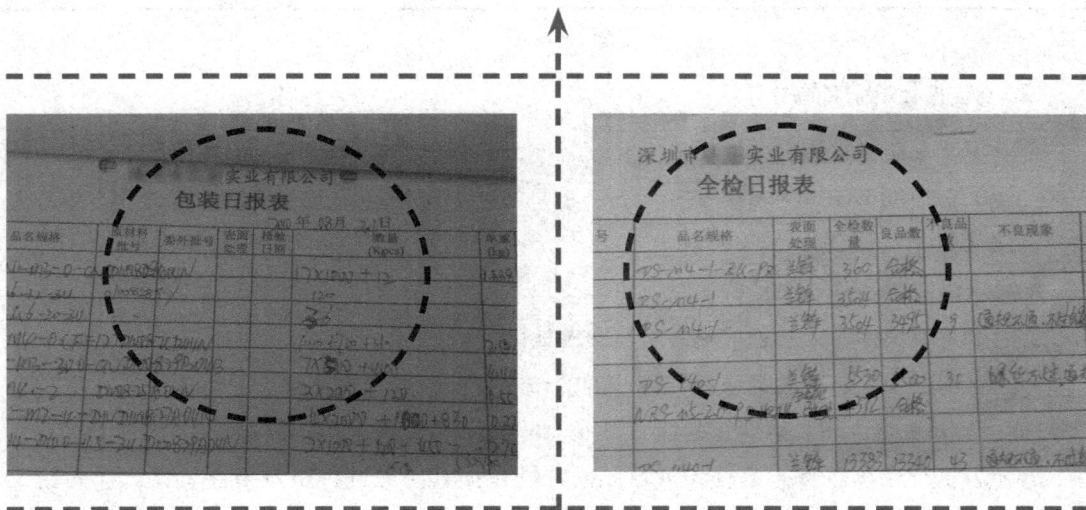

1．作业日报的作用和目的

作业日报（见表5-5）的作用和目的如下所示。

（1）作业日报可用于货期管理、品质管理、成本计算等各种事务。

（2）如果品质、货期、成本等管理出现问题，作业日报可成为原因追踪方面的资料。

（3）作业现场的监督者可根据作业日报把握现场的实际情况。

2．作业日报的设计

设计作业日报时需要注意以下四点。

（1）设计的必需栏目要尽可能少。

（2）项目的顺序要符合实际的操作顺序。

（3）极力减少文字和数字，以检查符号和线来代替。

（4）用纸的型号为A5或A6。

表5-5　作业日报表

姓名		部门		日期	
生产批号		产品名称		产品规格	

生产数量		合格品数量		作业时间	
加班时间		加班作业内容		加班原因	
一天总结					

3．作业日报的使用

（1）就作业日报事宜要说明基本要项，使员工认识到它是管理上的重要资料。

（2）必须拥有作业人员名、产品名、批号等初期记录栏，可印成表格后再发给作业人员（尽量减少作业人员的填写事项）。

（3）一定要由作业人员来填写。

（4）要教导作业人员养成书写后再次确认的习惯。

（5）生产现场负责人要认真阅读收到的作业日报，并指出异常点，再让作业人员自己来纠正。如果负责人不予以纠正的话，作业人员以后还会犯同样的错误。

（6）生产现场负责人掌握异常点倾向，并根据其倾向进行重点指导（什么样的错误多，该如何纠正等）。

学习笔记

通过学习本章内容，想必您已经掌握了不少学习心得，请仔细填写下来，以便继续巩固学习。如果您在学习中遇到了一些难点，也请如实写下来，方便今后重复学习，彻底解决这些难点。

同时本章列举了大量实景图片，与具体的文本内容互为参照和补充，方便您边学边用，请如实填写您的运用计划，以使工作与学习相结合。

我的学习心得：

1. _____
2. _____
3. _____
4. _____
5. _____

我的学习难点：

1. _____
2. _____
3. _____
4. _____
5. _____

我的运用计划：

1. _____
2. _____
3. _____
4. _____
5. _____

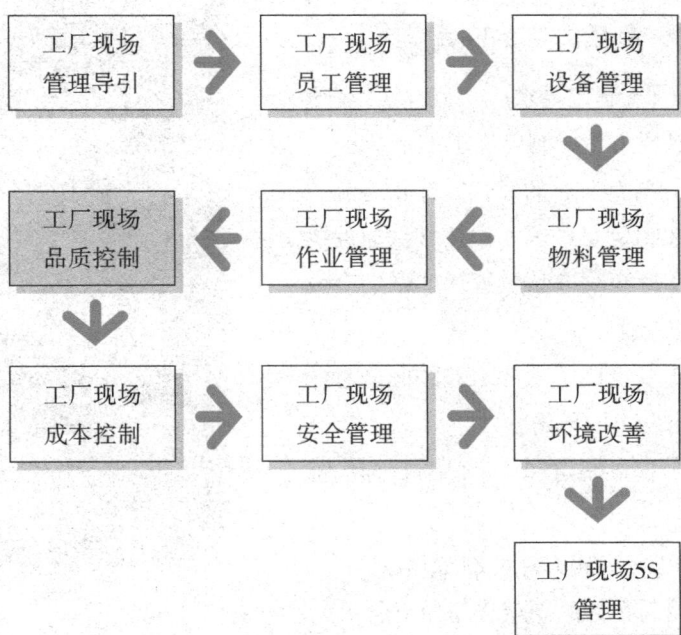

第6章

工厂现场品质控制

工厂现场
管理导引 → 工厂现场
员工管理 → 工厂现场
设备管理

工厂现场
品质控制 ← 工厂现场
作业管理 ← 工厂现场
物料管理

导视图

工厂现场
成本控制 → 工厂现场
安全管理 → 工厂现场
环境改善

工厂现场5S
管理

要点01：品质方针管理

品质方针也称为质量方针，是由企业最高管理者正式发布的总的品质宗旨和方向，它是管理者对品质的指导思想和承诺。

1．品质方针的制定

（1）制定要求

品质方针的制定要求如下所示。

①与企业总的经营方针相适应。

②对满足顾客、法律和法规的要求以及持续改进品质管理体系的有效性作出承诺。

③从产品质量要求和顾客满意的角度出发作出承诺。

④提供制定和评审品质目标的框架。

（2）品质方针的制定程序

品质方针的制定程序如下所示。

①分析内外部环境

企业的内部环境包括企业的规模、体制、运行机制、人财物等资源，以及员工的需求和期望等；外部环境包括顾客和其他相关方的需求和期望、竞争对手的状况、供方和合作者等。

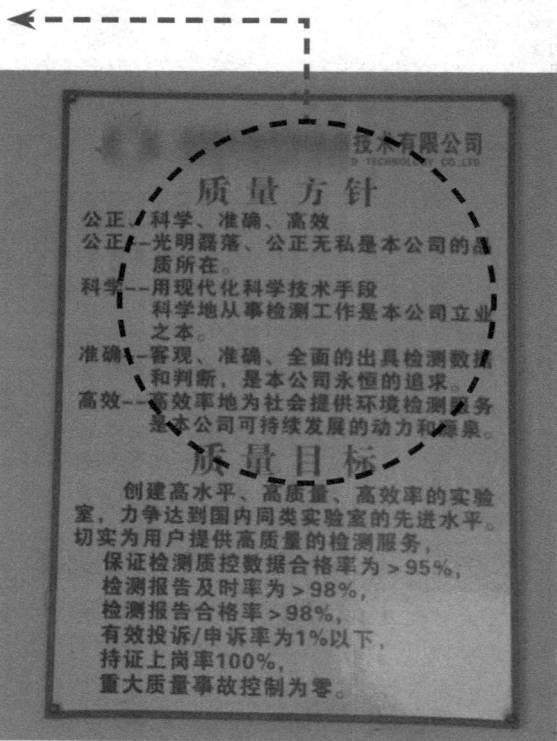

②清理企业的经营思想

清理企业经营思想的目的是根据第一步的分析结果来确定企业的经营发展战略。

③经过反复讨论、修改形成品质方针

品质方针一般由品质部门负责起草。起草后的品质方针要经过全体员工的讨论和修改，即管理层与一般员工都可以参与。一般情况下，企业的中层领导、品质管理人员必须参加讨论和修改。

④最高管理者批准后发布。品质方针是独立成篇的文件，必须经过最高管理者批准后方可发布。

2．品质方针的实施

品质方针的实施如下所示。

（1）以品质方针为指导建立品质目标。

（2）以品质方针为指导进行品质策划，建立品质管理体系。品质管理体系的文件、过程，都必须体现品质方针的要求，不允许与品质方针相抵触、相违背，一旦发现，就应加以修正、改进。

（3）用品质方针去评审品质管理体系是否适宜、充分和有效。如果品质管理体系未能满足品质方针的要求，则应当进行改进。

3．品质方针的推广

品质方针必须要让员工理解并实际运用，具体可采取以下方式。

（1）品质方针要在企业中展开讨论，吸引员工参与到制定品质方针的工作中来。

（2）品质方针制定出来后，不能停留在文件上，而应让员工都能了解，具体做法如下所示。

①利用看板、宣传栏、黑板报、标语、手册等进行宣传。

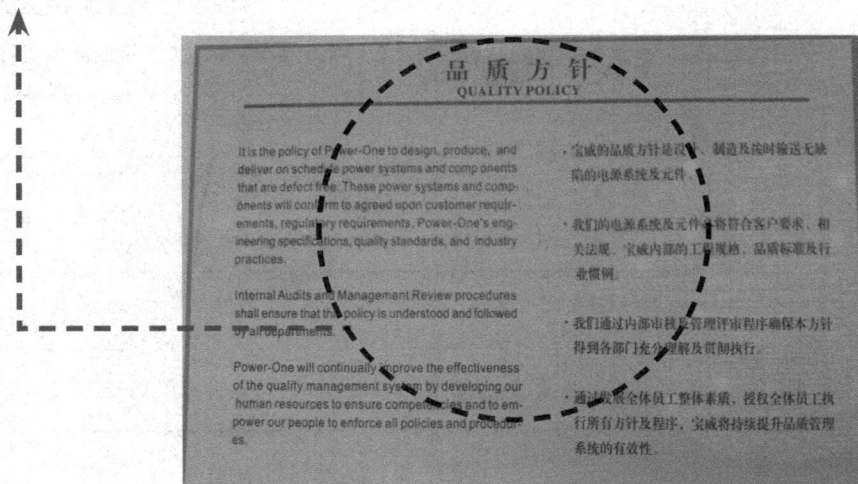

②可以通过早读、开会讲解等形式进行宣传。

③在宣传中组织员工进行讨论。例如，讨论品质方针与每个员工有什么关系，在实际工作中如何运用品质方针等。

（3）在遇到重大品质问题时，要组织员工重温品质方针。

（4）每月进行一次品质方针教育（组织可以开展品质日活动）；在新员工到岗时，也应进行品质方针教育。

（5）开展文化娱乐活动，将品质方针宣传形象化、趣味化，例如定期进行品质知识竞赛、开展"我为企业做贡献"演讲或征文比赛、征集有关漫画等。

（6）将品质方针以"品质承诺"的形式展现出来，表达企业控制品质的信心。

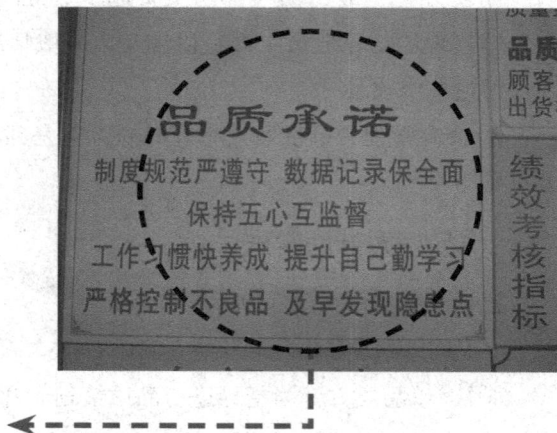

要点02：品质目标的制定与实施

品质目标是指企业在品质方面所追求的目的，通常依据品质方针制定。

1. 品质目标的类别

品质目标依据不同的分类标准有不同的内容，具体如图6-1所示。

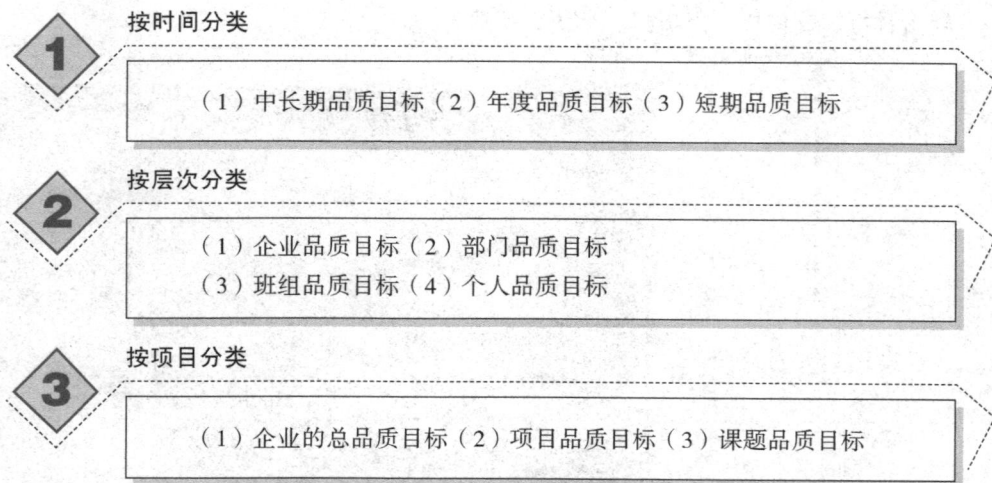

1 按时间分类

（1）中长期品质目标（2）年度品质目标（3）短期品质目标

2 按层次分类

（1）企业品质目标（2）部门品质目标
（3）班组品质目标（4）个人品质目标

3 按项目分类

（1）企业的总品质目标（2）项目品质目标（3）课题品质目标

图6-1　品质目标分类

2．品质制定目标的要求

（1）品质目标应建立在品质方针的基础上，应在品质方针给定的框架内展开。品质目标既要先进，又要有实施的可能性。

（2）品质目标应是可测量的。

（3）品质目标在内容上包括产品要求，满足产品要求所需的内容，可涉及满足产品要求所需的资源、过程、文件和活动等。

（4）品质目标应展开到有关的职能部门的层次上。至于展开到哪一层次，应以能传达到相关人员并能转化为各自的工作任务为度，不一定要展开到每个岗位。

3．品质目标的实施

品质目标的实施是指把品质目标转化为员工各自的工作任务，因此必须做到以下几点。

（1）将品质目标规定的各项措施转化为员工的工作任务。

（2）将日常工作与完成品质目标相结合。

（3）建立完善的考评体制。企业应有一整套考评办法，应当将品质目标的考评纳入其中。例如实行内部合同制、承包责任制、任务完成考核制、业绩和收入挂钩制、品质奖惩制、品质否决权制等。

（4）在实施过程中，要注意组织、协调和控制。

4．品质目标的宣传

为了使员工认识、理解品质目标，企业应当做好以下工作。

（1）及时公布企业的品质目标，必要时用简洁的语言来表达，使员工能一见就懂，一读就能记住。

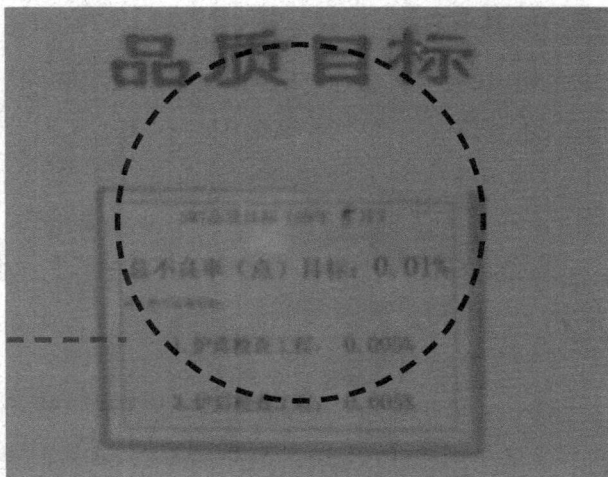

（2）将品质目标与品质方针结合起来进行宣传，使员工更容易了解。

（3）通过品质目标的层层展开，将企业的品质目标落实到具体部门，直至落实到员工个人头上。

（4）将品质目标转化为员工的工作任务，使员工切身体会实现品质目标的过程。

（5）对品质目标的实施情况进行考核或检查，督促员工加深对品质目标的理解。

（6）采用多种宣传形式宣传品质目标。例如学习、讨论、黑板报、广播、标语、征文比赛、知识竞赛等。

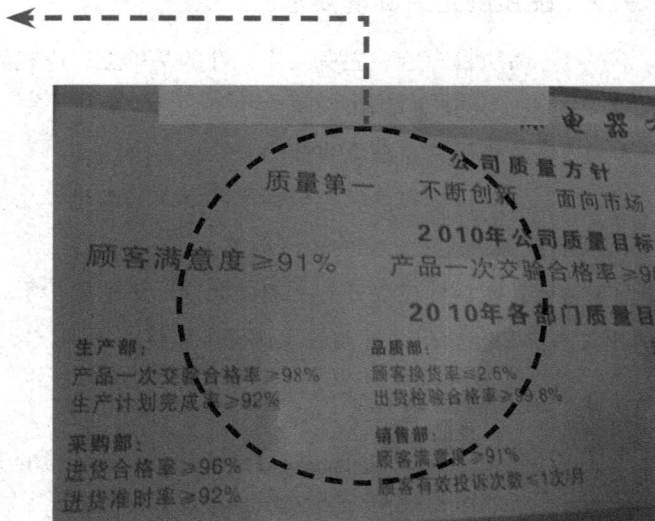

要点03：现场品质检验过程控制

对生产过程进行检验是为了及早发现不合格现象，以便采取措施，防止大量生产不合格品。过程检验是指来料入库后，至成品组装完成之前所进行的品质检验活动。它主要包括以下几部分。

1. 首件检验

首件检验是指在生产开始时（上班或换班）或工序因素调整后（换人、换料、换活、换工装、调整设备等）对制造的第一件或前几件产品进行的检验。进行首件检验的目的是为了尽早发现生产过程中影响产品质量的系统因素，防止产品成批报废。

（1）作业人员

首件检验由作业人员、检验员共同进行。作业人员首先进行自检，合格后送检验员专检。

（2）要求

①检验员按规定在检验合格的首件上作出标示，并保留至该批产品完工。

②首件未经检验合格，不得继续加工或作业。

③首件检验必须及时，以免造成不必要的浪费。首件检验后要保留必要的记录，例如填写"首件检验记录表"（见表6-1）。

表6-1 首件检验记录表

制造单位		产品编号		产品名称		日期	
首件类型	□新产品	□新订单		制造命令号码			
首件数量				制造责任人			
品质检验判定			主管:			检验人:	
开发检验判定			主管:			检验人:	
结论							

（2）首件检验宣传

企业应在生产现场对首件检验进行宣传，强调其重要性，如使用看板等。

2．巡回检验

（1）内容

巡回检验又称IPQC，是指检验员在生产现场按一定的时间间隔对制造工序进行巡回品质检验。它不仅要抽检产品，还须检查影响产品质量的生产因素（4M1E——人、机、料、法、环境）。巡回检验工作应参照相应的检验流程进行，同时企业应为巡回检验人员配备相应的证件。

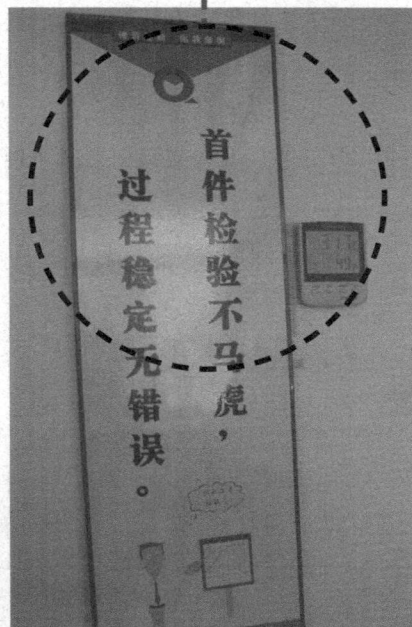

巡回检验时以抽查产品为主，而对生产线的巡回检验，以检查影响产品质量的生产因素为主。在检查这些因素时也应参照一些标准文件进行。

生产因素的检查内容包括以下几方面。

① 当作业人员有变化时，对人员的教育培训以及评价有无及时实施。

② 设备、工具、工装、计量器具在日常使用时，有无定期对其进行检查、校正、保养，是否处于正常状态。

③ 物料和零部件在工序中的摆放、搬送及拿取方法是否会造成物料不合格。

④ 不合格品有无明显标示并放置在规定区域内。

⑤ 工艺文件（作业指导书之类）能否正确指导生产，工艺文件是否齐全并得到遵守。

⑥ 产品的标志和记录能否保证可追溯性。

⑦ 生产环境是否满足产品生产的需求，有无产品、物料散落在地面上。

⑧ 对生产中的问题，是否采取了改善措施。

⑨ 员工能否胜任工作。

⑩ 生产因素变换时（换活、修机、换模、换料）是否按要求通知检验人员到场验证等。

（2）要求

① 检验人员应按照检验指导书规定的频次和数量进行检验，并做好记录，具体如表6-2所示。

② 检验人员应把检验结果标示在工序控制图上。

表6-2　巡回检验表

拉台号：		班次：		组长：		日期：		
本班生产工单	序号	生产时间	工单编号	产品/工模编号	产品名称	装潢	颜色	工单数量	生产数量

（续表）

		检查时间					
巡回检查记录		来料与工单核对					
		模/夹具确认					
		工艺参数核对					
		设备运行状态					
		有无QC签字					
		货品标示					
		货品摆放					
		不合格品标示					
		不合格品隔离					
		员工作业状态					
		环境保护状态					
		品质可否接受					
不合格处理	序号	时间	不合格项目及说明	生产部签认	不合格处理	改善结果确认	备注

IPQC：　　　　　　　　　IPQC主管：　　　　　　　　审核人：

备注：在巡回检验记录栏内，打"√"表示合格；打"×"表示不合格。

（3）问题的处理

在巡回检验中发现问题时，检验人员应及时指导作业者或联系有关人员加以纠正，问题严重时，要适时向有关部门发出纠正和预防措施要求单，要求其改进。

3．工序品质检验

（1）含义

在流水线生产中，完成每道或数道工序后所进行的检验称为在线检验，一般要在流水线中设置几道检验工序，由生产部门或品质部门派人在此进行在线检验。检验工序品质时也要参照相应的工序检验指导书。

（2）检验工序的设置

设置检验工序时应该考虑以下因素。

① 全部品质特性重要性分级为A级的品质特性和少数为B级的品质特性以及关键部位，具体内容如图6-2所示。

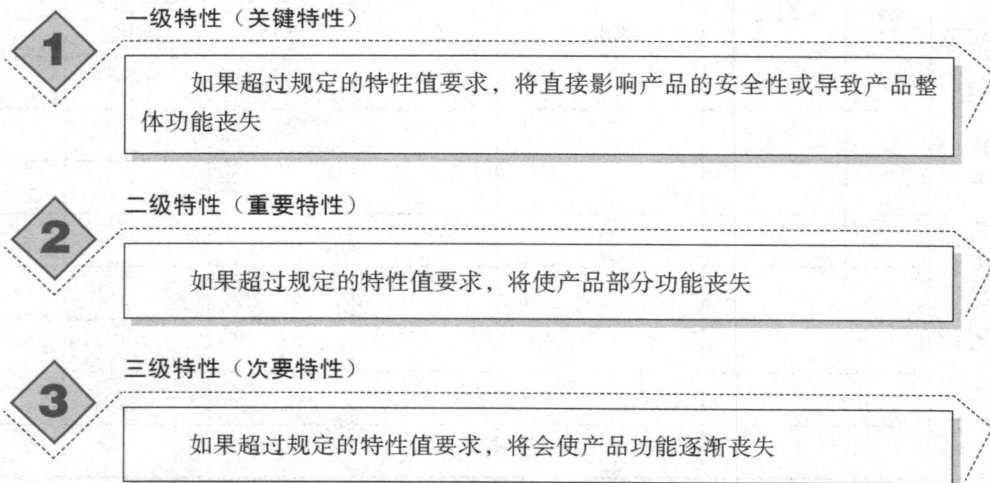

1 一级特性（关键特性）

如果超过规定的特性值要求，将直接影响产品的安全性或导致产品整体功能丧失

2 二级特性（重要特性）

如果超过规定的特性值要求，将使产品部分功能丧失

3 三级特性（次要特性）

如果超过规定的特性值要求，将会使产品功能逐渐丧失

图6-2　特性分级定义

②工艺上有特殊要求，对下道工序的加工、装配有重大影响的项目。

③内外部品质信息反馈中出现较多品质问题的薄弱环节。

（3）实施检验

①须以文件形式明确品质控制点，可以用工艺流程图或"检验工序明细表"等文件形式明确检验工序，确定需控制的产品质量特性。

②编制检验工序作业指导书及有关表格。

③做好检验工序所用的检测设备的维护保养工作。

④检验工序的员工必须经过培训，考核合格后持证上岗。

⑤检验是否规定了对品质控制点进行连续监控的方法和要求。检验人员要按规定实施监控，并做好各类记录。

（4）问题的规定处理

企业应对在检验作业指导书中就发现的问题及其处理方式作出规定，例如可以规定不合格率超过一定数值，品质工程师就应该通知生产线停止生产，直到问题解决等。

4．完工检验

完工检验是指对全部加工活动结束后的半成品、零件进行的检验。完工检验的工作内容包括验证前面各工序的检验是否已完成，检验结果是否符合要求，即对前面所有的检验数据进行复核。

（1）要求

企业应该按照作业指导书、产品图样、抽样方案等有关文件的规定，做好完工检验工作，严格禁止把不合格品投入装配。

（2）重点

①核对加工件的全部加工程序是否全部完成，有无漏序、跳序的现象存在。在批量完成的工件中，有无尚未完成或不同规格的零件混入，必要时采取纠正和预防措施，以防止问题再次发生。

②核对被检物主要品质特性值是否真正符合规范要求。

③复核被检物的外观，对零件的倒角、毛刺、磕碰划伤应予以特别的注意。

④被检物应有的标示是否齐全。

5．末件检验

末件检验是指在依靠模具或专用工装加工并主要靠模具、工装保证品质的零件加工场合，在批量加工完成后对加工的最后一件或几件成品进行检验验证的活动。

末件检验工作应由检验人员和作业人员共同进行，检验合格后，双方应在"末件检验记录表"上签字，并把记录表和末件实物（大件可只要检验记录）拴在工装上。

> **请注意**
>
> 过程巡回检验必须严格实施，以保证产品在组装完成之前能达到品质要求，从而减少不合格品的产生。

6．出具检验报告

各项检验工作结束后，检验人员应当进行记录，并出具检验报告，对检验工作进行总结。

要点04：现场不合格品生产控制

不合格品是指一个产品含有一个或一个以上的缺点。进行不合格品控制时，一方面要明确相关责任人的职责；另一方面要分析不合格品产生的原因。

1．相关责任人职责

（1）作业人员

通常情况下，作业人员（检查人员）在按检查基准判明产品为不合格品后，一定要将不合格品按不合格内容区分放入不合格品盒中，以便班组长对不合格品进行分类和处理。

（2）班组长

①班组长应每两小时对生产线的不合格品情况进行巡查，并将各作业人员工位处的不合格品按不合格内容区分收回并进行确认。

②班组长应对每个工位的作业人员工的不合格判定准确性进行确认。如果发现其中有不合格品，要及时送回该生产工位，与该作业人员工确认其不合格内容，并再次讲解该项目的判定基准，提高员工的判断水平。

③对某一项（或几项）不合格较多的不合格品，或者是那些突发的不合格项目进行分析（不明白的要报告上司以求得支援），查明其原因，制定一些解决方法，并在次日的工作中实施。

若没有良好的对策方法或者不明白为什么会出现这类不合格时，要将其作为问题解决的重点，在次日的品质会议上提出（或报告上司），从而通过他人以及上司（技术者、专业者）的讨论，从各种角度进行分析、研究，最终制定一些对策并加以实施，然后确认其效果。

④当日的不合格品，包指一些用作研究（样品）或被分解报废等所有不合格品都要在当日由班组长登录在"每日不合格统计表"上，然后将不合格品放置到指定的不合格品放置场所内。

2．不合格品产生的原因

不合格品产生的原因有很多，具体内容如图6-3所示。

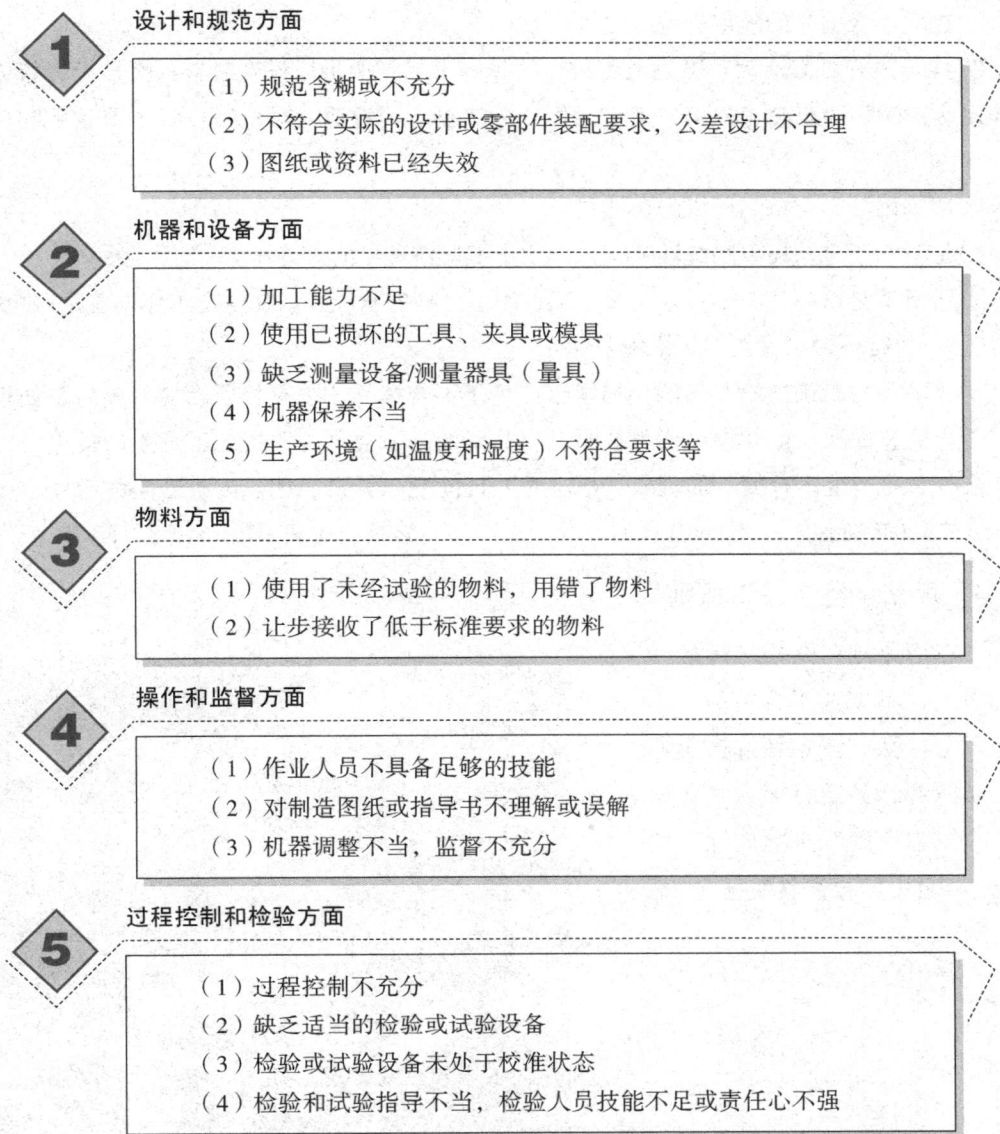

1 设计和规范方面

（1）规范含糊或不充分
（2）不符合实际的设计或零部件装配要求，公差设计不合理
（3）图纸或资料已经失效

2 机器和设备方面

（1）加工能力不足
（2）使用已损坏的工具、夹具或模具
（3）缺乏测量设备/测量器具（量具）
（4）机器保养不当
（5）生产环境（如温度和湿度）不符合要求等

3 物料方面

（1）使用了未经试验的物料，用错了物料
（2）让步接收了低于标准要求的物料

4 操作和监督方面

（1）作业人员不具备足够的技能
（2）对制造图纸或指导书不理解或误解
（3）机器调整不当，监督不充分

5 过程控制和检验方面

（1）过程控制不充分
（2）缺乏适当的检验或试验设备
（3）检验或试验设备未处于校准状态
（4）检验和试验指导不当，检验人员技能不足或责任心不强

图6-3　不合格品产生的原因

3．不合格品的预防与控制

（1）执行不合格品的预防措施

①制定不合格品控制办法。规定不合格品的标示、隔离、评审、处理和记录办法，并对员工进行培训。

②明确各部门、各岗位的作业规范。

③明确部门之间、岗位之间、上下工序之间的接口。

④制定企业品质标准。

⑤制定检验部门职责及作业规范。

⑥制定不合格品的隔离管制办法。

⑦推行改善提案活动，鼓励员工进行改善提案。企业可以设置改善提案现况看板展示改善现状，鼓励员工改善提案，然后设置优秀改善示例看板，对取得良好改善效果的员工进行表扬。

⑧明确划分不合格品评审的责任与权限。

⑨加强对不合格现象的统计分析，以防止不合格现象的重复产生。

⑩进行不合格品状态标示，方便员工了解不合格的状况，以在生产工作中着重避免。

（2）执行不合格品的纠正措施

不合格品的纠正措施，不能仅局限于产生了不合格品才去查找原因的"事后"处理办法，企业更应重视"生产中可能出现不合格品"的"事前预防"措施，在生产过程中控制不合格品。对产生不合格品的现象，应本着发现问题、分析原因、改进缺陷的顺序，完成对不合格品的管制循环。形成管理的"计划、实施、检查、纠正（PDCA）循环"。

4．严格执行"三不原则"

"三不原则"是指"不接受不合格品、不制造不合格品、不流出不合格品"，这是许多企业的品质方针、品质目标或宣传口号。"三不原则"是品质保证的原则，因此一定要严格实施。

"三不原则"的实施使每一个岗位、每一个员工都建立起"生产出使自己和客户都满意的产品"的信念,一根无形的品质链贯穿于生产的全过程,制约着每个作业人员,使流程的各个环节始终处于良好的受控状态,进入有序的良性循环,通过全体员工优良的工作品质从而保证产品的品质。

要点05:现场不合格品的标示

为了确保不合格品在生产过程中不被误用,企业所有的外购物品、在制品、半成品、成品以及待处理的不合格品均应有品质识别标志。

1. 选择标志物

(1)标志牌

标志牌是由木板或金属片做成的小方牌,按物品属性或处理类型将相应的标志牌悬挂在物品的外包装上加以标示。根据企业标志需求,标志牌可分为"待检"牌、"暂收"牌、"合格"牌、"不合格"牌、"待处理"牌、"冻结"牌、"退货"牌、"重检"牌、"返工"牌、"返修"牌、"报废"牌等。标志牌主要适用于大型物品或成批产品的标示。

(2)标签或卡片

标志物一般为一张标签纸或卡片,通常也称之为"箱头纸"。在使用标签或卡片时,将物品判别类型标注在上面,并注明物品的品名、规格、颜色、材质、来源、工单编号、日期、数量等内容。在标示品质状态时,品质控制员按物品的品质检验结果在标签(见表6-3)或卡片的"品质"栏盖相应的标志印章。

表6-3 标签

生产部门/班组:	员工:
品名规格:	颜色:
产品编号:	客唛:
工单编号:	数量/单位:
QC员:	日期:

(3)色标

色标的形状一般为一张正方形(2cm×2cm)的有色粘贴纸,它可直接贴在物品表面规定的位置,也可贴在产品的外包装或标签纸上。色标的颜色一般有绿色、黄色和红色三种(见表6-4)。

表6-4　色标

颜色	意义	贴置地方
绿色	代表受检产品合格	一般贴在物品表面的右下角易于看见的地方
黄色	代表受检产品品质暂时无法确定	一般贴在物品表面的右上角易于看见的地方
红色	代表受检产品不合格	一般贴在物品表面的左上角易于看见的地方

2．对不合格品进行标示

（1）来料不合格品标示

品质部进行IQC检验时，若发现来料中存在不合格品，且数量已达到或超过企业来料品质允收标准，IQC验货人员应即时在该批（箱或件）物品的外包装上挂"待处理"标牌，然后报请部门主管或经理裁定处理，并按最终审批意见改挂相应的标志牌，如暂收、挑选、退货等。

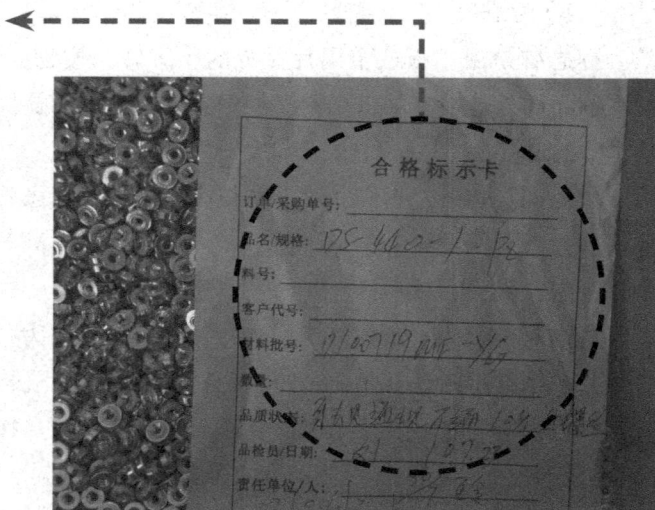

（2）制程中不合格品标示

在生产现场的每台机器旁，每条装配拉台、包装线或每个工位旁边一般应设置专门的"不合格品箱"。

① 对员工自检出的或检验人员在巡回检验中判定的不合格品，员工应主动将其放入"不合格品箱"中，待该箱装满或该工单产品生产完成时，由专门员工清点数量。

② 在容器的外包装表面指定的位置贴上"箱头纸"或"标签"，经所在部门的QC员盖"不合格"字样或"REJECT"印章后搬运到现场划定的"不合格"区域整齐摆放。

（3）库存不合格品标示

QC员定期对库存物品的品质进行评定，对于其中的不合格品由仓库集中装箱或打包。QC员在物品的外包装上挂"不合格"标志牌或在箱头纸上逐一盖"REJECT"印章。对暂时无法确定是否不合格的物品，可在其外包装上挂"待处理"标牌，等待处理结果。

要点06：现场不合格品的存放

为了确保不合格品不被误用以及明确品质责任和便于分析品质问题的原因，必须将生产现场中检验出的不合格品进行区域隔离放置。

1．不合格品区域规划

不合格品区域的规划要求如下所示。

（1）在各生产现场的每台机器或拉台的每个工位旁边，均应配有专用的不合格品箱或袋，以便用来收集生产中产生的不合格品。

（2）在各生产现场的每台机器或拉台的每个工位旁边，要专门划出一个专用区域用来摆放不合格品箱或袋，该区域即为"不合格品暂放区"。

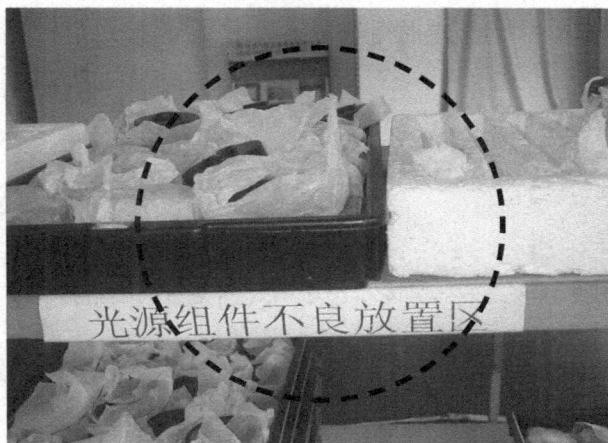

（3）各生产现场和楼层要规划出一定面积的"不合格品摆放区"，用来摆放从生产线上收集来的不合格品。

（4）所有的"不合格品摆放区"均要用有色油漆进行标示，区域面积的大小视该单位产生不合格品的数量而定。

2．不合格品标志的放置

不合格品标志的放置要求如下所示。

（1）各部门对检验人员判定的不合格品无异议时，由物品部门安排人员将不合格品集中打包或装箱。检验人员在每个包装物的表面盖"REJECT"印章后，由现场杂工送到"不合格品摆放区"，并按类型堆栈、叠码。

（2）各部门对检验人员判定的不合格品有异议时，由部门管理人员向所在部门的检验人员以上级别的品质员进行交涉。

3．不合格品的具体管理

（1）"不合格品摆放区"内的物品在没有品质部的书面处理通知时，任何部门或个人都不得擅自处理或使用。

（2）不合格品的处理必须要由品质部监督进行。

①报废。检验人员在外箱上逐一盖"报废"字样后，由杂工送到企业划定的"废品区"进行处理。

②返工。检验人员在外箱上逐一盖"返工"字样或挂"返工"标志牌，责成有关部门进行返工，具体包括返工、返修、挑选及选择性做货。

③条件收货。检验人员接收货通知，取消所有不合格标志，外箱若有"不合格"字样则用"绿色"色带进行覆盖。

④其他不合格品的处理，均由品质部按处理通知协助相关部门进行妥善处理。

4．不合格品的记录

现场检验人员应将当天生产的不合格品数量如实记录在当天的巡回检验报表上，同时对当天送往"不合格区"的不合格品进行分类，详细地填写在"不合格品隔离控制统计表"（见表6-5）内，经生产部门签认后交品质部存查。

表6-5　不合格品隔离控制统计表

生产部门/班组：　　　　　　　　　　　　　　　　　　　日期：

品名/规格	颜色	编号	工位	不合格品变动			区编号	备注
				进	出	存		

生产部门：　　　　　　　　　　　QC：

5．不合格品的隔离工作要点

（1）经初审鉴定为不合格品的物品，须及时隔离，以免将好坏物品混装。

（2）对产生的不合格品，须即时记录并标示。

（3）加强对现场留存的不合格品的控制。

（4）保证不合格品在搬运过程中标志物的维护。

（5）明确不合格品的处置部门和其权限。

要点07：现场不合格品的退回处理

由于设计、加工、总装配、检查方法等方面的失误，会导致产品在制造过程中成为不合格品。对于不合格品，要进行确认后并作退回处理。

1．不合格品的种类

不合格品是指品质上不能满足技术规格要求的物料或成品。它主要可分为性能不合格、机能不合格、外观不合格和包装不合格四大类。就其所造成的责任来看，可分为自责品和他责品两种。他责不合格品可从前工序（供应商）获得赔偿，自责不合格品只能就地报废。

（1）自责品。即因己方的责任而造成的不合格品。

（2）他责品。即因供应商的责任而造成的不合格品。有时也指同一企业里，因前工序的责任而造成的不合格品。

2．不合格品退回的步骤

（1）退回前明确责任

只要运用恰当的检测手段，大多数的不合格品是可以区分出自责品和他责品的，但有些项目，例如外观不合格品，却不容易区分。所以，在前工序提供加工样品时就要进行判定。

从技术角度判定产品质量的常用级别如下所示。

A级判定：产品特性完全符合品质规格（设计上）的要求。

B级判定：产品部分特性偏离品质规格（设计上）的要求，但目前在使用上无问题，鉴于成本、交货期等方面的考虑，暂时维持现状，视时机进行改善。

C级判定：产品特性完全不符合品质规格（设计上）的要求，需要立即进行改善。

在判定时应注意以下两点。

①具体注明他责不合格品的内容、程序、比率、发现经过。

②对于一开始就是B级判定的产品，中途因故无法使用时，需要预先通知前工序，本着"风险共担"的原则协调解决。

（2）退回时要仔细确认

核对实物与"不合格品清退一览表"（见表6-6）所记录的具体内容、名称、编号、数量是否一致。

自责品不能在生产现场就地报废，而是要退回仓库进行报废。生产现场应对所有不合格品进行造册登记，即填写"不合格品清退一览表"，该记录与实物必须相符，若有修改，到后工序又会被赋予新的名称和编号。在退还不合格品时，一定要使用双方事先约定的名称和编号，以免引起对方的误解。

表6-6　不合格品清退一览表

退货日期：　　　　　　　　　退货部门：　　　　　　　　　责任人：

品名	编号	发生日期	不合格率	不合格内容	备注

在进行确认时要注意以下几点。

①外观类的不合格品在清退前由品质部门作最终判定，正如收货时一样，由品质部门（或者是IQC）把关，可最大限度地减免工程内的错误判定。

②贵重类物料在判定为不合格品前需要进行反证试做。

③在测定、验证上有难度的可由技术部门来确认。对不合格品的判定、处理，技术部门同样负有指导的责任，尤其是尺寸、材质、性能等方面的确认更是离不开技术的支援。不合格品绝不只是生产现场的事情。

④如果是定期累积清退不合格品的话，则需要填写"不合格品清退一览表"，同时还要在每一组相同不合格品的实物上贴附"不合格品清退明细表"，具体如表6-7所示。

表6-7　不合格品清退明细表

确认	日期	自　　　　至不合格品仓		责任方
零件名称				
零件编号				
零件数量				
不合格原因				

（3）不合格品的标示和添附说明文件

相关人员要在不合格品上标明不合格部位或添附说明文字，这样前工序一眼就能看到，无须再次翻查。如果是整批清退的话，则附上判定部门发出的文件。总之，标示尽可能要显眼些，必要时也可在外包装上标示。

（4）不合格品的退回处理

① 原路、原状退回。原路退回是指与收货途径相反，返退回前工序（供应商）。原状退回是指收货时包装方式是什么样，退回时就必须是什么样。因为任何一种与原先不同的包装方式，都有可能在搬运途中造成新的损坏，而这又恰好成为前工序反投诉的重要证据。

若不合格品在后工序就地处理（前工序负责），则无须运送回前工序。如果需要运回前工序才能处理，则需填写退回单据，以进行数量上的管理。

② 自责品就地报废，他责品则按相反方向逐级退回前工序。退回前工序的主要目的除了索赔外，还有反馈不合格信息，防止问题再次发生。

③ 不合格品修理。即对不合格品进行修理。

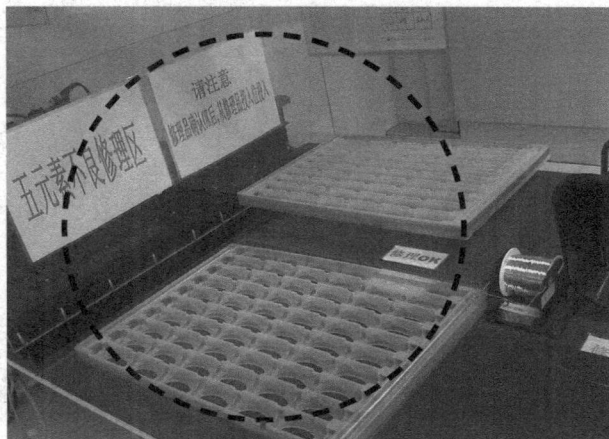

学习笔记

　　通过学习本章内容，想必您已经掌握了不少学习心得，请仔细填写下来，以便继续巩固学习。如果您在学习中遇到了一些难点，也请如实写下来，方便今后重复学习，彻底解决这些难点。

　　同时本章列举了大量实景图片，与具体的文本内容互为参照和补充，方便您边学边用，请如实填写您的运用计划，以使工作与学习相结合。

我的学习心得：

1. ＿＿＿＿＿＿＿＿＿＿＿＿＿＿＿＿＿＿＿
2. ＿＿＿＿＿＿＿＿＿＿＿＿＿＿＿＿＿＿＿
3. ＿＿＿＿＿＿＿＿＿＿＿＿＿＿＿＿＿＿＿
4. ＿＿＿＿＿＿＿＿＿＿＿＿＿＿＿＿＿＿＿
5. ＿＿＿＿＿＿＿＿＿＿＿＿＿＿＿＿＿＿＿

我的学习难点：

1. ＿＿＿＿＿＿＿＿＿＿＿＿＿＿＿＿＿＿＿
2. ＿＿＿＿＿＿＿＿＿＿＿＿＿＿＿＿＿＿＿
3. ＿＿＿＿＿＿＿＿＿＿＿＿＿＿＿＿＿＿＿
4. ＿＿＿＿＿＿＿＿＿＿＿＿＿＿＿＿＿＿＿
5. ＿＿＿＿＿＿＿＿＿＿＿＿＿＿＿＿＿＿＿

我的运用计划：

1. ＿＿＿＿＿＿＿＿＿＿＿＿＿＿＿＿＿＿＿
2. ＿＿＿＿＿＿＿＿＿＿＿＿＿＿＿＿＿＿＿
3. ＿＿＿＿＿＿＿＿＿＿＿＿＿＿＿＿＿＿＿
4. ＿＿＿＿＿＿＿＿＿＿＿＿＿＿＿＿＿＿＿
5. ＿＿＿＿＿＿＿＿＿＿＿＿＿＿＿＿＿＿＿

第7章

工厂现场成本控制

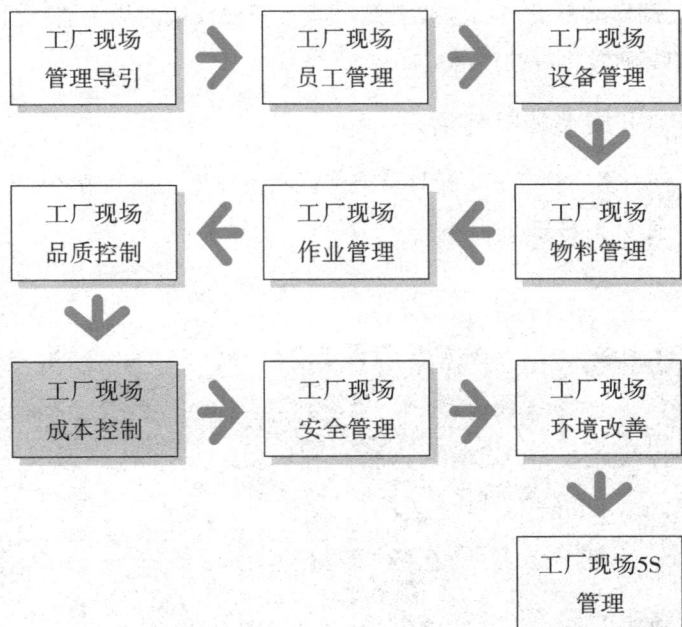

导视图

········· **天键指引** ·······

> 成本控制是生产现场的重要职责。只有控制好各项成本，才能最大程度地为企业节省开支，进而创造更高的效益。成本控制的方法很多，如节能降耗、以旧换新与修旧利废管理等，通过这些工作可严格控制成本。

要点01：现场节能降耗管理

节能降耗是指节约能源、降低损耗，即尽可能地减少能源消耗量，生产出与原来同样数量、同样质量的产品；或者是以原来同样数量的能源消耗量，生产出比原来数量更多或数量相等质量更好的产品。

1. 开展节能降耗活动

（1）现场管理人员设计节能降耗相关口号，如"节约守纪"等，然后在企业内部广泛传播，使员工熟知。

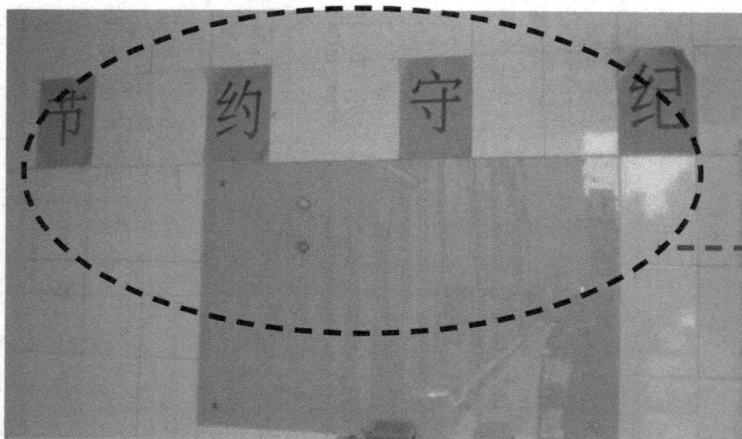

（2）现场管理人员可以在企业范围内开展"节能降耗，从我做起"、"勤俭节约，从我做起"等活动，要求广大员工从实际出发，无论是在生产或生活中，都要注意节能降耗，从每个人做起，从身边做起，从点滴做起，从举手之劳做起。

（3）现场管理人员也可以经常开展有关节能的竞赛与评比活动，使之成为一种风气长久保持下去。部门内部可以班组为单位进行竞赛，部门之间也可以竞赛；把竞赛作为一种手段，在竞争中激发员工的创造力，使节能降耗达到新的水平。

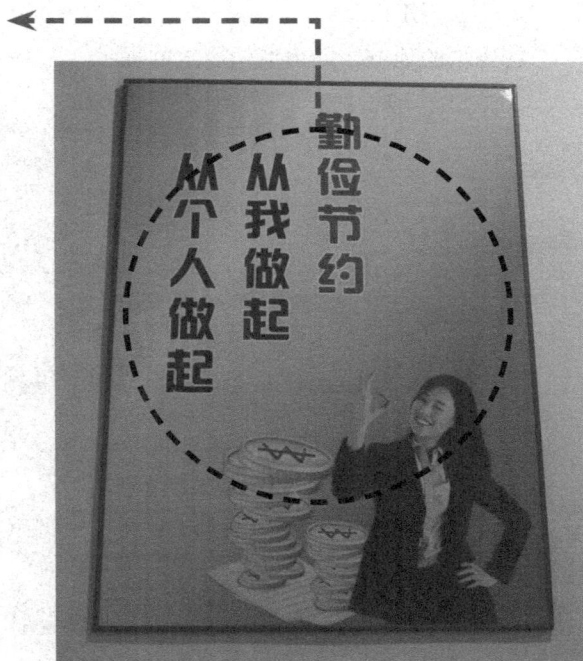

请注意

　　点滴的节约不仅能带来良好的经济效益，同时也能培养员工的思想道德、品质和精神，这也代表了一种企业文化，这种美德一旦在企业扎根，将会增加企业的凝聚力和战斗力。

2．运用目视法来管理能耗

（1）环保回收、循环再用

① 设置分类垃圾箱，标明"可回收垃圾、不可回收垃圾"；或者对垃圾进行分类存放，如为化工类、塑料类、纸张类等垃圾分别设置垃圾桶。

②设立环保纸箱。

③ 申领消耗品、文具等，实行以旧换新制度。

（2）节约用水

①在用水的地方，贴出节约用水的提示。

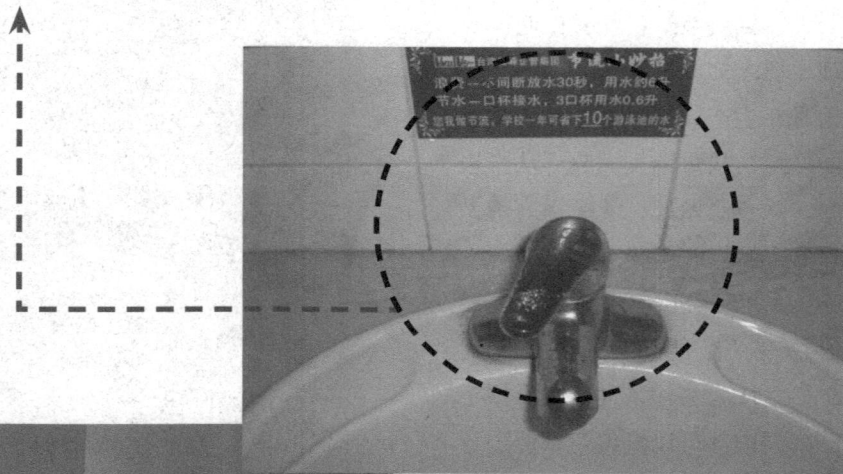

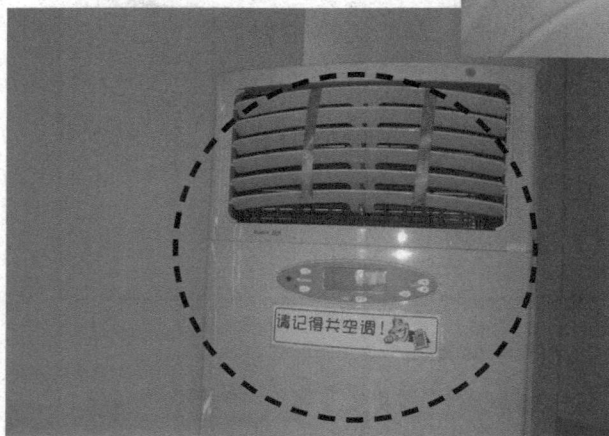

②为空调设计及时关闭标语，如"请记得关空调"。

③为用电区域的开关指定责任人。

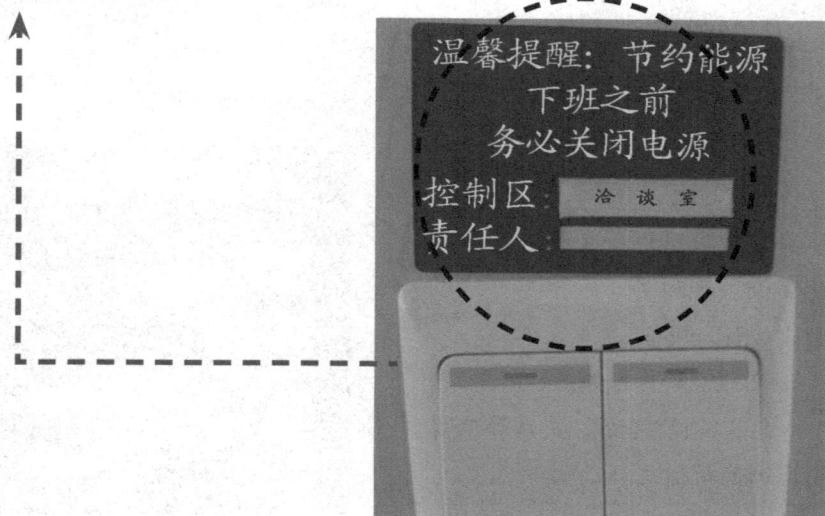

3．采用先进的技术成果节约能源

在工程设计或工程改造中要选用先进的节能型设备，特别是耗能较大的设备。因为一旦投入使用，再想改造难度很大，所以设计上的失误会造成很大的浪费。在已投入使用的情况下，要有计划地逐步使用新物料、新工艺和新技术，通过不断的技术革新降低能源的消耗。

（1）节约用水

①应采用自动感应节水开关。

②在保证能将污物冲净的前提下，减少马桶水箱的储水量，做好蒸汽冷凝水的回收工作。

③采用磁芯快开水嘴、感应器控制的节能式水龙头或混水器。

（2）节约用电

①采用高效的节能灯代替白炽灯泡。

②采用光控技术和时钟继电器控制室外照明灯的开闭。

③严格控制制冷机的开放，尽量利用室外新风。

④做好空调冷冻水的管道保温工作，减少冷量损失。

⑤确保空调自动调节控制设备灵敏、有效和可靠，以减少冷（热）量的浪费。

（3）节约天然气

①调整好锅炉的气门和风门，使其处于最佳燃烧状态，降低天然气的消耗。

②调整好灶台的风、气配比，减少天然气浪费。

③控制好生活用水和空调采暖用水的供水温度，因为水温越高，热量损失越大。

④做好蒸汽管道和热水管道的保温，减少热量的损失。

⑤做好蒸汽冷凝水回收工作，节约天然气。

（4）节约用纸

①每个部门每天浏览本部门邮箱，以确保文件传收的及时性。

②如果传递的是通知性文件，应加设密码，避免文件被修改。

③如果传递的为引用性文件，可不设密码，便于其他部门引用。

④每个部门应及时从邮箱中将本部门的信件取出，以免占用邮箱的空间。

⑥每个利用邮箱传递的文件应确保与存档备查的文件内容一致。

⑦开展无纸化办公，尽量减少纸张浪费，例如采购廉价平板电脑，在开会时使用。

要点02：现场以旧换新与修旧利废管理

以旧换新是指为杜绝浪费、控制生产成本，要特别加强消耗品的使用管理，提高消耗品的有效使用效率，要求现场工作人员在领用一些消耗类、劳保类、文具类、维修类物品时，必须把旧的交回才可以领到新的。

修旧利废是指将撤回或更换的设备、物料直接或经修理后再投入使用，充分发挥物资价值，减少资源浪费。

1. 以旧换新

为使以旧换新活动能更好地执行，企业应制定以旧换新制度，确定以旧换新的物品范围、责任人员、标准、工作流程及不执行的处罚规定。同时，可以将以旧换新项目明细用看板的形式公示出来。

2．修旧利废

修旧利废活动是加强企业管理、减少浪费、降低成本费用的有效途径。企业要鼓励各车间自主创新，修旧利废，小改小革，并做好记录。同时，为使这项工作具有持续性，要制定相应的实施细则，确定修旧利废管理标准的职责、内容、要求及考核与奖励标准。

在开展以旧换新、修旧利废活动时，现场管理人员要以身作则，同时，要让班组成员了解活动的宗旨及奖励制度。

要点03：现场生产浪费的消除

浪费是指对人力、财物、时间等使用不当或没有节制。

1．生产现场中常见七大浪费现象

（1）不合格品修理的浪费

不合格品修理的浪费是指企业内发生不合格品，需要进行处理时，在时间、人力、物力上的浪费，以及由此造成的相关浪费。不合格品修理的浪费包括以下几个方面。

①物料的损失。

②设备、人员工时的损失。

③额外的修复、选别、追加检查。

④额外的检查预防人员。

⑤降价处理。

⑥因出货延误而取消订单。

⑦信誉下降。

（2）加工的浪费

加工的浪费也称为"过分加工浪费"，一方面是指多余的加工；另一方面是指过分精确的加工，如实际加工精度比加工要高，造成资源的浪费；需要多余的作业时间和辅助设备；生产用电、气压、油等能源浪费；管理工时增加等。

（3）动作的浪费

动作的浪费是指生产现场作业动作的不合理导致的浪费，如物品取放、反转、对准，作业步行、弯腰、转身子等动作不规范造成的时间浪费。

（4）搬运的浪费

搬运是一种不产生附加价值的动作。搬运的浪费分为放置、堆积、移动、整列等动作浪费；物品移动所需要的空间浪费；时间的浪费；工具占用的浪费、搬运人工成本的浪费。

（5）库存的浪费

库存量越大，资金积压就越大。库存包括零部件、物料的库存，半成品的库存，成品的库存，已向供应商订购的在途零部件，已发货的在途成品。库存的浪费主要表现为以下几个方面。

①产生不必要的搬运、堆积、放置、防护、寻找等浪费的运作。

②使先进先出作业困难。

③占用资金（损失利息）及额外的管理费用。

④物品的价值衰减，变成呆料、废料。

⑤占用空间，造成多余的仓库建设投资的浪费。

⑥掩盖问题能力不足被隐藏。

（6）制造过多（早）的浪费

JIT生产强调"适时生产"。必要的物品在必要的时间，应生产必要的数量，此外都是浪费。而所谓必要的物品和必要的时间，就是指客户（或下道工序）已决定要的数量与时间。

制造过多与过早的浪费在七大浪费中被视为最大的浪费。

①它提早用掉了费用（物料费、人工费），却不能得到多少实在的好处。

②它会把"等待的浪费"隐藏起来，使管理人员漠视等待的发生。

③它会使工序间积压在制品，使制造周期变长，且所需的空间变大（许多企业的车间像仓库，到处都是物料、在制品、完成品）。

④它会产生搬运、堆积的浪费，并使先进先出作业变得困难。

⑤需要增加踏板、包装箱（周转箱）等容器。

⑥库存量变大，管理工时增加。

⑦利息负担增加。

（7）等待的浪费

等待的浪费是指因断料、作业不平衡、计划不当等造成无事可做的等待，也称之为停滞的浪费。等待的浪费主要包括以下几个方面。

①生产线的品种切换。

②每天的工作量变动很大，当工作量少时，便无所事事。

③时常因缺料而使机器闲置。

④因上游工序发生延误，导致下游工序无事可做。

⑤机器设备时常发生故障。

⑥生产线未能取得平衡。

⑦有劳逸不均的现象。

⑧物料虽已备齐，但制造通知单或设计图并未送到，导致等待。

2. 消除浪费的措施

消除生产现场中的浪费也就是要消除"拿起"、"放下"、"清点"和"搬运"等无附加价值动作；避免"寻找"、"等待"等动作引起的浪费。消除浪费的措施如下所示。

（1）通过制定并严格执行合理作业标准、工作标准或设立标准的目视化看板，提高工作效率。

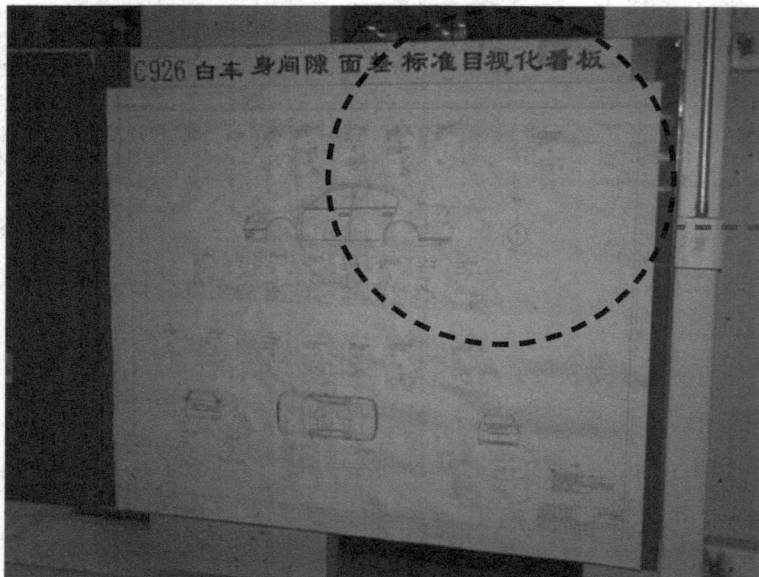

（2）在生产现场中发现浪费现象，并运用IE手法、QC工具来进行分析，找到浪费产生的原因，并进行消除。

要点04：现场设备维护成本控制

设备维护成本是指维护好生产设备而产生的成本，通常包括能源成本，如耗电、耗水、耗气（油）；维修成本，如维修工具、常用维修物料、设备低值易损零部件、设备贵重核心零部件等；人工成本，如定编人工成本、临时人工成本、外包人工成本等。

1. 设备维护成本控制的意义

（1）能源成本控制的重要性

现代企业主要实施机械化生产，会大量使用各种机械、电器设备，使相应的能源消耗急剧增加。为了降低生产成本，必须进行能源的成本控制。

（2）维修成本控制的重要性

设备的长期使用会导致一些磨损故障产生，操作人员的不正当作业也会引起设备故障，这就需要进行设备维修，由此产生的维修费用也是不可忽视的。

（3）人工成本控制的重要性

设备的日常维护需要投入大量的人力、物力，这不可避免地加大企业的人工成本支出。

2. 设备维护成本的种类

一般而言，设备的维护成本主要有三种，具体内容如表7-1所示。

表7-1　设备维护成本分类表

类型	具体分类	内容
人工成本	管理成本	主要包括各种管理费用、技术工人以及非自由的外包维护等成本
	劳务成本	主要是劳务人员的劳务成本
能源成本（也称物料成本）	机器成本	各种机器、设备、仪表的消耗成本
	辅助物料成本	设备零部件、辅助物料、润滑油脂、清洗油等成本
维修成本		包括各种维修器具和维修人员的成本支出

3. 设备维护的方式

一般而言，设备的维护方式主要有以下几种。

（1）设备运行

设备运行包括操作、巡视、应急处理等。

（2）设备的保养工作

设备的保养工作包括日常的点检、清扫维护和三级保养等。

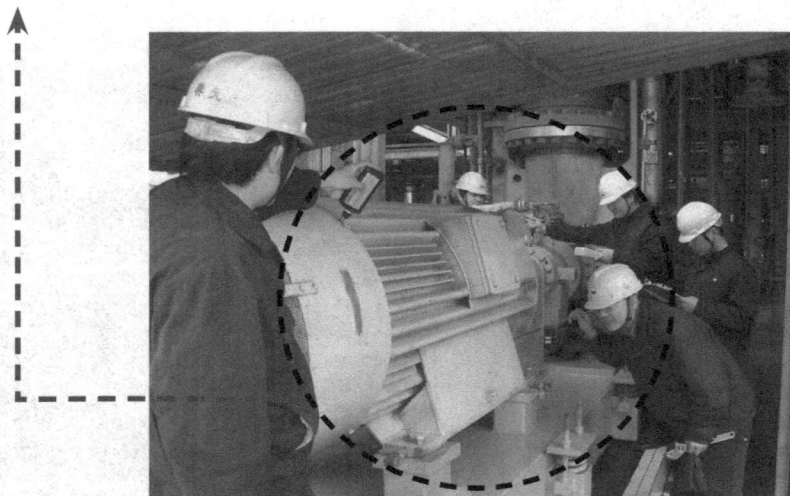

（3）设备的维修

一旦设备出现问题，就需要对其进行各种维修，如日常零修、紧急抢修，以及按计划的小修、大修等。

4. 设备成本控制的方法

（1）控制能源成本

企业可以从以下几方面控制能源成本。

①管理方法

企业主要通过编制计划和实施控制来控制设备成本。

a. 编制能源成本控制计划，包括成本预算、控制指标、控制标准、控制措施和明确控制的责任。

b. 实施"全员控制"和"全过程控制"，让全员参与，并对能源的使用全过程进行控制。

②技术方法

a. 对各种机器设备进行实时监测，掌握其运行状况。

b. 对设备进行定期润滑。

c．对于维护设备正常运行的各种润滑油脂等做好管理，包括其使用、储存及发放，做好其成本控制工作。

d．按操作规程进行设备操作，减少不必要的维修、浪费。

> **📣 请注意**
>
> 　　每个员工都有责任维护好自己所操作的设备，现场管理人员一定要不断地将这个观念灌输给员工，使员工在操作过程中认真按操作规程来执行，尽量减少设备的损耗。

（2）控制维修成本

企业可从以下几方面控制维修成本。

①管理方法

a．编制维修成本控制计划。

b．制定严格的维修工具、物料、零部件的采购、出入库、配送和使用回收等规章制度。

②技术方法

a．设备维护服务人员要了解设备中寿命最短的零部件，编制管理档案，并加以特别关注。了解设备中最重要、最昂贵的零部件，编制管理档案和应急处理预案。同时，还要了解设备在设计、安装、调试等方面的缺陷和不足，找出隐患并加以解决，降低设备的初始故障率，使其处于稳定的运行状态。

a．对于设备的偶发故障，要提高对故障的检测诊断能力和修理能力，加强对物料备品的管理。

b．对于设备的使用磨损，也需要精心进行预防保养，定期对零部件进行检测，掌握其劣化程度。同时，做好清扫、除锈、加油、调整工作，减缓零部件的磨损和劣化进程，延长其使用寿命，降低维修成本。

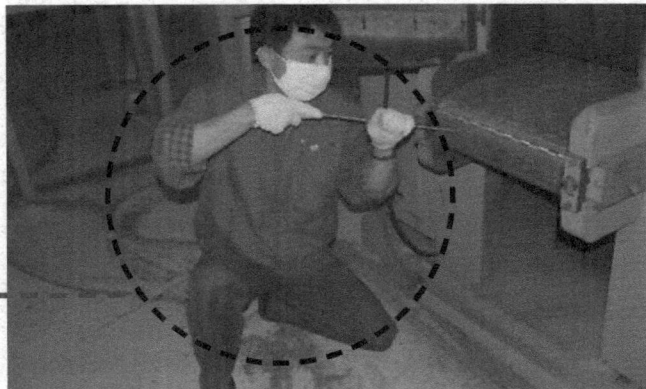

要点05：节省现场加班费开支

加班费是指劳动者按照用人单位的生产和工作需要，在规定工作时间之外继续生产劳动或者工作所获得的报酬。

由于现代企业面临竞争环境的不确定性，客户订单急缓程度不同，所以生产现场加班情况经常发生。按照劳动法的规定，加班费是平日工资的2～3倍，因此企业的人工成本会增加许多。要降低人工成本，就必须对加班费加以控制。

1．加班界定

企业应对必须加班（加点）的情况加以界定，具体内容如图7-1所示。

1 原定工作计划由于非自己主观的原因（即设备故障、临时穿插了其他紧急工作等）而导致不能在原定计划时间内完成又必须在原定计划内完成的工作（如紧急插单，而原订单也必须按期完成）

2 临时增加的工作必须在某个既定时间内完成（如参加展会）

3 某些必须在正常工作时间之外也要连续进行的工作（如抢修设备）

4 某些限定时间且期限较短的工作（如仓库盘点）

5 其他企业安排的加班（加点）工作

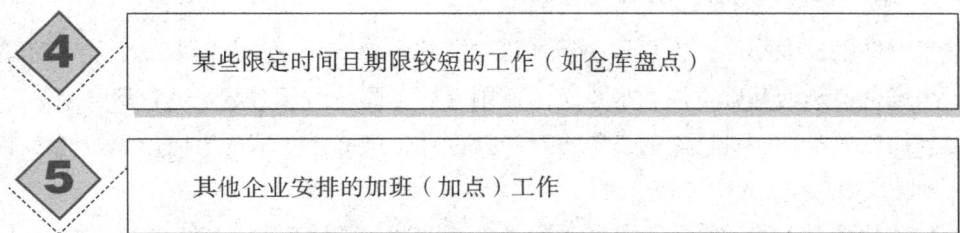

图7-1 必须加班（加点）的情况

2．加班申请与审批

任何计划加班的部门和员工都必须在事前履行申请和审批手续（如有特殊情况事前来不及办理，也要事后补批，同时有证明人签字）。企业应对申请和审批的权限和流程做出明确规定，具体内容如下所示。

（1）一线作业人员的加班（含车间主任）由车间主任提出申请，送生产部经理审批，并交人力资源部备案。

（2）企业职能部门普通员工的加班由本人提出申请，送本部门经理审批，并交人力资源部备案。

（3）部门经理加班由本人提出申请，送主管副总审批，并交人力资源部备案。

（4）副总经理加班由总经理审批，并交人力资源部备案。

（5）所有加班人员一律进行加班考勤，计打加班卡。

"加班申请单"如表7-2所示。

表7-2 加班申请单

部门：　　　　　　　　　　　　　　　　　　申请日期：＿＿＿＿年＿＿月＿＿日

序号	姓名	加班原因	加班类别	工作量		加班时间（小时）		
				计划	实际	计划	实际	起止时间
1								
2								
3								
4								
…								
备注：								

3．确定加班费的核算基础

加班费数额的大小，一方面取决于加班时数的多少，另一方面则取决于加班费核算的基础。加班费核算的基础不同，加班费总额则有所不同。为了对员工进行薪酬激励，同时有效控制加班成本，应对员工的工资进行结构设计，最好是一部分为岗位（技能）工资，另一部分为绩效工资。

岗位（技能）工资随岗位（技能）的差别而不同，是固定的；绩效工资则随个人业绩不同而变化，是浮动的。因为绩效工资是浮动的，体现的是绩效水平的差别，是绩效奖金的性质，所以不能以此为依据计算加班费，只能以固定的那部分岗位工资（技能工资）为基础来计算，这样加班费核算的基础变小了，总的加班成本就得到有效控制。

以车间主任为例，他岗位工资是2 100元/月，绩效工资的考核系数为900元/月，那么在计算加班费时就以2 100元/月为计算的基数，而不是3 000元/月。

4．对加班不定期检查

管理的四要素是计划、组织、领导和控制。没有控制这一环，再好的措施都可能落不到实处。企业一方面要充分相信员工的自觉性，同时也要加强对员工的加班管理，保证加班真正能起到应有的作用。

现场管理人员应不定期地深入加班现场检查加班的具体情况。检查时可以携带检查表，以做好记录。督察员工在加班期间保持应有的工作效率，一旦发现有冠加班之名而无加班之实的员工则马上进行处罚，以儆效尤。

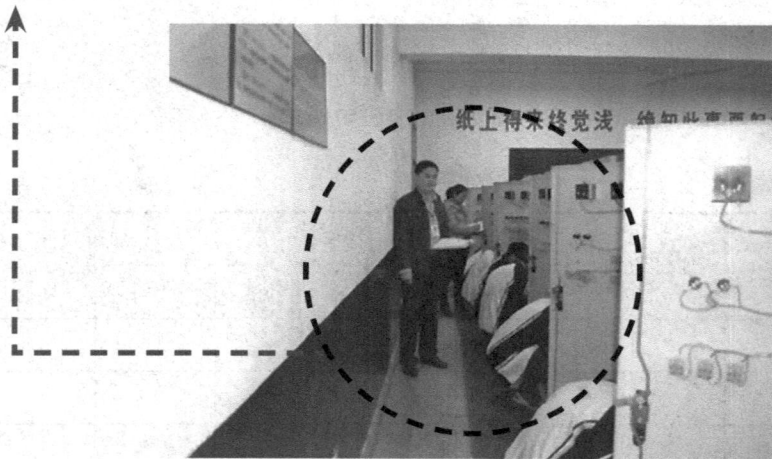

学习笔记

通过学习本章内容，想必您已经掌握了不少学习心得，请仔细填写下来，以便继续巩固学习。如果您在学习中遇到了一些难点，也请如实写下来，方便今后重复学习，彻底解决这些难点。

同时本章列举了大量实景图片，与具体的文本内容互为参照和补充，方便您边学边用，请如实填写您的运用计划，以使工作与学习相结合。

我的学习心得：

1. _____
2. _____
3. _____
4. _____
5. _____

我的学习难点：

1. _____
2. _____
3. _____
4. _____
5. _____

我的运用计划：

1. _____
2. _____
3. _____
4. _____
5. _____

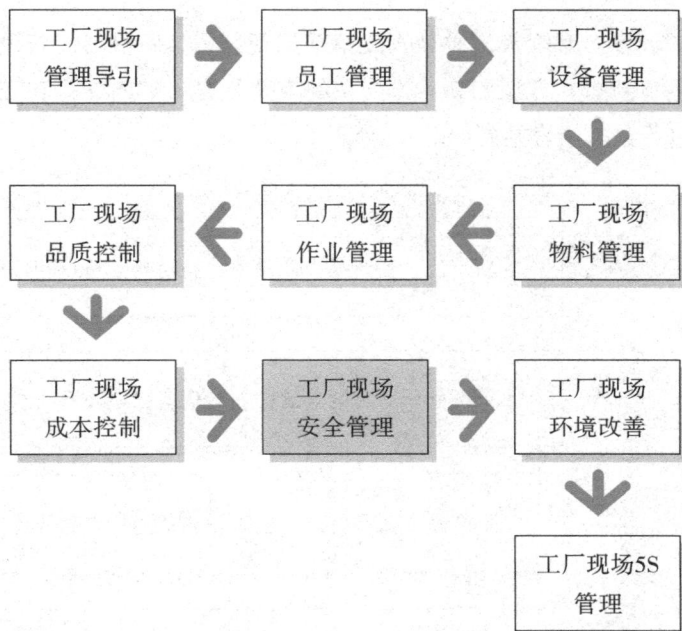

第 8 章

工厂现场安全管理

导视图

工厂现场
管理导引
→
工厂现场
员工管理
→
工厂现场
设备管理
↓
工厂现场
品质控制
←
工厂现场
作业管理
←
工厂现场
物料管理
↓
工厂现场
成本控制
→
工厂现场
安全管理
→
工厂现场
环境改善
↓
工厂现场5S
管理

要点01：现场安全教育

只有进行安全教育，增强全体人员安全生产的意识，使其掌握安全生产的科学知识，提高安全操作的技能和贯彻执行各项安全规章制度的自觉性，才能确保现场安全生产。

1. "四新"和变换工种教育

"四新"和变换工种教育是指采用新工艺、新材料、新设备、新产品或员工调换工种时，进行新操作方法和新工作岗位的安全教育。"四新"和变换工种教育工作由技术部门负责进行，其内容主要如图8-1所示。

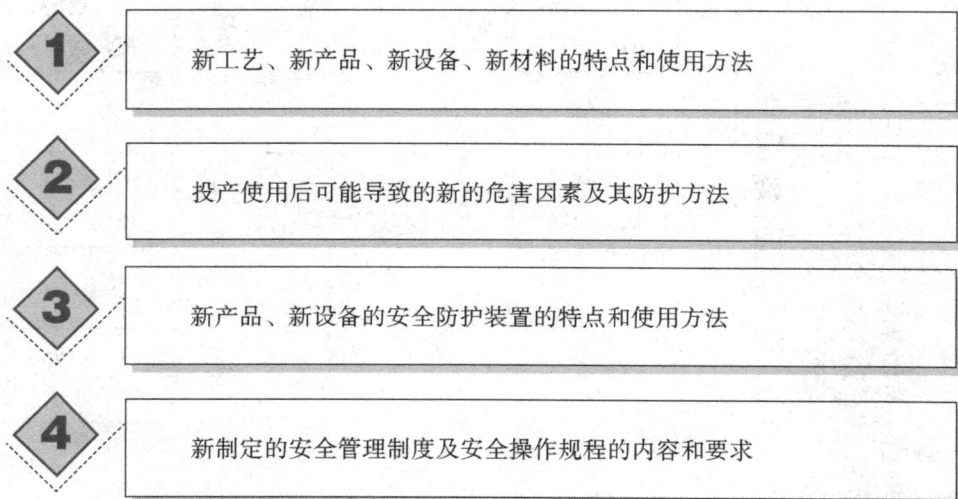

1	新工艺、新产品、新设备、新材料的特点和使用方法
2	投产使用后可能导致的新的危害因素及其防护方法
3	新产品、新设备的安全防护装置的特点和使用方法
4	新制定的安全管理制度及安全操作规程的内容和要求

图8-1　"四新"和变换工种教育内容

请注意

在完成"四新"和变换工种教育后，要对相关人员进行考核，合格后填写"四新"和"变换工种人员安全教育登记表"。

2．安全继续工程教育

（1）教育范围

安全继续工程教育是指那些已经受过大专院校教育，并已走向工作岗位的科技、管理人员和企业的领导者，经过一定时期，必须继续接受安全知识和劳动保护新知识的教育。

（2）教育的内容

企业应根据相关人员的不同专业、不同水平等具体情况安排学习内容，安全继续工程教育具有较强的针对性、理论性和实用性，它主要是针对专职从事安全管理的领导、企业主管安全的负责人、安全工程技术人员进行培训教育。新任职的领导必须要接受安全方面的专业培训，在考核合格后方能上岗工作。

3．特种作业人员安全教育

特种作业是指在劳动过程中容易发生伤亡事故，对操作者和他人以及周围设施的安全具有重大危害因素的作业。特种作业人员是指直接从事特种作业的从业人员。

（1）特种作业及人员范围

特种作业及人员范围如下。

① 电工作业：包括发电、送电、变电、配电工，电气设备的安装、运行、检修（维修）、试验工，矿山井下电钳工。

② 金属焊接、切割作业：包括焊接工、切割工。

③ 企业内机动车辆驾驶：包括在企业内部及码头、货场等生产作业区域和施工现场驾驶各类机动车辆的驾驶人员。

④ 登高架设作业：包括含2米以上登高架设、拆除、维修工，高层建（构）筑物表

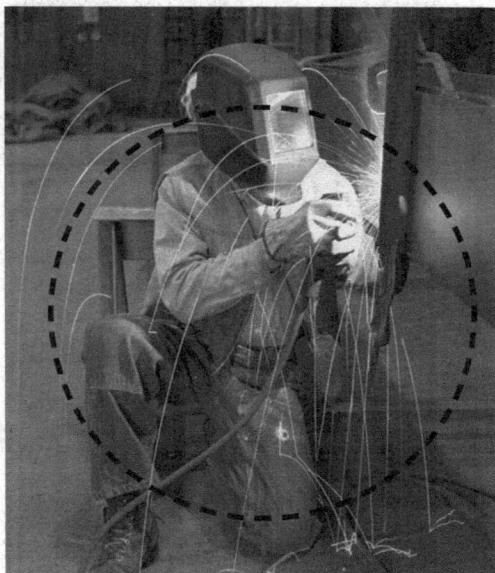

面清洗工。

⑤锅炉作业（含水质化验）：包括承压锅炉的操作工、锅炉水质化验工。

⑥压力容器作业：包括压力容器罐装工、检验工、运输押运工，大型空气压缩机操作工。

⑦制冷作业：包括制冷设备安装工、操作工、维修工。

⑧爆破作业：包括地面工程爆破工、井下爆破工。

⑨起重机械作业：包括起重机械司机、司索工、信号指挥工、安装与维修工。

⑩矿山通风作业：包括主扇风机操作工、瓦斯抽放工、通风安全监测工、测风测尘工。

⑪矿山排水作业：包括矿井主排水泵工、尾矿坝作业工。

⑫矿山安全检查作业：包括安全检查工、瓦斯检验工、电器设备防爆检查工。

⑬矿山提升运输作业：包括主提升机操作工、绞车操作工、固定胶带输送机操作工、信号工、拥罐（把钩）工。

⑭采掘（剥）作业：包括采煤机司机、掘进机司机、耙岩机司机、凿岩机司机。

⑮危险物品作业：包括危险化学品、民用爆炸品、放射性物品的操作工，运输押运工，储存保管员。

⑯经国家相关部门批准的其他作业。

（2）特种作业人员的要求

特种作业人员必须具备以下基本条件。

①年龄满18周岁。

②身体健康，无妨碍从事相应工种作业的疾病和生理缺陷。

③初中（含初中）以上文化程度，具备相应工种的安全技术知识，参加国家规定的安全技术理论和实际操作考核并成绩合格，获得特种作业人员资格证书。

④符合相应工种作业特点需要的其他条件。

（3）特种作业人员安全教育内容

特种作业人员必须接受与本工种相适应的、专门的安全技术培训，经安全技术理论考核和实际操作技能考核合格，取得特种作业操作证后，方可上岗作业。未经培训或培训考核不合格者，不得上岗作业。

已按国家规定的本工种安全技术培训大纲及考核标准的要求进行教学，并接受过实际操作技能训练的职业高中、技工学校、中等专业学校毕业生，可不再进行培训而直接参加考核。

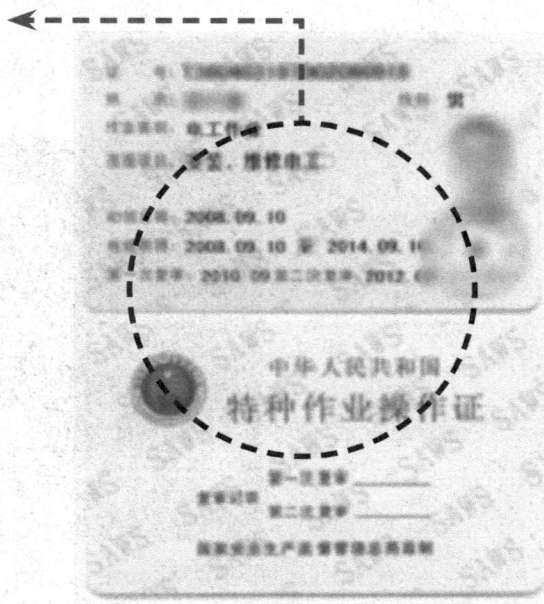

4．日常安全教育方法

日常的安全教育方法如下所示。

（1）安全宣传画

不同的安全宣传画可以不同方式促进安全。宣传画主要分为以下两类。

①正面宣传画：说明小心谨慎、注意安全的好处。

②反面宣传画：指出粗心大意、盲目行事的恶果。

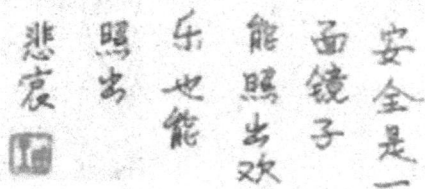

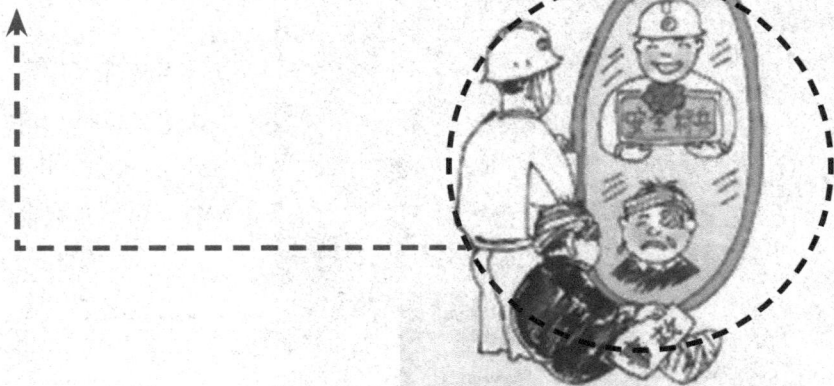

安全是一面镜子，能照出欢乐也能照出悲哀

（2）设计安全口号

企业可设立简洁的安全口号，以提醒员工安全工作的重要性。

（3）安全宣传栏

企业应设置安全宣传栏，宣传安全管理的重要性。

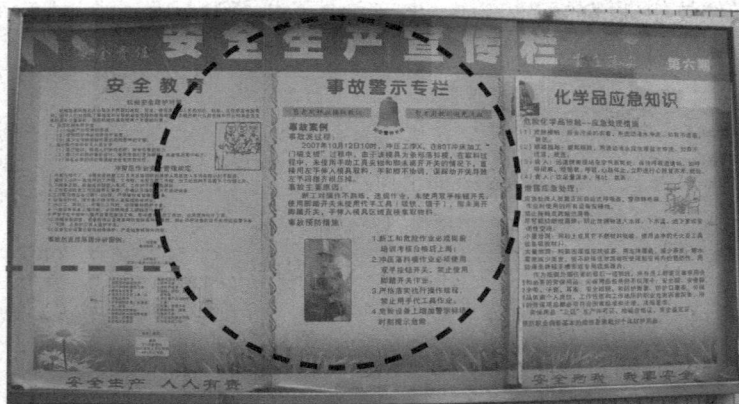

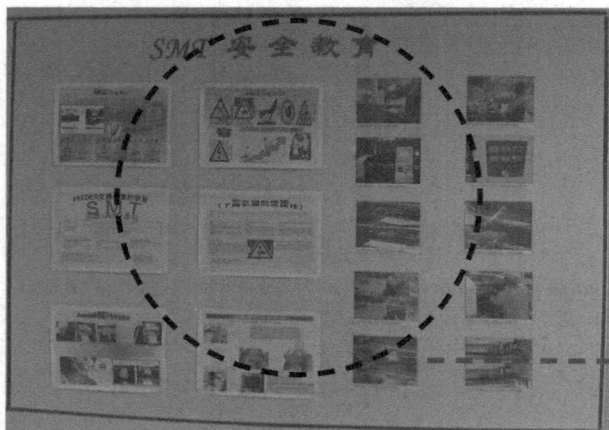

（4）安全看板

①安全知识看板

安全知识看板主要用于传播安全管理知识，供员工自主学习，如SMT安全教育看板。

②安全状况看板

通过安全状况看板，可以提醒员工注意安全，以免造成安全事故。

（5）影片

专门摄制的影片对解释新的安全装置或新的工作方法是特别有用的。企业可利用影片示范实验室试验，分析技术过程，用有条理的方法解决疑难和复杂问题，并可以用慢动作再现快速的事故序列，使员工清楚地看到动作的每一个细节，增强学习的效果。

（6）展览

展览是以非常现实的方式使员工了解危害和怎样排除危害的措施。将展览与有一定目的的其他活动结合起来时，可以收到最佳效果，例如设置历史事故专栏，展示历史事故等。

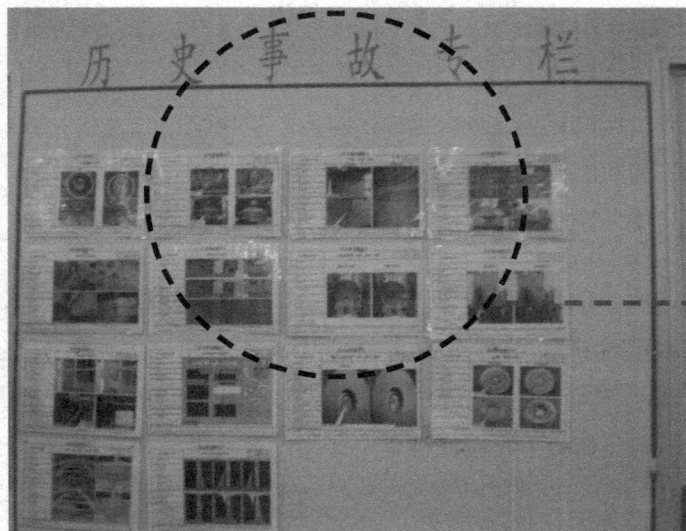

（7）报告、讲课和座谈

报告、讲课和座谈也是安全宣传教育的有力工具，特别是在新员工入厂时。通过这种形式的安全教育可以使员工对安全生产问题有一个概括的了解。针对安全规则、事故状况、保护措施等问题举办专题讲座，使员工与讲解人有直接接触的机会，彼此交换意见，可以增强宣传教育的效果。

5. 安全宣传资料

安全宣传资料有以下几种。

（1）定期出版的安全杂志、简报，还有描述新的安全装置、操作规则等方面的调查和研究成果，以及预防事故的新方法等有图示说明的文章。

（2）小册子和宣传单、工资袋封皮上的图示和标语等。

（3）相关文献资料，包括劳动监察和研究机构的报告、一般安全手册、特殊问题手册及各种技术论文、数据表等。

6. 开展安全竞赛和安全活动

安全竞赛和安全活动的开展如下所示。

（1）企业应在某个范围内开展安全生产日或安全月生产活动。在许多工业企业开展这项活动时，通常是一般性的；如果是在一个企业内开展，可以集中在一个专门问题上。

（2）开展安全活动可以提高员工安全生产的积极性，因此企业应该把安全竞赛列入安全计划中。企业可以在车间班组间进行安全竞赛，并对优胜者给予奖励。

要点02：现场岗位安全应急卡的运用

岗位安全应急卡是指企业通过风险评估、危险因素的排查，确定危险岗位，并有针对性地制定各种可能发生事故的应急措施，从而编制的具有应急指导作用的简要文书。

1. 岗位安全应急卡的内容

企业应当结合岗位的实际情况，在危害（隐患）辨识的基础上编制岗位安全应急卡。岗位安全应急卡的内容主要包括本岗位存在的危险因素、危险因素应对措施等几个方面。

（1）在确认各岗位存在的危险因素时，应结合危害（隐患）辨识分析的结果，按人、机、环境和管理四个方面进行列举，在列举时应从清单中选出部分具有代表性的危害，并对相关的其他风险进行辨识，一并列出。

（2）"危险因素应对措施"一栏中，应当列出该岗位人员在出现应急情况时应如何处理。出现应急情况，需要相关人员镇定、冷静地处理。因此，在该项内容中，应简单明了地列出处理措施，一旦真的发生意外，可供岗位人员参考和操作。

岗位安全应急卡如表8-1所示。

表8-1　岗位安全应急卡

岗位名称	
涉及危险工艺 （存在危险因素）	
关键工艺参数	

（续表）

岗位操作要点	
本岗位应急处置装备	
应急处置注意事项	

本岗位存在的危险因素（尽量列出岗位可能发生的各类事故。例如超温、超压、泄漏、爆炸、停电、停水、断料等工况变化情况，发生人员伤害情况等）

1.

2.

3.

4.

5.

危险因素应对措施包括应对事故的处置程序、处置措施和处理要点（措施应简明扼要、实用；着重如何稳定操作工况、消除危险因素等。例如一旦发生……；应该……）

1.

2.

3.

4.

5.

应急联系电话：

厂内	主要负责人	技术负责人/生产控制中心	车间主任
公共	报警电话	火警电话	急救电话

制定人：　　　　　审核人：　　　　　时间：

2．岗位安全应急卡的运用

（1）岗位安全应急卡可以塑封成小卡片，发放到每一个相关员工的手中，重点岗位做到"人手一卡"，并在重要部门张贴上墙。

（2）同时要按照"岗位安全应急卡"的内容定期组织员工进行演练，不断检验演练效果。

要点03：现场安全检查

现场安全检查是企业安全生产的一项基本制度，也是安全管理的重要内容之一，有利于检查和揭露不安全因素以及预防和杜绝工伤事故。

1. 安全检查的内容

（1）检查物品状况

现场管理人员应检查生产设备、工具、安全设施、个人防护用品、生产作业场所以及生产物料的存储是否符合安全要求。现场管理人员要经常到现场开展检查，具体检查重点如下所示。

① 危险化学品生产与储存的设备、设施和区域是否符合安全要求。不同危险化学品必须分区放置，并做好标示。

② 在车间、库房等作业场所设置的监测、通风、防晒、调温、防火、灭火、防爆、泄压、防毒、消毒、中和、防潮、防雷、防静电、防腐、防渗漏、防护围堤和隔离操作的安全设施是否符合安全运行的要求。

③ 通信和报警装置是否处于正常适用状态。

④ 检查用电区域是否进行警示。

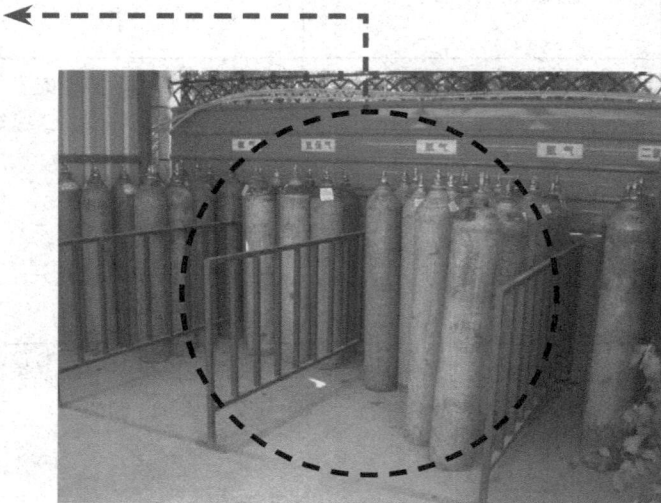

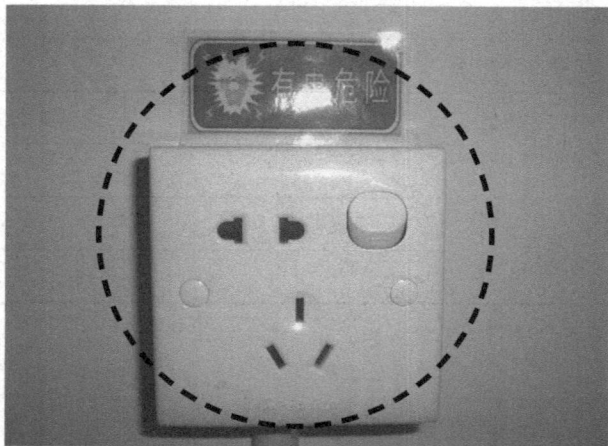

⑤ 危险化学品的包装物是否安全可靠。

⑥生产装置与储存设施的周边防护距离是否符合国家相关规定，事故救援器材、设备是否齐备、完好，检查警示标牌是否完好。

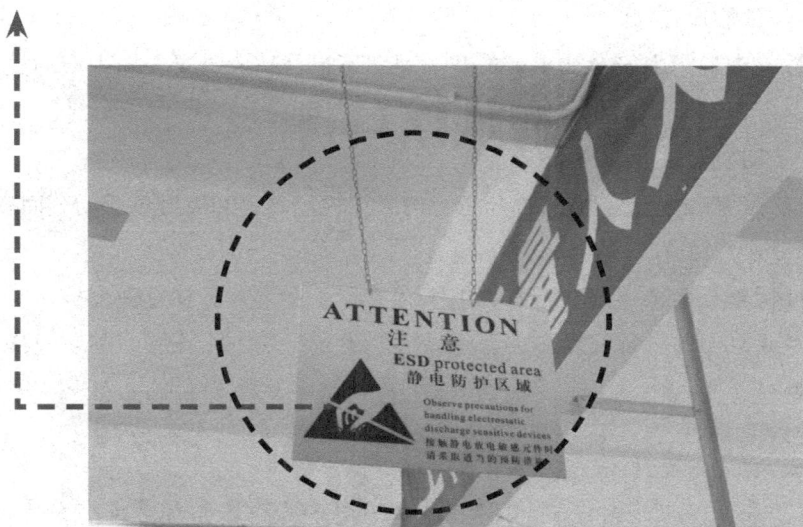

（2）查人的行为

检查员工个人有无违章指挥、违章操作等违反安全生产规章制度的行为。重点检查危险性大的生产岗位是否严格按操作规程作业、危险作业有无执行审批程序等。

（3）查安全管理

检查安全生产规章制度是否建立、健全，安全生产责任制是否落实，安全生产管理机构是否健全，安全生产目标和工作计划是否落实到各部门、各岗位，安全教育是否经常开展，安全检查是否制度化、规范化，事故隐患是否及时整改，实施安全技术与措施计划的经费是否落实，是否按"四不放过"原则做好事故管理工作。

重点检查从事特种作业和危险化学品生产、经营、储存、运输、废弃处置的人员和装卸管理人员是否都经过安全培训并考核合格取得上岗资格，是否制定了事故应急救援预案并定期组织救援人员进行演练等。

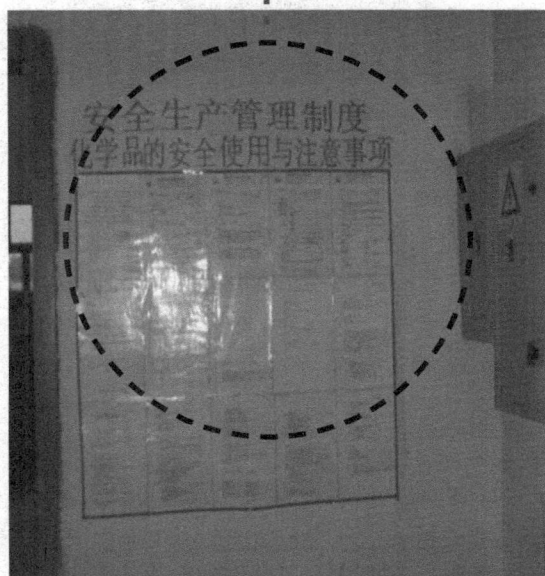

2．安全检查的方式

安全检查的方式如下所示。

（1）经常性检查

经常性检查是指由安全技术人员和车间、班组管理人员对安全生产的抽查、日查、周查、月查。

（2）定期检查

定期检查是指由企业或主管部门组织的，按规定日程和周期进行的全面安全检查。

（3）专业性检查

专业性检查是指根据企业特点，组织有关专业技术人员和管理人员，有计划、有重点地对某项专业范围的设备、操作、管理进行的检查，如防火防爆、制度规章、防护装置、电器保护等。

（4）节假日前的例行检查

节假日时往往是事故多发期，因此必须加强检查。

（5）安全月、安全日的全员性大检查

在安全月、安全日开展全员性大检查，仔细检查所有方面，查出安全隐患后予以整改。

3．个人的自我检查

自我检查是实施安全管理的重要方式，特别是对于那些新到岗的作业人员更为重要。自我安全检查的注意事项有以下几项。

（1）工作区域的安全性

自我检查时注意工作区域周围环境卫生，通道畅通，梯架台稳固，地面和工作台面平整。

（2）使用材料的安全性

自我检查时注意材料的堆放或储蓄方式，装卸地方的大小，材料有无断裂、毛刺、毒性、污染或特殊要求，运输、起吊、搬运手段，信号装置是否清晰等情况。

（3）工具的安全性

自我检查时注意工具是否齐全、清洁，有无损坏，有何特殊使用规定、操作方法等。

（4）设备的安全性

自我检查时注意设备防护、保险、报警装置情况，控制机构、使用规程等要求的完好情况。

（5）其他防护的安全性

自我检查时注意通风、防暑降温、保暖防冻，防护用品是否齐备和正确使用，衣服鞋袜及头发是否合适，有无消防和急救物品，如急救箱、急救包等。

4．安全检查的处理

安全检查工作要有详细的记录，记录表样式、内容如表8-2所示，企业应按检查结果和问题进行相应的整改并限期解决，定期复查。

（1）对不能及时整改的隐患，要采取临时安全措施，提出整改方案，报请上级部门核准。

（2）安全检查完毕后，必须写出小结，提出分析、评价和处理意见。

（3）实施奖励措施，让各个部门相互学习借鉴，共同做好安全生产工作。

表8-2　安全检查记录表

项目	内容	得分
安全管理	（1）安全计划及实施情况 （2）是否进行安全自检 （3）有无悬挂安全规程 （4）安全标语和标志的悬挂情况 （5）各项安全记录填写、存档状况	
安全组织	（1）是否建立安全责任制 （2）义务消防队员是否有计划地开展工作 （3）班组安全员建设情况 （4）特殊岗位人员是否通过了必要的培训 （5）安全设施及急救药箱管理状况	
电气安全	（1）电气设备是否接地接零 （2）电气线路是否符合要求 （3）电气保护装置是否符合要求 （4）用电器具与可燃物距离是否符合要求 （5）电气操作人员防护是否妥当	
岗位安全	（1）遵守安全操作规程情况 （2）操作人员精神状况 （3）操作人员动作安全性 （4）装卸模具、治具是否安全 （5）岗位周围环境是否安全	
防火管理	（1）疏散线路标志是否清楚 （2）易燃易爆品管理、使用是否符合规定 （3）明火管制配备、布置情况 （4）消防器材配备、保护情况 （5）义务消防队员消防知识与能力	

（续表）

项目	内容	得分
设备管理	（1）设备开关装置完好性 （2）设备防护装置可靠性 （3）设备保养检修情况 （4）工伤多发设备安全措施情况 （5）设备润滑和完好率情况	
升降机及搬运安全	（1）吊车安全操作规则执行情况 （2）是否遵守搬运安全规定 （3）升降机定期检查记录情况 （4）操作人员上岗证查核状况 （5）物料堆叠高度是否符合要求	
仓库管理	（1）仓库类物品是否分类存放 （2）电线、电灯是否安全 （3）消防设备是否足够和合用 （4）通道是否畅通、安全 （5）危险品是否按规定存放	
环境安全	（1）道路是否通畅 （2）物品摆放是否整洁 （3）工作台及座椅是否安全 （4）地面有无脏乱、油污等状况 （5）楼梯是否牢靠安全	
其他	（1）劳保用品是否按要求佩戴 （2）旋转接卸作业员是否遵守规定 （3）女工头发是否盘扎好 （4）高空作业是否采取安全措施 （5）其他	

审核人：　　　　　　　　　　　　　　　检查人：

备注：本表中每一项内容以2分考核，满分为100分。

要点04：现场安全防护管理

安全防护管理工作在现场安全管理过程中发挥着很重要的作用，能使劳动者免遭或减轻事故伤害或职业危害。

1. 安全防护宣传

企业可以设置各类安全防护看板、宣传画等，推广防护知识，提高防护管理水平。

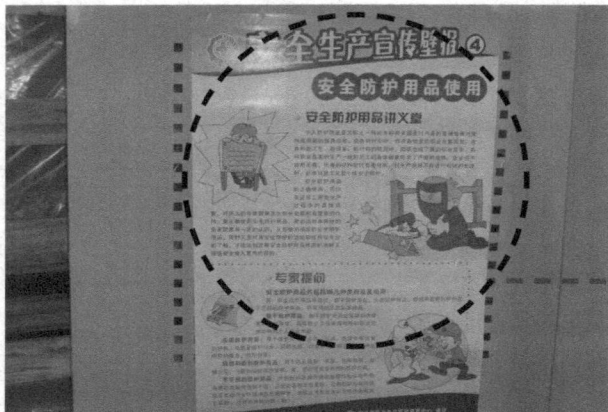

2. 设备防护

对设备进行防护，能有效防止操作事故。常见的防护设备有以下几种。

（1）固定或障碍防护器

固定或障碍防护器通常优于其他防护器，它经常用来防止人员接近设备的危险部分，使设备操作人员不易取走或挪为他用。一般情况下，固定防护器都装有交织钢丝、拉伸铁皮、穿孔铁皮、围屏、护栏、固定底座等，可以用在动力压榨机、研磨机、钻孔机、车床、截断机等设备上。

（2）连锁防护器

当固定防护器不适用时，连锁防护器是最好的选择。当设备发动时，连锁防护器会自动将设备封锁，避免操作者触及危险部分。当连锁防护器打开时，设备就不能运转，例如车床的护栏、盖子，注塑机的安全门、安全杆等。

（3）自动防护器

当固定、连锁防护器都不适用时，就可选择自动防护器。自动防护器能自动将员工的手指、手臂或身体与危险部分分开。

3．个体防护

（1）有关特殊劳动防护用品的规定

① 对于生产中必不可少的安全帽、安全带、绝缘护品、防毒面具、防尘口罩等员工个人特殊劳动防护用品，必须根据特定工种的要求配备齐全，并保证质量。

② 对于在易燃、易爆、烧灼及有静电发生的场所作业的员工，禁止发放、使用化纤防护用品。

③ 劳动防护用品穿戴要舒适方便、经济耐用。

（2）头的防护用具

① 为防止物体掉落，可佩戴安全帽、头盔。

温馨提示

员工：请戴白色安全帽

品管：请戴白色QC安全帽

客户：请戴橙色安全帽

进入生产现场
请戴安全帽

② 为防止头发被卷入设备，可佩戴头帽、头巾。

③ 如果员工有可能遭到火星、热金属的伤害，头帽应用耐火材料制作；如果要通风透气，头帽可用中空编织材料制作。

（3）眼睛的防护

① 为防止飞砂、热金属泼溅、可见光的危害，可使用杯形镜。

② 为防止红外线、紫外线等强光刺激，可使用安全透镜。

③ 为防止眼睛被溅伤，可使用纱网镜。

（4）面具防护

① 塑胶质的脸部防御物一般被用来保护脸和眼睛不被光线冲击。

② 防毒面具用于避免化学药品、毒气的伤害。

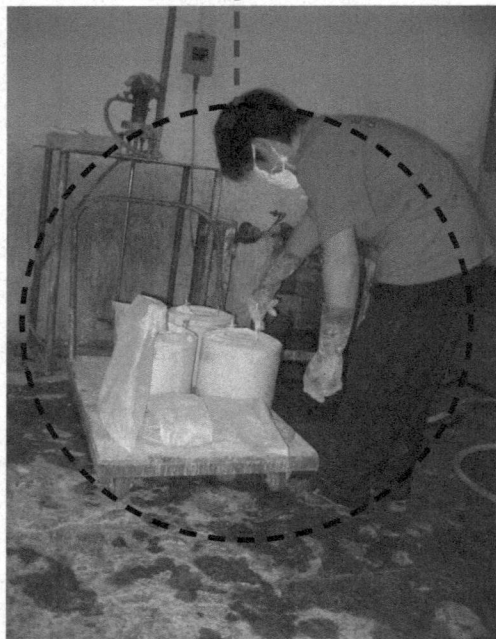

③为防尘及防止传染，可使用口罩。

（5）脚和腿的防护

安全鞋可在搬运重物或搬运锐利物时使用，也可用于防止在火炉旁工作的人员被火星溅伤；为防止铁钉等锐物造成伤害，鞋底应由特殊材质制作；在潮湿和打滑的地面，鞋底应有防滑结构或用木制。

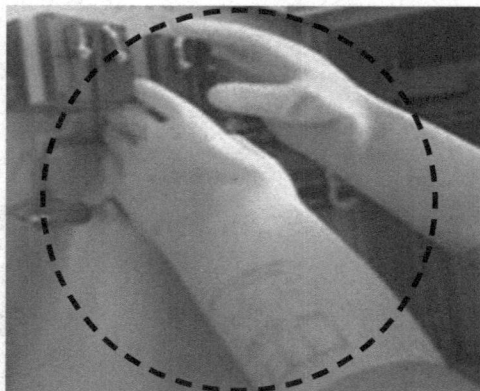

（6）其他防护用品，如各种防护手套和工作服等。

3. 个体卫生保健

（1）做好个人卫生和自我保健

①作业人员应做到班后洗澡、更衣。

②不在作业场所饮食；改变不卫生的习惯和行为，如戒烟。

③劳逸结合，合理进食。

④加强锻炼，增强体质等。

⑤饭前先洗手。为提高洗手的效率，企业可在员工常洗手的地方贴出洗手要诀，帮助员工正确洗手。

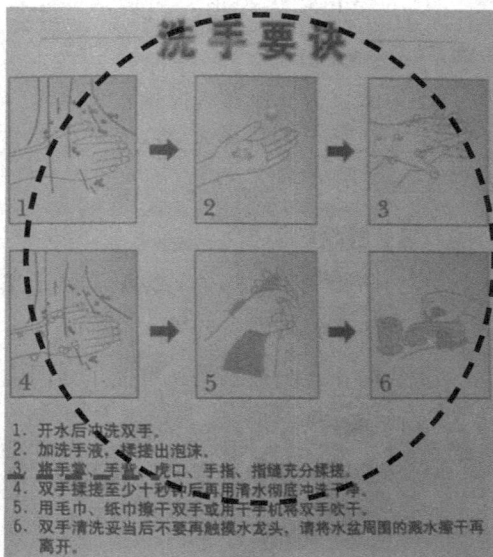

（2）尘毒监测

①对于生产劳动环境中的粉尘、毒物等有害因素，企业应根据国家的规定设定监测点，定期进行测定。

②当测试人员进行现场测定时，作业人员应积极配合，使测定结果能够客观地反映作业场所的实际情况，避免出现误差或假象。

③尘毒和有害因素的测定结果要定期在岗位上挂牌公布。当测定结果超过国家卫生标准时，相关人员应及时查找原因，并及时处理。

（3）健康体检

①新员工刚入厂时，要进行预防性体检。这种体检一方面可以及早发现新员工是否患有职业禁忌症，例如患有哮喘病的人，不适宜从事接触刺激性气体的作业；另一方面，这是一种基础健康资料，便于今后对比观察，做好保健工作。

②对于老员工，应根据其具体情况定期进行体检。体检的间隔时间为一年或两年，最长不超过四年，以便及早发现病情，并进行矫治。

要点05：现场习惯性违章的消除

习惯性违章是指那些固守旧有的不良作业传统和工作习惯，违反安全工作规程的行为。

1．常见违章行为

违章行为是指员工在生产过程中，违反国家有关安全生产的法律、法规、条例及单位安全生产规章制度，进行违章指挥、违章操作的不安全行为，具体表现如下所示。

（1）违反劳动纪律

①在工作场所、工作时间内聊天、打闹。

②在工作时间内脱岗、睡岗、串岗。

③在工作时间内看书、看报或做与本职工作无关的事情。

（2）不按规定穿戴劳动防护用品。

①留有超过颈部以下长发、披发或发辫，不戴工作帽或不将头发置于帽内就进入有旋转设备和生产区域。

②高处作业或在有高处作业、有机械化运输设备下面工作而不戴安全帽。

③操作旋转机床设备或进行检修试车时敞开衣襟操作。

④在易燃、易爆、明火等作业场所穿戴化纤服装。

（3）违反安全生产管理制度

①操作前不检查设备、工具和工作场地就进行作业。

②设备有故障或安全防护装置缺乏、损坏。

③发现隐患不排除、不报告，冒险操作。

④在禁火区吸烟或明火作业。

⑤封闭厂房内安排单人工作或本人自行操作。

（4）违反安全操作规程

①跨越运转设备、设备运转时传送物件、触及运转部位。

②开动被查封、报废的设备。

③攀登吊运中的物件，以及在吊物、吊臂下通过或停留。

④容器内作业时不使用通风设备。

2．习惯性违章的预防

企业可以采取以下措施预防习惯性违章。

（1）班组成员轮流担任安全员

班组的所有成员依次轮流担任一周的班组安全员，在每天班组会上由轮值员进行几分钟的班组成员遵章守纪讲评与自查互查相结合的群查活动。在生产过程中发现班组成员有违章违纪行为时，班组安全轮值员应立即提出纠正意见，情况严重的要严肃处理。

（2）设立安全监督岗位

在班组设立安全监督岗位，根据班组的实际情况以及工作范围，挑选3～4名综合技术素质过硬的员工作为班组安全监督岗位成员，负责监督与规范作业人员的行为。

（3）现场安全宣导

在生产现场，管理人员可以进行现场安全宣导，并具体分析违章违纪的发生过程及发生的状况；有针对性地以别人的事故为例对员工进行教育，以起到警示作业。

（4）进行专业技术培训

现场管理人员可针对作业人员的特点，向其展示违章可能导致的不安全行为。这可以用宣传画的方式展示。然后开展专业技术培训，提高作业人员的技术水平，纠正那些由于对操作规程不了解、不熟悉，长期不认真执行规程或错误执行的操作方法，防止因不理解规程、盲目作业而引起的习惯性违章。

（5）加强沟通

现场管理人员要与那些习惯性违章的员工进行沟通，使其了解违章的后果，从而引起其重视，同时要在生产现场书写相关标语，强化沟通意识。

（6）加强违章行为处罚

对于习惯性违章者要坚持重罚的原则。对于习惯性违章者的处罚措施大致有以下几种。

①让习惯性违章者抄写安全规程。

②让习惯性违章者做检讨，写出保证书。

③让习惯性违章者当义务安全员，纠正违章行为。

④举办培训班，让习惯性违章者学习安全生产方针政策、法律法规和规章制度。

⑤对严重的习惯性违章者采取下岗待业措施。

⑥利用宣传媒介对习惯性违章行为予以曝光。

⑦尽可能采用防错、容错措施。

要点06：现场危险源管理

危险源是指一个系统中具有潜在能量和物质释放危险的、在一定的触发因素作用下可转化为事故的部位、区域、场所、空间、岗位、设备及位置。

1. 危险源的类别

危险源的类别如表8-3所示。

表8-3 危险源的类别

序号	类别	说明
1	事故类型	能量源或危险物的产生、储存
2	物体打击	产生物体落下、抛出、破裂、飞散的设备、场所、操作
3	车辆伤害	车辆，使车辆移动的牵引设备、坡道
4	机械伤害	机械的驱动装置
5	起重伤害	起重、提升机械
6	触电	电源装置
7	灼烫	热源设备、加热设备、炉、灶、发热体
8	火灾	可燃物
9	高处坠落	高度差大的场所，人员借以升降的设备、装置
10	坍塌	土石方工程的边坡、料堆、料仓、建筑物、构筑物
11	冒顶片帮	矿山采掘空间的围岩体
12	放炮、火药爆炸	炸药
13	瓦斯爆炸	可燃性气体、可燃性粉尘
14	锅炉爆炸	锅炉
15	压力容器爆炸	压力容器
16	淹溺	江、河、湖、海、池塘、洪水、储水容器
16	中毒窒息	产生、储存、聚积有毒有害物质的装置、容器、场所

2．危险源的辨识的方法

危险源辨识的方法很多，具体如图8-2所示。

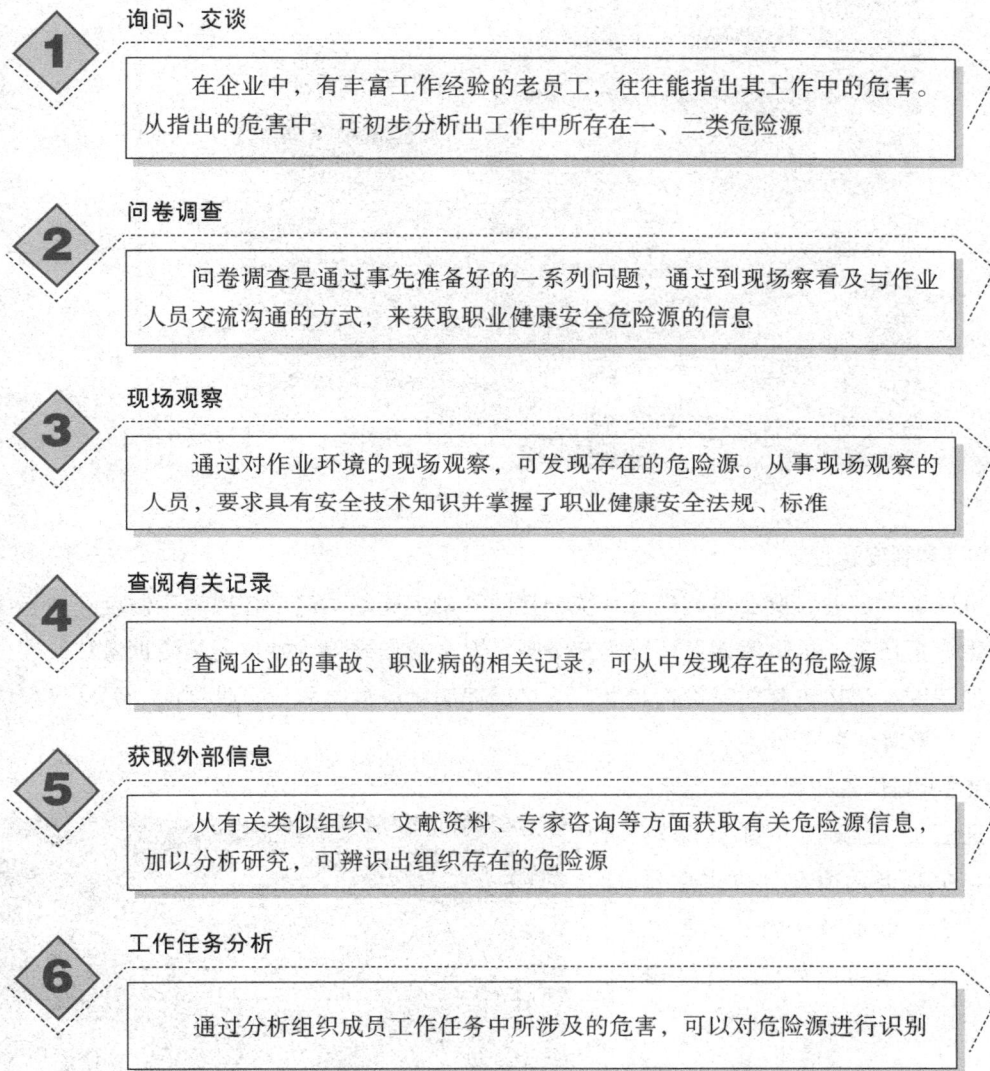

1 询问、交谈

在企业中，有丰富工作经验的老员工，往往能指出其工作中的危害。从指出的危害中，可初步分析出工作中所存在一、二类危险源

2 问卷调查

问卷调查是通过事先准备好的一系列问题，通过到现场察看及与作业人员交流沟通的方式，来获取职业健康安全危险源的信息

3 现场观察

通过对作业环境的现场观察，可发现存在的危险源。从事现场观察的人员，要求具有安全技术知识并掌握了职业健康安全法规、标准

4 查阅有关记录

查阅企业的事故、职业病的相关记录，可从中发现存在的危险源

5 获取外部信息

从有关类似组织、文献资料、专家咨询等方面获取有关危险源信息，加以分析研究，可辨识出组织存在的危险源

6 工作任务分析

通过分析组织成员工作任务中所涉及的危害，可以对危险源进行识别

图8-2　危险源辨识的方法

3．危险源的控制

对危险源的控制措施有很多，具体如下所示。

（1）技术措施

技术控制是指采用技术措施对危险源进行控制，主要技术有消除、控制、防护、隔离、监控、保留和转移等。同时要设置危险源宣传栏或标明危险源的区域，直观地指出危险源的所在。

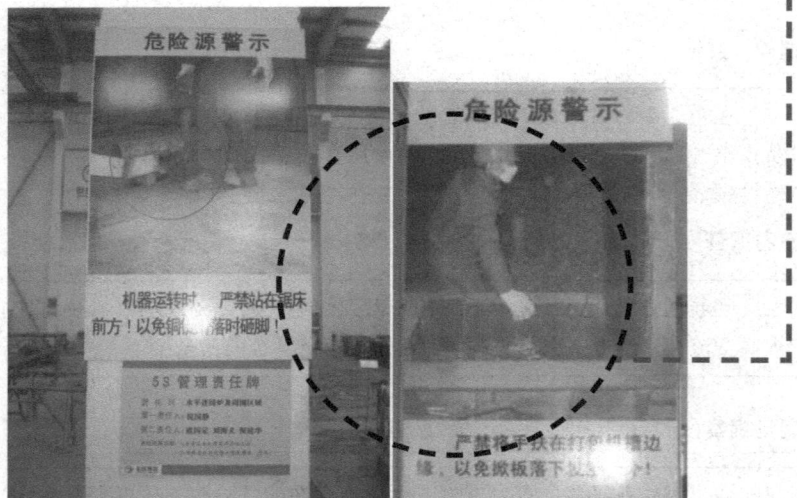

（2）制度管控

危险源确定后，要在对其进行系统分析的基础上建立、健全各项规章制度，包括岗位安全生产责任制、危险源重点控制实施细则、安全操作规程、操作人员培训考核制度、日常管理制度、交接班制度、检查制度、信息反馈制度、危险作业审批制度、异常情况应急措施和考核奖惩制度等。

（3）制作告知牌

通过危险源告知牌，向员工指出危险源的所在。许多危险源往往会对职业健康造成严重威胁，因此，也可以列出职业健康安全告知牌，提醒员工注意。

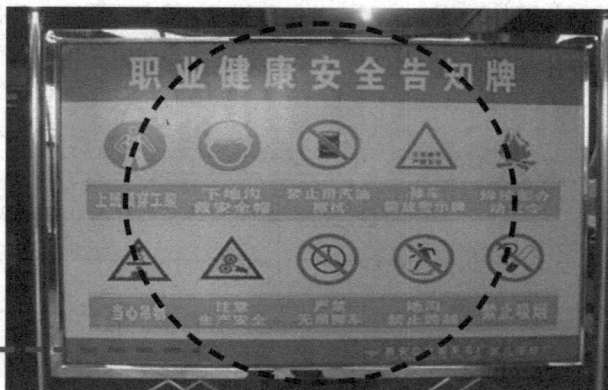

（4）定期检查

现场管理人员应根据各危险源的等级，确定责任人，明确他们的责任和工作，特别是要明确各级危险源的定期检查责任。除了作业人员必须每天自查外，还要规定各级领导定期进行检查。

（5）整改隐患

现场管理人员应建立、健全危险源信息反馈系统，制定信息反馈制度并严格贯彻实施。对检查发现的事故隐患，应根据其性质和严重程度，按照规定分级实行信息反馈和整改，并做好记录，发现重大隐患应立即向安全技术部门和第一行政领导报告。信息反馈和整改的责任应落实到人。

（6）做好考核评价和奖惩

现场管理人员应针对危险源控制管理工作的各方面制定考核标准，并力求量化，划分等级，同时定期严格进行考核评价，并与班组升级和评先进结合起来。企业应逐年提高考核要求，促使危险源控制管理水平不断提高。

要点07：现场消防安全管理

火灾是指在时间和空间上失去控制的燃烧所造成的灾害。在各种灾害中，火灾是威胁公众安全和社会发展的主要灾害之一。因此，现场管理人员必须加强现场消防安全管理。

1．火灾的分类

火灾分A、B、C、D四类，具体内容如图8-3所示。

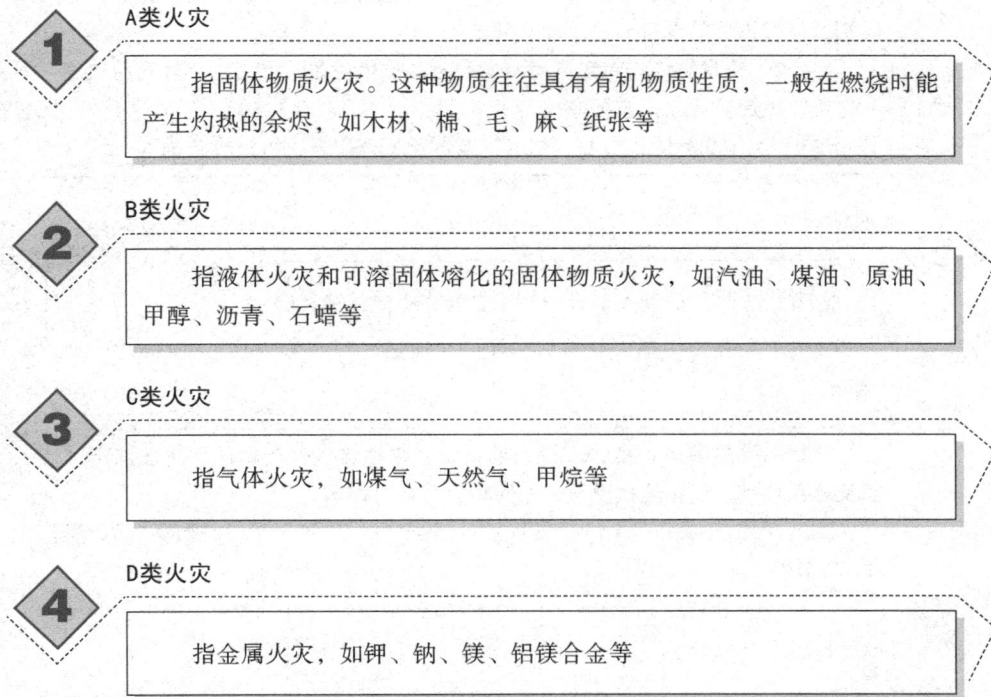

A类火灾
1　指固体物质火灾。这种物质往往具有有机物质性质，一般在燃烧时能产生灼热的余烬，如木材、棉、毛、麻、纸张等

B类火灾
2　指液体火灾和可溶固体熔化的固体物质火灾，如汽油、煤油、原油、甲醇、沥青、石蜡等

C类火灾
3　指气体火灾，如煤气、天然气、甲烷等

D类火灾
4　指金属火灾，如钾、钠、镁、铝镁合金等

图8-3　火灾的分类

2．引起火灾的原因

火是一种自然现象，而火灾大多是一种社会现象。虽然引起火灾的原因也有自然因素，如雷击、物质自燃等，但主要还是由于人为因素。引起火灾的直接原因有很多，但无论是哪一种原因，几乎都同人们的思想麻痹息息相关。引起火灾的原因具体如图8-4所示。

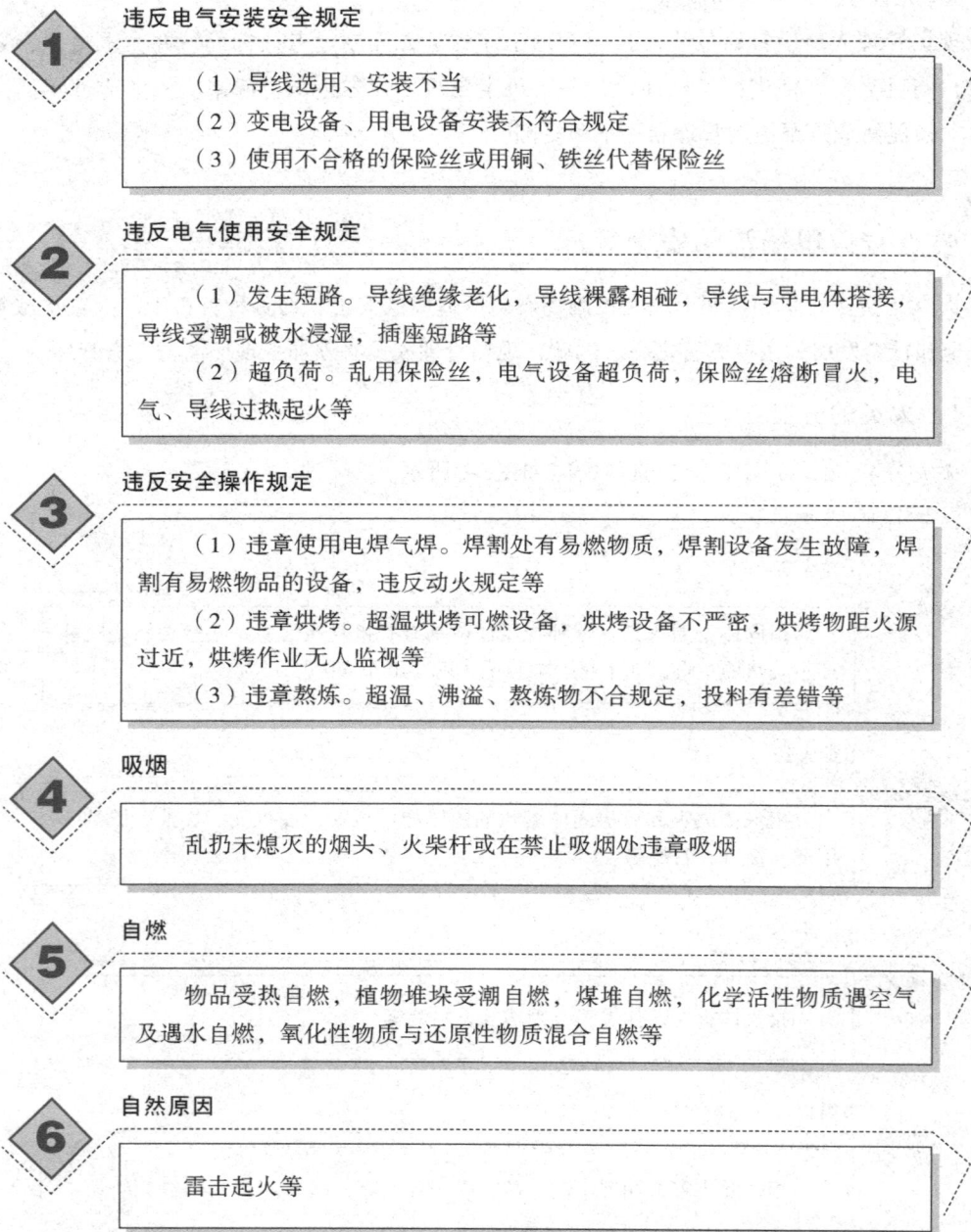

1 违反电气安装安全规定

（1）导线选用、安装不当
（2）变电设备、用电设备安装不符合规定
（3）使用不合格的保险丝或用铜、铁丝代替保险丝

2 违反电气使用安全规定

（1）发生短路。导线绝缘老化，导线裸露相碰，导线与导电体搭接，导线受潮或被水浸湿，插座短路等
（2）超负荷。乱用保险丝，电气设备超负荷，保险丝熔断冒火，电气、导线过热起火等

3 违反安全操作规定

（1）违章使用电焊气焊。焊割处有易燃物质，焊割设备发生故障，焊割有易燃物品的设备，违反动火规定等
（2）违章烘烤。超温烘烤可燃设备，烘烤设备不严密，烘烤物距火源过近，烘烤作业无人监视等
（3）违章熬炼。超温、沸溢、熬炼物不合规定，投料有差错等

4 吸烟

乱扔未熄灭的烟头、火柴杆或在禁止吸烟处违章吸烟

5 自燃

物品受热自燃，植物堆垛受潮自燃，煤堆自燃，化学活性物质遇空气及遇水自燃，氧化性物质与还原性物质混合自燃等

6 自然原因

雷击起火等

图8-4　引起火灾的原因

3. 火灾的防范

（1）消防安全宣传

企业应通过消防知识宣传来提高员工的安全意识。具体可以设置消防知识宣传栏、张贴消防禁止标志等。

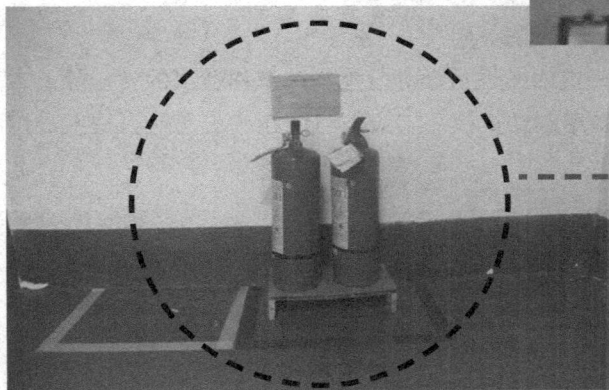

（2）配备灭火器材

企业应配备灭火器材，如灭火器等，并用线圈起来定位放置，严禁位置被占用。

（3）消防安全巡查

消防巡查应定期展开：各岗位应每天一次，并填写"每日消防巡查（夜查）记录表"；各班组应每周一次，并填写"每周消防巡查情况记录表"；各部门应每月一次，并填写"每月消防巡查情况记录表"。

巡查人员要重视做好灭火器材的检查工作，并做好记录，如"灭火器检查表"。

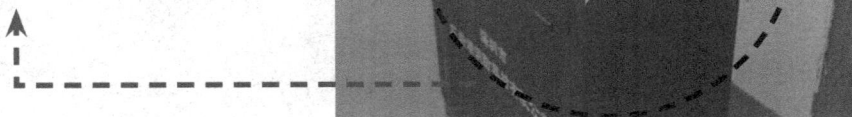

（3）火灾隐患整改

发现能当场整改的火灾隐患时，作业人员应填写"部门火灾隐患限期整改通知单"并及时上报主管负责人，然后记录存档。

（4）加强现场用火安全管理

① 严格执行动火审批制度。确需动火作业时，作业人员应按规定向部门主管申请"动火证"。

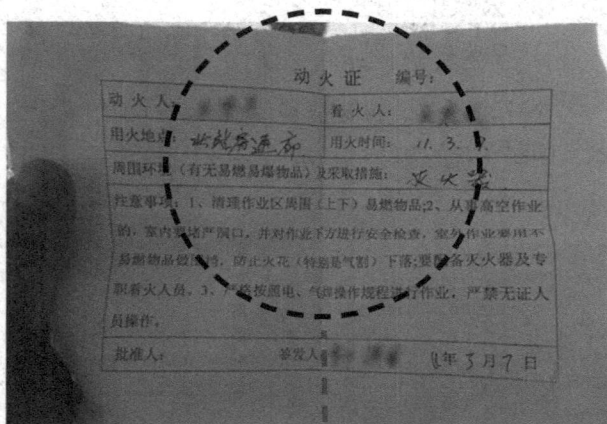

② 作业前应清除动火点附近区域范围内的易燃易爆等危险物品或作适当的安全隔离，并取用适当种类、数量的灭火器材随时备用；结束作业后应即时归还灭火器材，若有动用应如实报告。

请注意

如属在作业点就地动火作业，应按规定向作业点所在部门的经理级（含）以上主管人员提出申请，申请部门需派人现场监督。离地面2米以上的高架动火作业，必须保证有一人在下方专职负责随时扑灭可能引燃其他物品的火花。

4. 火灾报警

报警是指当火灾发生时，通过电话、手动报警、自动报警等方式进行火灾警报的措施。报警的方法包括电话报警（119），手动报警（按钮报警、击破报警）和自动报警（烟感报警、温感报警）。电话报警的要领如下所示。

（1）沉着镇定，不要打错电话，延误处理时间。

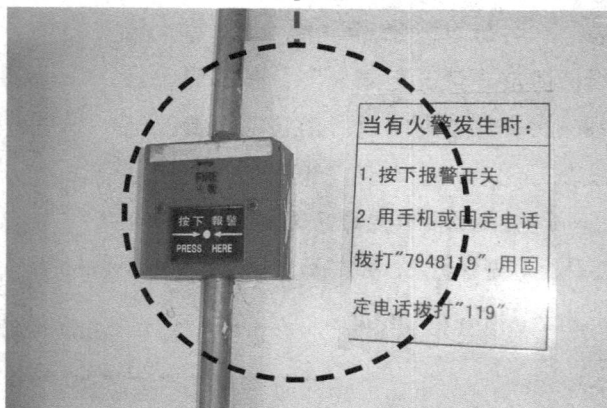

当有火警发生时：
1. 按下报警开关
2. 用手机或固定电话拨打"7948119"，用固定电话拨打"119"

（2）讲清失火现场的名称、地址。如××单位、靠近什么路口和标志。

（3）准确报出起火部位、火势大小、有无人员被困以及报警人的姓名和电话号码，以便及时联系。

（4）报警后，应立即派人在路口等候消防队到来。

5．灭火的方法

灭火的方法包括冷却法、窒息法、隔离法和抑制法等。

（1）隔离法：就是把火和可燃物隔离开。

（2）冷却法：是常用的灭火方法，它是使燃烧物的温度降低到燃烧点以下。

（3）窒息法：是指将燃烧物与空气（或是其他助燃物质）隔绝，使燃烧缺乏足够的助燃物而熄灭。

（4）抑制法：采用化学灭火法，将化学灭火剂喷射到燃烧物上，使其参与燃烧反应，使燃烧终止，达到灭火目的。常用的有二氧化碳和干粉灭火器。

6．灭火器的使用

灭火器是一种轻便、易用的消防器材。灭火器的种类较多，有二氧化碳灭火器、泡沫灭火器、干粉灭火器、"1211"灭火器以及酸碱灭火器等。使用最广泛的是干粉灭火器，其使用方法如下所示。

（1）干粉灭火器若是外挂储压式的，操作者应一手紧握喷枪，另一手提起储气瓶上的开启提环；如果储气瓶的开启是手轮式的，则向逆时针方向旋开，并旋到最高位置，随即提起灭火器。

（2）干粉灭火器若是内置式储气瓶的或者是储压式的，操作者应先将开启把上的保险销拔下，然后握住喷射软管前端喷嘴部，另一只手将开启压把压下，打开灭火器进行灭火。

（3）在进行灭火时，应对准火焰根部扫射。

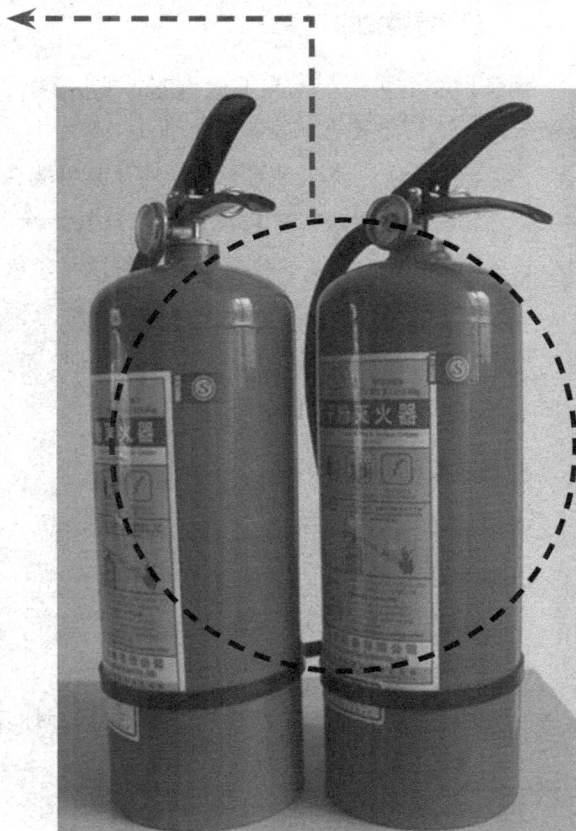

（4）为灭火器设置安全区域，区域内禁止存放其他物品。

7. 消火栓的使用

在使用消火栓时，应先打开消火栓门，再按下内部火警按钮。按钮主要用于报警和启动消防泵。使用时需要人员共同配合：一人接好枪头和水带奔向起火点，另一人则接好水带和阀门口，再打开阀门使水喷出。

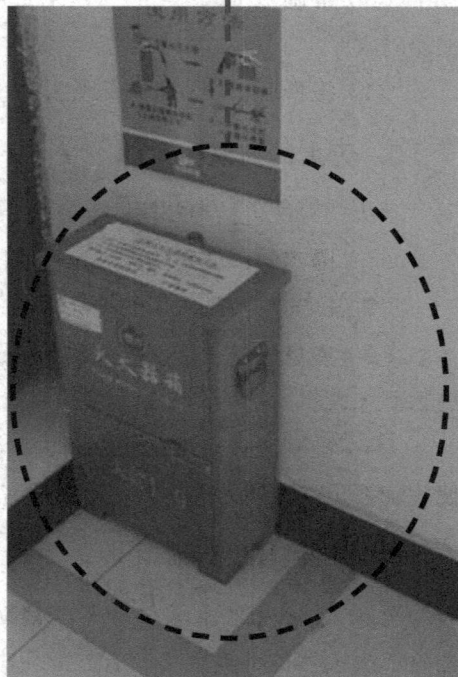

要点08：现场安全应急预案管理

为了避免因突发事故而造成慌乱，企业必须做好应急预案，以便及时、合理地处理安全事故。

1. 应急预案的定义

根据国际劳工组织发布的《重大工业事故预防公约》，应急预案的定义如下所示。

（1）基于某一处发现的潜在事故及其可能造成的影响所形成的一个正式书面预案。该预案描述了在现场和场外如何处理事故及其影响。

（2）重大危险设施的应急预案应包括对紧急情况的处理规范。

（3）应急预案由现场应急预案和场外应急预案两部分组成。

（4）企业应确保应急预案符合国家法律规定的标准要求，不应把应急预案作为在生产现场维持良好标准的替代措施。

2. 应急预案的依据——危险评估

要制定应急预案，企业必须做好危险评估工作，即对潜在事故进行分析。潜在事故分析应指明以下几点内容。

（1）可能发生的最严重事故。

（2）导致最严重事故的原因。

（3）非严重事故可能发展为严重事故的时间间隔。

（4）解决非严重事故需要的条件。

（5）事故相关的可能性。

（6）每一个事故的后果。

如果有必要，应从供应商处索取危险物质的危害性质说明。

3．现场应急预案

（1）现场应急预案制定的依据

①现场应急预案应由企业负责制定。

②预案制定的依据为危险评估，即事故后果分析，包括对潜在事故的描述、对泄漏物质数量的预测、对泄漏物质扩散的计算及有害效应的评估。

（2）现场应急预案的基本内容

①潜在事故的性质、规模及影响范围。

②事故报警和通信联络的步骤和方法。

③与政府及各紧急救援服务机构的联系。

④现场事故主要管理者（总指挥）及其他现场管理者的职权。

⑤应急控制中心的地点和组织。

⑥事故现场人员的撤离步骤。

⑦非事故现场但其影响范围内人员的行动原则。

⑧设施关闭程序。

⑨节假日等特殊情况的安排。

4．现场应急预案的注意事项

（1）每一个危险设施都应有一个现场应急预案。

（2）现场应急预案由企业负责制定并实施，但必须符合国家法律法规的要求，尤其是安全生产监督管理总局颁布的《生产安全事故应急预案管理办法》。

（3）企业负责人应确保应急所需的各种资源（人、财、物）及时到位。

（4）企业应做好应急预案的宣传工作，定期组织讲座，使员工熟知。

（5）企业应定期演习应急预案。

（6）确保现场人员和应急服务机构熟知应急预案。

（7）根据企业内外部情况的变化，对应急预案进行评估和修改。

5. 应急预案的评估与修订

（1）在制定预案和演练的过程中，企业应让熟悉设施的作业人员包括相应的安全小组成员一起参与。

（2）企业应让所有熟悉设施的作业人员参加应急预案的演习和操练；与设施无关的人，例如高级应急官员、政府监察员也应作为观察员监督整个演练过程。

（3）每一次演练后，企业都应核对该预案是否被全面检查并找出缺点。

（4）企业应在必要时修改应急预案，以适应现场设施和危险物的变化。

（5）这些修改应让所有与应急预案有关的人员知道。

以下是一份可供参考的应急预案范本。

【参考范本】××有限公司安全生产事故应急预案

××有限公司安全生产事故应急预案

1. 目的

为了预防和控制潜在的事故或紧急情况，作出应急准备和响应，最大限度地减少可能产生的事故后果，特制定本预案。

2. 适用范围

本预案适用于公司内有可能发生的工伤事故火灾、危险品泄漏、爆炸事故以及特殊的气候（如台风、暴雨洪水等）等紧急情况。

3. 权责

（1）管理中心负责制定重大事故的应急计划。

（2）管理中心负责定期对消防队进行安全防火技能培训和组织消防演习以及发生火灾时的组织救护工作。

（3）管理中心负责与消防、医疗等单位联系。

（4）应急指挥中心负责在遭受台风袭击或发生洪水灾害时组织抢险工作。

（5）厂长应负责应急现场的统一指挥和调度工作。

4. 定义。

（略）。

5. 作业规定

（1）应急准备

①公司成立应急指挥中心，由厂长担任应急指挥中心最高负责人，由管理者担任副组长。指挥中心应下设抢救组、疏散组、支持组、救护组等。

②事故易发生部门(车间、班组)成立应急队并落实应急措施。

③每年举行一次应急演习，验证应急计划和应急措施。

④管理中心负责健全镇消防队、医院等单位以及公司各相关部门、管理人员、关键技术人员的通信联络表，并与消防队、环保局、安全生产局等保持联络，以获取环保、安全及卫生方面的相关信息。

（2）应急响应

①事故发生后紧急响应流程图

（略）。

②火灾/危险品泄漏事故。

a. 火灾/危险品泄漏发生时，发现人员应迅速将此信息传递给管理中心和应急指挥中心，同时采取措施控制事故扩大；管理中心联络各部门及消防队立即赶赴现场组织救灾。

b. 若火势不能控制，应急指挥中心应立即通知消防队。报警时必须讲明起火地点、火势大小、起火物资、公司电话号码等详细情况，并派人到路口接警。

c. 管理中心负责组织人员将受伤者转送医院或通知医院赶赴现场进行紧急救护。

d. 其他管理人员应参与协助现场的指挥、救护、通信、车辆的使用等调度工作。

③工伤事故发生时。

a. 各生产车间如果发生工伤事故，最接近伤害者的同事或干部应立即向部门主管及应急指挥中心反映，进行紧急救护及处理，并立即反映给管理中心进行后续处理。

b. 如属重大工伤事故者，管理中心应立即安排车辆送医院进行紧急治疗，并通知管理者代表进行后续处理。

④自然灾害发生时。

a. 自然灾害指水灾、地震、飓风等不可抗拒的灾害。

b. 如果碰到可以预知的自然灾害（飓风、水灾等），管理中心主管应事前做好预防通知与准备。

c. 自然灾害发生时，管理中心主管应组织救灾工作，并立即通知管理者代表进行后续工作。

（3）纠正与完善

事故发生后，管理中心应组织人员对事故发生的原因进行分析，并填写《事故调查与处理报告》。针对导致意外事故的原因，如异常作业、操作人员缺乏培训等，由责任部门采取纠正措施，交管理者代表确认后予以实施。

6．支持性文件

（略）。

7．相关记录

（1）"通信联络表"。

（2）《事故调查与处理报告》。

要点09：现场安全事故的处理

即使企业的安全措施等做得很到位，但是安全事故还是时有发生。这时，对于事故的调查处理就显得很关键。

1．安全事故的分类

员工伤亡事故的性质按与生产的关系程度分为因工伤亡和非因工伤亡两类。按工伤事故的伤害程度不同，工伤事故可分为轻伤事故、重伤事故和死亡事故。

（1）轻伤事故

指员工受伤后歇工一个工作日（含一个工作日）以下的事故。

（2）重伤事故

重伤事故需要经过医生诊断，其内容具体如图8-5所示。

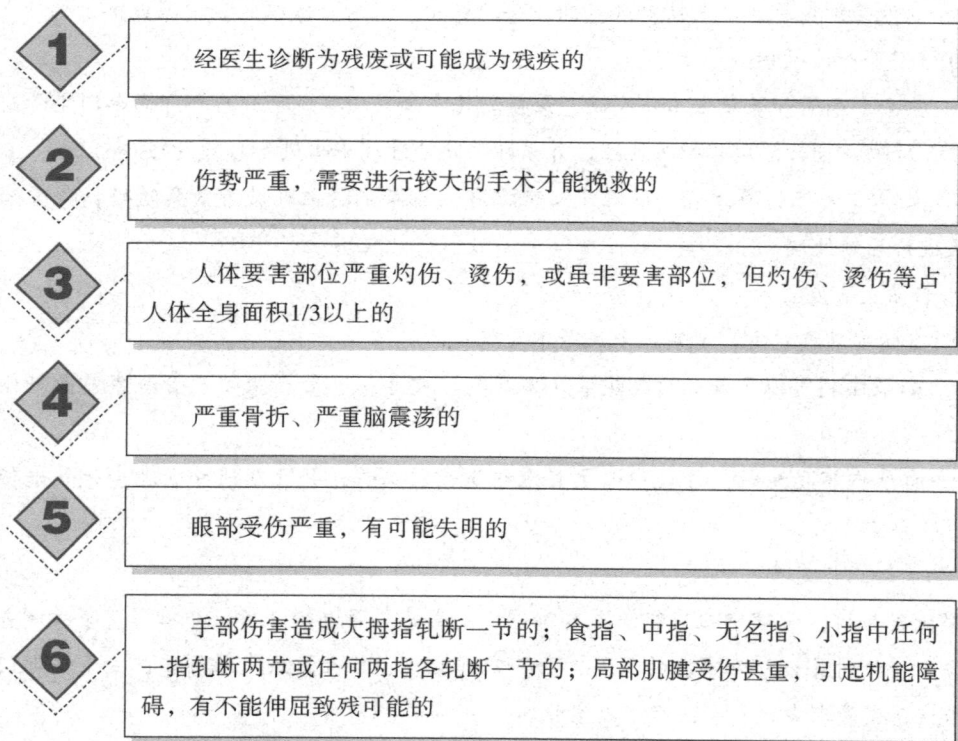

1 经医生诊断为残废或可能成为残疾的

2 伤势严重，需要进行较大的手术才能挽救的

3 人体要害部位严重灼伤、烫伤，或虽非要害部位，但灼伤、烫伤等占人体全身面积1/3以上的

4 严重骨折、严重脑震荡的

5 眼部受伤严重，有可能失明的

6 手部伤害造成大拇指轧断一节的；食指、中指、无名指、小指中任何一指轧断两节或任何两指各轧断一节的；局部肌腱受伤甚重，引起机能障碍，有不能伸屈致残可能的

7 脚趾轧断三只以上的；局部肌腱受伤甚重，引起机能障碍，有不能行走自如致残可能的

8 内脏损伤、内出血或伤及腹膜等的

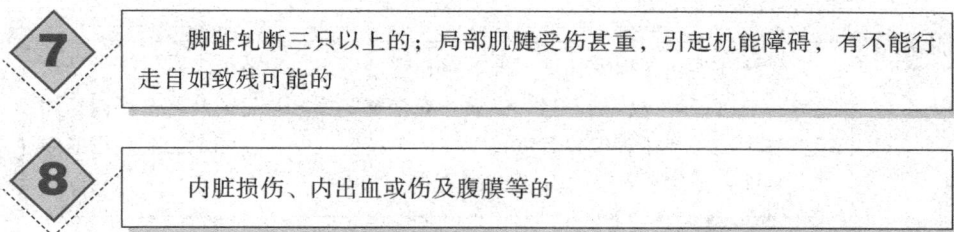

图8-5 重伤事故认定

（3）死亡事故

①重大伤亡事故，即一次事故中死亡1～2人的事故。

②特大伤亡事故，即一次事故中死亡3人及其以上的事故。

2. 工伤事故发生的原因

工伤事故发生的原因如图8-6所示。

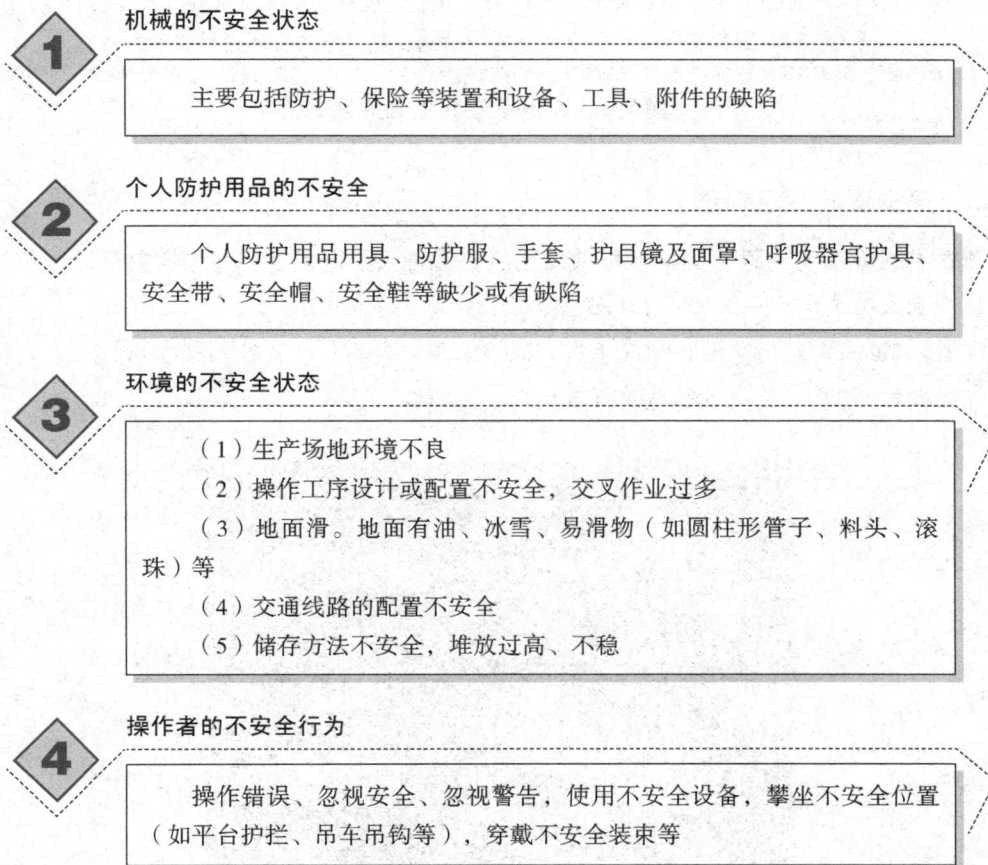

1 机械的不安全状态

主要包括防护、保险等装置和设备、工具、附件的缺陷

2 个人防护用品的不安全

个人防护用品用具、防护服、手套、护目镜及面罩、呼吸器官护具、安全带、安全帽、安全鞋等缺少或有缺陷

3 环境的不安全状态

（1）生产场地环境不良

（2）操作工序设计或配置不安全，交叉作业过多

（3）地面滑。地面有油、冰雪、易滑物（如圆柱形管子、料头、滚珠）等

（4）交通线路的配置不安全

（5）储存方法不安全，堆放过高、不稳

4 操作者的不安全行为

操作错误、忽视安全、忽视警告，使用不安全设备，攀坐不安全位置（如平台护拦、吊车吊钩等），穿戴不安全装束等

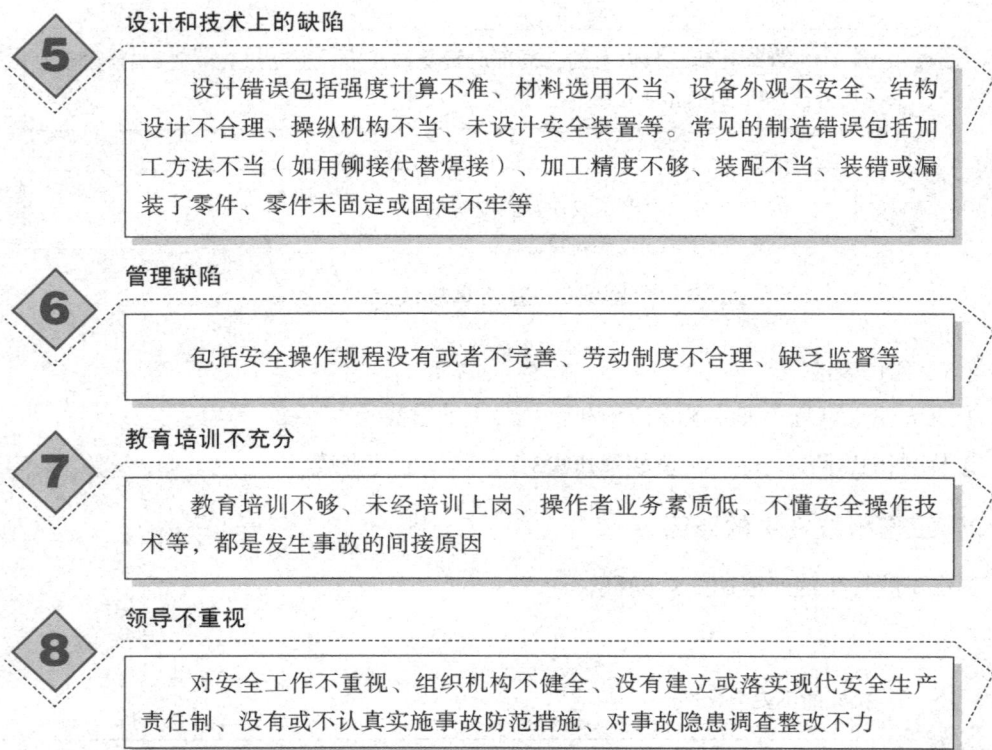

5 设计和技术上的缺陷

设计错误包括强度计算不准、材料选用不当、设备外观不安全、结构设计不合理、操纵机构不当、未设计安全装置等。常见的制造错误包括加工方法不当（如用铆接代替焊接）、加工精度不够、装配不当、装错或漏装了零件、零件未固定或固定不牢等

6 管理缺陷

包括安全操作规程没有或者不完善、劳动制度不合理、缺乏监督等

7 教育培训不充分

教育培训不够、未经培训上岗、操作者业务素质低、不懂安全操作技术等，都是发生事故的间接原因

8 领导不重视

对安全工作不重视、组织机构不健全、没有建立或落实现代安全生产责任制、没有或不认真实施事故防范措施、对事故隐患调查整改不力

图8-6　工伤事故发生的原因

3．安全事故紧急处理

事故往往具有突然性，因此在事故发生后要保持头脑清醒，切勿惊慌失措，以免扩大生产损失和人员伤亡。一般按以下顺序处理。

（1）切断有关动力来源，如气（汽）源、电源、火源、水源等。

（2）救出伤亡人员，到紧急集合点集合。

（3）大致估计事故的原因及影响范围。

（4）及时呼唤援助，同时尽快移走易燃、易爆和剧毒等物品，防止事故扩大，减少损失。

（5）采取灭火、防爆、导流、降温等紧急措施，尽快终止事故。

（6）及时救助伤员。生产现场应设置专用的急救箱。

（7）事故被终止后，要保护好现场，以供调查分析。

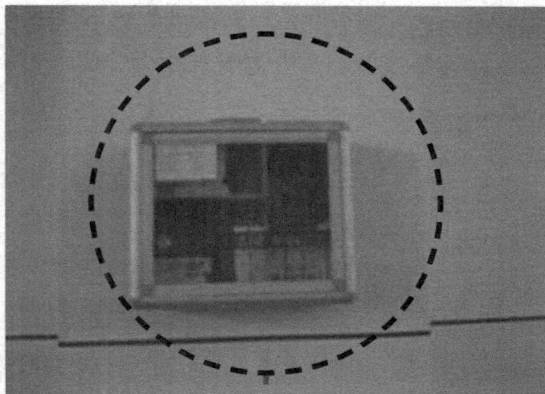

4. 事故处理程序与原则

（1）发生工伤时，负伤人员或最先发现的人应立即报告直接管理人员，并按图8-7所示的工伤反应流程处置。

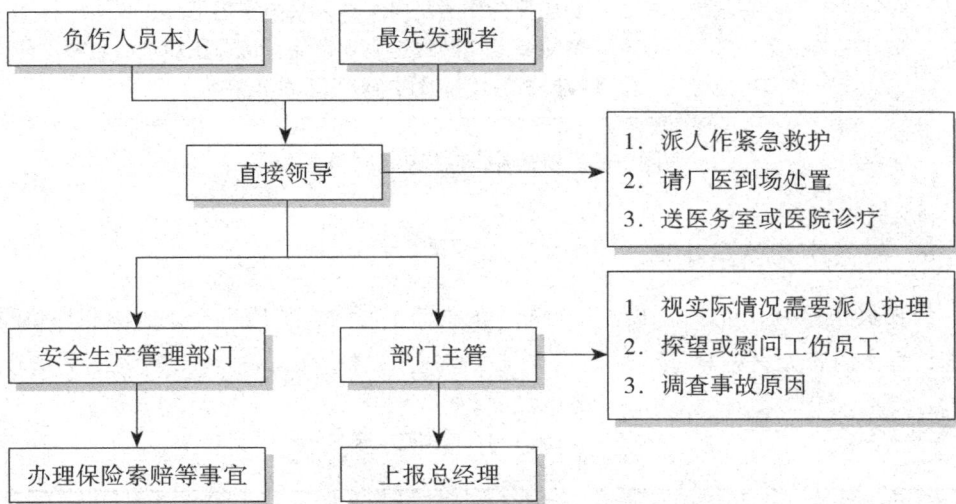

图8-7 工伤事故处理流程

（2）发生工伤事故后，必须保护好现场，以利调查研究。

（3）要坚持"三不放过的原则"。

①事故原因分析不清不放过。

②事故责任者或员工没有受到教育不放过。

③没有制定出防范措施不放过。

5. 事故中伤员转送时注意事项

事故中伤员转送时注意事项具体如图8-8所示。

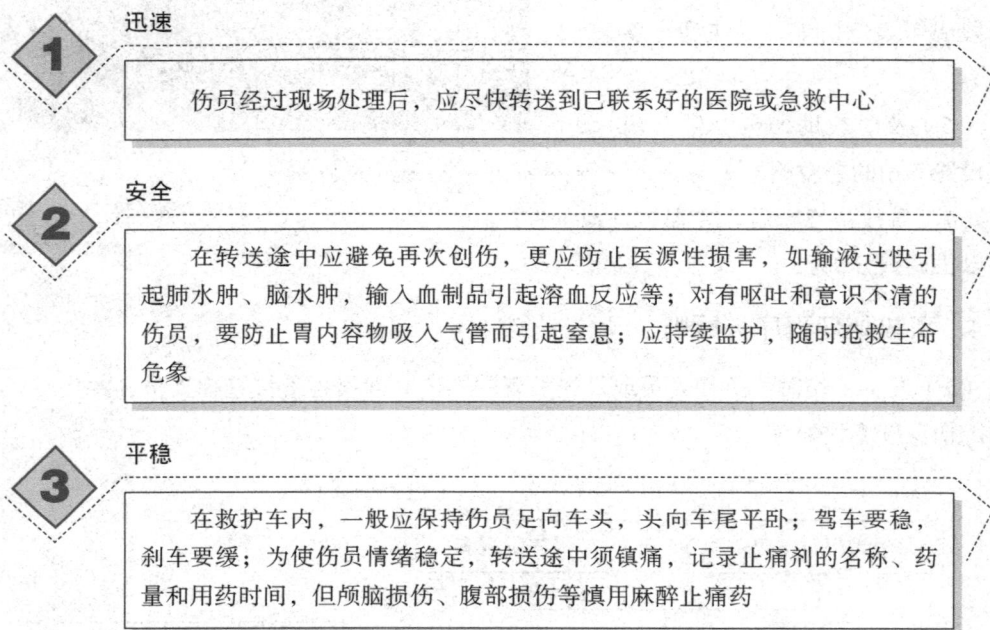

1 迅速

伤员经过现场处理后，应尽快转送到已联系好的医院或急救中心

2 安全

在转送途中应避免再次创伤，更应防止医源性损害，如输液过快引起肺水肿、脑水肿，输入血制品引起溶血反应等；对有呕吐和意识不清的伤员，要防止胃内容物吸入气管而引起窒息；应持续监护，随时抢救生命危象

3 平稳

在救护车内，一般应保持伤员足向车头，头向车尾平卧；驾车要稳，刹车要缓；为使伤员情绪稳定，转送途中须镇痛，记录止痛剂的名称、药量和用药时间，但颅脑损伤、腹部损伤等慎用麻醉止痛药

图8-8　事故中伤员转送时注意事项

6. 事故中为伤员止血

为伤员止血时，可采用压迫止血法、止血带止血法、加压包扎止血法和加垫屈肢止血法等，具体内容如表8-4所示。

表8-4　止血方法

序号	止血方法	适用对象	具体操作方法
1	压迫止血法	适用于头、颈、四肢动脉大血管出血的临时止血	当一个人负伤以后，只要立刻用手指或手掌用力压紧靠近心脏一端的动脉跳动处，并把血管压紧在骨头上，就能很快取得临时止血的效果

（续表）

序号	止血方法	适用对象	具体操作方法
2	止血带止血法	适用于四肢大血管出血，尤其是动脉出血	用止血带（一般用橡皮管，也可以用纱布、毛巾、布带或绳子等代替）绕肢体绑扎打结固定，或在结内（或结下）穿一根短木棍，转动此棍，绞紧止血带，直到不流血为止，然后把棒固定在肢体上。在绑扎和绞止血带时，不要过紧或过松，过紧会造成皮肤和神经损伤，过松则起不到止血的作用
3	加压包扎止血法	适用于小血管和毛细血管的止血	先用消毒纱布（如果没有消毒纱布，也可用干净的毛巾）敷在伤口上，再加上棉花团或纱布卷，然后用绷带紧紧包扎，以达到止血的目的。假如伤肢有骨折，还要另加夹板固定
4	加垫屈肢止血法	多用于小臂和小腿的止血	在肘窝或膝窝内放入棉垫或布垫，然后使关节弯曲到最大限度，再用绷带将前臂与上臂（或小腿与大腿）固定。假如伤肢有骨折，必须先用夹板固定

请注意

在日常工作中，企业应加强对员工的培训，使其掌握必要的止血方法，以便发生紧急情况时能迅速处理。

6．安全事故的调查

（1）收集物证

①现场物证包括破损部件、破片、残留物。

②将在现场收集到的所有物件贴上标签，注明地点、时间和现场负责人。

③所有物件应保持原样，不准冲洗、擦拭。

④对具有危害性的物品，应采取不损坏原始证据的安全防护措施。

（2）记录相关材料

①发生事故的部门、地点和时间。

②受害人和肇事者的姓名、性别、年龄、文化程度、技术等级、工龄和工资待遇。

③受害人和肇事者的工作时间、工作内容、工作量、作业程序、操作动作（或位置）。

④受害人和肇事者过去的事故记录。

（3）收集事故背景材料

①事故发生前设备、设施等的性能和维修保养状况。

②使用何种材料，必要时可以进行物理性能或化学性能实验与分析。

③有关设计和工艺方面的技术文件、工作指令和规章制度及执行情况。

④工作环境状况，包括照明、温度、湿度、通风、噪声、色彩度、道路状况以及工作环境中有毒、有害物质取样分析记录。

⑤个人防护措施状况，其有效性、质量如何，使用是否规范。

⑥出事前受害人或肇事者的健康状况。

⑦其他可能与事故致因有关的细节或因素。

（4）收集目击者材料

要尽快从目击者那里收集材料，并认真考证其口述材料的真实程度。

（5）拍摄事故现场

①拍摄事故残骸和受害人的所有照片。

②拍摄容易被清除或被践踏的痕迹，如刹车痕迹、地面和建筑物的伤痕、火灾引起的损害、下落物的空间等。

③拍摄事故现场全貌。

（7）撰写事故报告

经过以上步骤，要及时撰写事故报告，对事故发生的具体情况进行准确描述。

学习笔记

通过学习本章内容，想必您已经掌握了不少学习心得，请仔细填写下来，以便继续巩固学习。如果您在学习中遇到了一些难点，也请如实写下来，方便今后重复学习，彻底解决这些难点。

同时本章列举了大量实景图片，与具体的文本内容互为参照和补充，方便您边学边用，请如实填写您的运用计划，以使工作与学习相结合。

我的学习心得：

1. _____
2. _____
3. _____
4. _____
5. _____

我的学习难点：

1. _____
2. _____
3. _____
4. _____
5. _____

我的运用计划：

1. _____
2. _____
3. _____
4. _____
5. _____

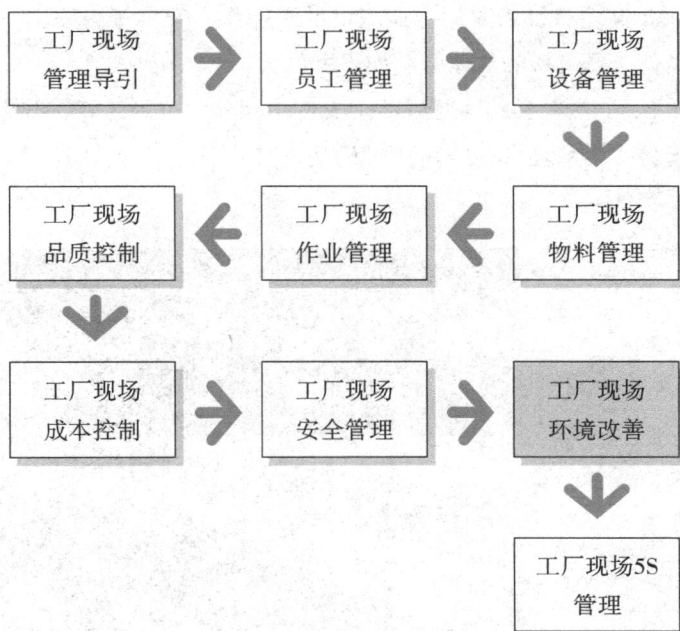

第9章

工厂现场环境改善

导视图

工厂现场
管理导引
→
工厂现场
员工管理
→
工厂现场
设备管理

工厂现场
品质控制
←
工厂现场
作业管理
←
工厂现场
物料管理

工厂现场
成本控制
→
工厂现场
安全管理
→
工厂现场
环境改善

工厂现场5S
管理

········· • 关键指引 ·······

对现场作业环境进行管理是为了创造一个良好的、安全的作业环境，保证班组作业人员在作业环境中，既能按时保质、保量地完成任务，又能在连续的工作中无疲劳感，并且在长期工作中，作业环境对人体健康无任何不良影响。

要点01：现场设备布局管理

设备布局是指按工艺流程、安全和卫生的要求合理地安排生产设备。生产设备的布置，首先要满足工艺流程的要求，其次要满足安全与卫生的要求。

在布置生产设备时，企业应以便于操作、安全等为原则，必须确保各设备之间有足够的空间。布置设备的具体要求如下所示。

（1）生产设备的间距以活动机件达到最大范围计算，其中小型设备与中型设备的间距不小于1米，大型设备之间的间距不小于2米。

（2）生产设备与生产现场的墙、柱之间的距离要合适，同样按活动机件的最大范围计算，小型或中型生产设备与墙柱的间距不小于0.8米，大型生产设备不小于0.9米。

（3）小型生产设备的操作空间不小于0.6米，中型生产设备的操作空间不小于0.8米，大型生产设备的操作空间不小于1.1米。

（4）布置大型设备时，应考虑操作时原料、半成品、成品和废料的摆放，同时还要考虑到操作人员的动作不影响他人，因此，必须留有宽敞的通道和充足的出料空间。

（5）产生强烈噪声的设备如不能采取减噪措施，则应布置在离生产现场较远的地方，同时需要注意不得影响其他公司的办公环境。

（6）生产现场中高于2米的运输线必须用防护网或防护罩进行保护。若使用防护网，则其网格的大小应能阻止所运输的物件坠入地面，运输线的始终两端应有防护栏的保护，其高度不得低于1米。

要点02：现场工位器具、工件、材料的摆放

1. 定义

（1）工位器具

工位器具是企业在生产现场（一般指生产线）或仓库中用以存放生产对象或工具的各种装置。工位器具用于盛装各种零部件、原材料等，满足现场生产需要，方便员工操作。辅助性器具是生产过程中每一个环节所不能缺少的。

219

（2）工件

工件是指设备加工中的加工对象。它可以是单个零件，也可以是固定在一起的几个零件的组合体。

（3）材料

材料是指企业用于制造产品、器件、构件、机器或其他产品的物品。

2．摆放要求

工位器具、工件、材料的摆放要求为如下所示。

（1）工位器具、工件、材料的摆放必须按照操作顺序摆放，禁止乱摆、乱放。

（2）生产所用的工位器具、模具、夹具、量具等必须放到指定的地方，并做好标示，防止混乱与坠落伤人。

3．存量标准

生产用原材料必须限量放入生产现场，以免造成地方拥挤或其他事故。其存放量的具体标准如下所示。

（1）白班不超过加工额的1.5倍，夜班不超过加工额的2倍。

（2）大件原材料必须按照额度领取，禁止超过当班的生产额度。

4．码放要求

在生产现场码放各种物品时不得超高，一般的码放高度不允许超过2.5米（物品单位超高除外），高度与宽度的比例不超过2∶1；易滚动的物品要有垫块进行固定。堆垛的底部要牢靠，垛与垛之间的间距要合理，便

> **请注意**
>
> 生产人员首先要明确生产现场中有哪些工位器具、工件、材料及其摆放要求，并严格按要求来摆放。

于吊装和搬运；工位旁的待检板放在一个固定的框里。

要点03：现场工作地面改善

工作地面是指作业场所的地面。工作地面的改善应做好以下工作。

（1）车间各部分工作地面（包括通道）必须平整，并经常保持整洁。地面必须坚固，能承受规定的荷重。

（2）合理规划生产现场的工作地面，用不同颜色的线将生产现场的工作地面科学划分为不同的区域。有些企业用黄线或白线划分区域，但是安全通道必须以绿色、醒目的标志标示出来。

（3）生产现场所划定的各区域间距要合理，其中人行通道不得小于1米，车行道（主要指叉车、推车等）不得小于2米，成品车间货车行道不得小于3米。

（4）布置生产现场时必须保证各通道的畅通，任何人不得以任何理由挤占、挪用通道，违者将按相关规定进行教育和惩处。

（5）生产现场中因生产需要所设置的坑、沟、壕等必须有足够支撑力的物品覆盖或设有防护栏，夜间必须有照明，以防止发生安全事故。

（6）产品生产过程中出现的垃圾、废料、废水、废油等必须设置专门的垃圾箱予以存放，并及时处理，不得将此类废品带入下一道工序。

（7）生产现场的人行道或空地应保持平坦，不得有障碍物。若有，则应该设置醒目的警示标志或安放防护栏。

（8）员工工作附近的地面上，不允许存放与生产无关的障碍物，不允许有黄油、油液和水存在。经常有液体的地面，要设置排泄系统。

（9）大型设备的基础部分应有液体储存器，以收集由管路泄漏的液体。储存器可以专门制作，也可以与基础底部连成一体，形成坑或槽。储存器底部应有一定坡度，以便排除废液。

（10）车间工作地面必须防滑。设备基础或地坑的盖板，必须是花纹钢板或在平地板上焊以防滑筋。

要点04：现场噪声传播控制

噪声是指能够使人烦躁或由于音量过强而危害人体健康的声音。

1. 充分认识噪声的危害

噪声是企业生产和运输中最常见的污染因素，强度超过130dB就会伤害人的机体和耳朵。按国家规定，工厂的噪声不能超过75dB，在人晚上睡觉的时候，住宅周围的环境噪声不能超过35dB。人若长期受85dB～90dB甚至90dB以上的噪声侵袭，其听力就会受损，容易患上心血管、神经性疾病。

2．控制噪声的传播

（1）生产中噪声排放比较大的设备应尽量设置在离工作操纵点或人员集中点比较远的地方。

（2）对于无法布置比较远的、排放噪声比较大的设备，应在设备上安装隔音机罩或设置隔音间，阻断噪声向外排放。

（3）对有隔音间进行隔音的设备，应做好隔音间的密封工作，随时关闭隔音门与隔音窗，确保将噪声与员工隔离开来。

（4）若因工作需要，员工必须到噪声比较大的地方进行操作时，应佩戴好耳塞、耳罩、防声帽等劳动防护用品，否则后果由员工自身承担。生产现场应张贴类似提示，以便员工及时注意到。

（5）现场管理人员在安排生产任务时，应尽量减少员工在噪声环境中的暴露时间，以减轻噪声对员工身体的伤害。

要点05：现场光照度控制

光照度也叫勒克斯度（lux），是指被摄主体表面单位面积上受到的光通量。1勒克斯相当于1流明/平方米，即被摄主体每平方米的面积上，受距离1米、发光强度为1烛光的光源垂直照射的光通量。

作业现场的光照度要求包括以下几个方面。

（1）车间工作空间应有良好的光照度，一般工作面不应低于50勒克斯。

（2）采用天然光照明时，不允许太阳光直接照射工作空间，但为保证生产现场的光照度，可以适当透光。

（3）采用人工照明时，不得干扰光电保护装置，并应防止产生频闪效应。除安全灯和指示灯外，不应采用有色光源照明。

（4）在室内光照度不足的情况下，应采用局部照明。

① 局部照明光源的色调，应与整体光源相一致。

② 局部照明的均匀度：工作点最大为1：5，工作地最大为1：3。工作地是指工作位置及其周围的场地，泛指车间地面。

③局部照明的亮度对比：冲压件（冲模工作面）与压力机底部的比为3：1，压力机与周围环境的比为10：1，灯光与周围环境为20：1。

（5）与采光的照明无关的发光体（如电弧焊、气焊光及燃烧火焰等）不得直接或经反射进入操作人员的视野。

（6）需要在设备基础内工作（如检修等）时，应装设照明装置。

（7）局部照明应用36V的安全电压。

（8）照明器必须经常擦洗和保持清洁。

要点06：现场温度控制

温度是工作现场最重要的条件之一，工作设施内应该有合适的温度。最合适的温度应根据当地的气候条件、季节、工作类型和工作强度而定。

（1）在作业环境中，要具有良好的通风设备，保持适宜的温度、湿度和空气新鲜度，这样能使人感到舒适。

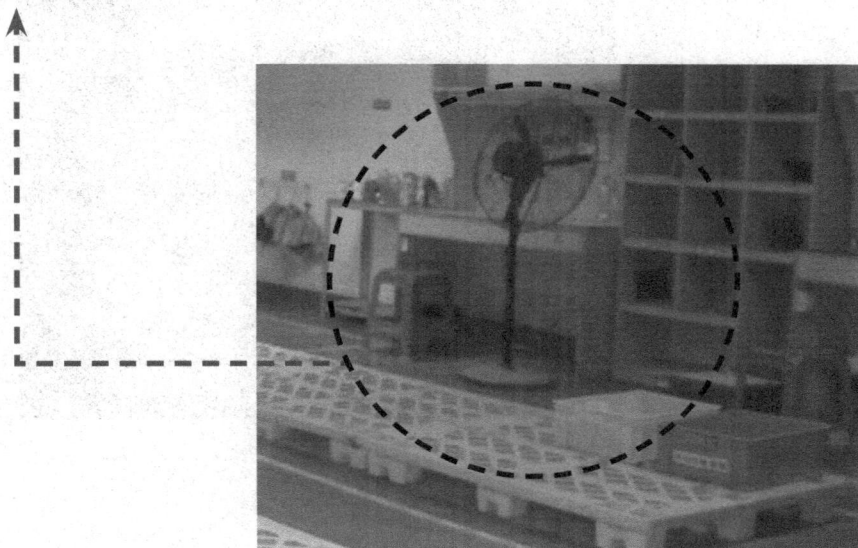

（2）对于一般强度的坐姿工作，在20℃～25℃时作业人员的生产效率最高。如果达不到合适的温度，员工的生产效率就会下降。有条件的企业要做好隔热和防寒的措施，采取适当方式以减少外部热空气和冷空气侵入对生产的不利影响。

（3）室内应设置温湿度监控装置，如温度计，一旦发现温度超出范围，就应当予以调整。

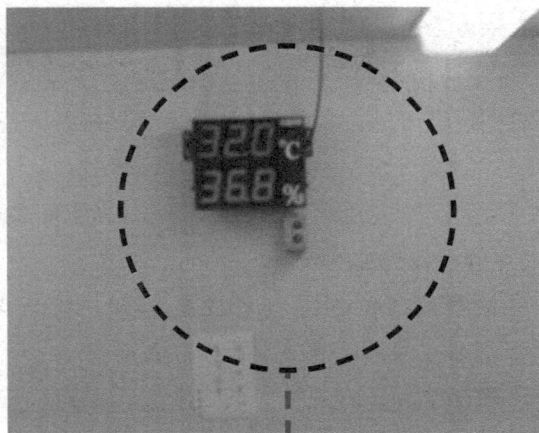

要点07：现场洁净度控制

洁净度是指洁净空气中空气含尘（包括微生物）量的多少。有些工作现场，如洁净区、无尘房等必须非常干净，如一些光学仪器、精密电子产品和特殊化学物质生产，对环境的要求特别高，甚至要求是无尘房间。

1．洁净区的环境卫生要求

洁净区的环境卫生要达到如下要求。

（1）门、窗、各种管道、灯具、风口及其他公用设施、墙壁与地面交界处等应保持洁净、无浮尘。

（2）地漏干净、经常消毒，并保持液封状态，盖严上盖。

（3）洗手池、工具清洗池等设施，里外应保持洁净，无浮尘、垢斑和水迹。

（4）传递窗（室）在不工作时，要关闭双门，工作时至少要关闭一扇门。

（5）限制进入洁净区的人数，进入洁净室的人员仅限于该区域的生产操作人员，管理人员及经车间主任批准的人员。

（6）洁净室内操作时，动作要稳、轻、少，不做与操作无关的动作及不必要的交谈。

（7）洁净室内无与生产无关的物品。

（8）清洁工具及时清洗干净，并置于洁净区、洁具间规定的位置，不能和非洁净区的清洁工具混洗混用，消毒剂要定期交替使用。

（9）文件、文具等须经洁净处理才能进入洁净室。

（10）洁净室不得安排三班生产，每天应留足够的时间用于清洁及消毒。

2．人员进入洁净区的程序

（1）用手拧开换鞋室门，坐在门口的横凳上，面对门外，用手取出放在背对一侧横凳下鞋架内的洁净区工作鞋，整齐轻放于背后；将一般生产区工鞋脱去，坐着转身180°，穿上洁净区工作鞋；侧身将一般生产区的鞋整齐地放入横凳下规定的鞋架上（整个过程双脚不能着地）。穿净化鞋时，鞋跟一定要拔上，不能踩在脚跟下面。

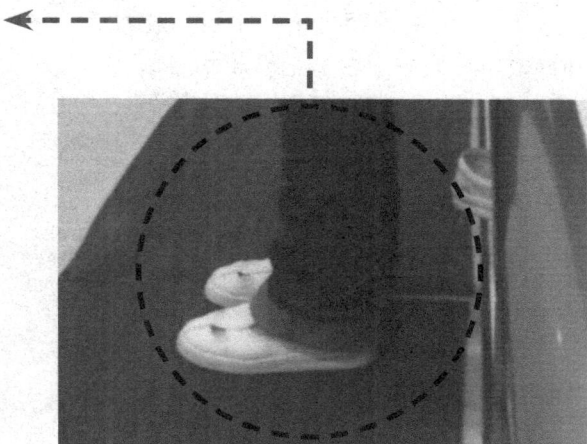

（2）由当班现场管理人员按"洁净区人员出入记录表"要求内容填写后，方能进入一更衣室。

（3）用手打开一更衣室柜门，脱去外衣、工作帽连同私人物品，放入更衣柜内，关柜门。更衣室门口应贴有提示性的标示牌。

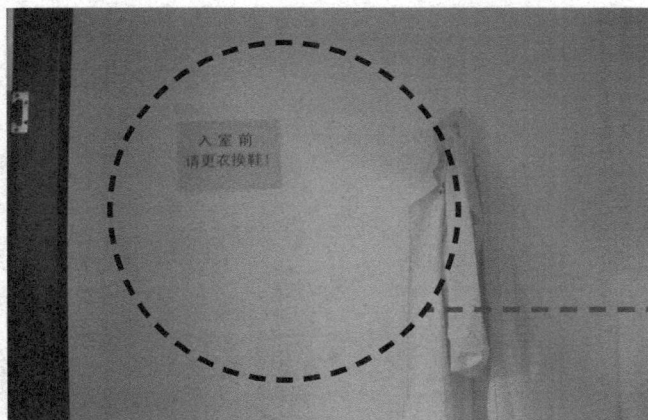

（4）洗手：走到洗手池旁，将双手掌伸入水盆上方自动洗手器下方的位置，让水冲洗双手掌及至腕上5厘米处，手触摸自动给皂器，两手相互摩擦，使手心、手背、手腕上5厘米处的皮肤均匀充满泡沫，摩擦约10秒钟。

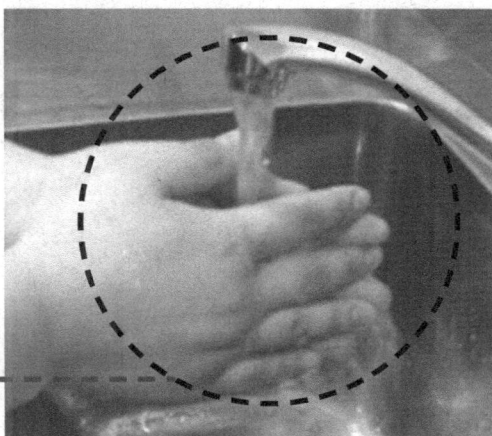

（5）伸双手至自动洗手器，让水冲洗双手，双手上下移动，相互摩擦、冲洗至无滑腻感为止，再翻动双掌，至清洗干净为止。

（6）伸手到电热烘手机下约8~10厘米处，烘干为止。

（7）穿戴洁净的衣服。

①用手肘拧开二更衣室门，进入内更衣室，在洁净工作服架内取出自己工号的洁净工作服袋。

②取出连体洁净工作服穿上。

③戴口罩，口罩要罩住口和鼻。

④从前向后戴上工作帽，并把头发全部包住。

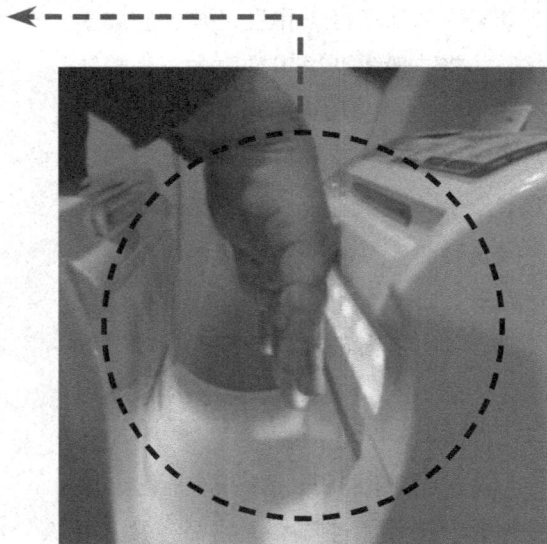

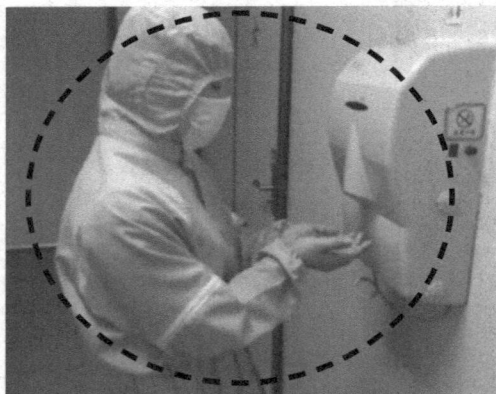

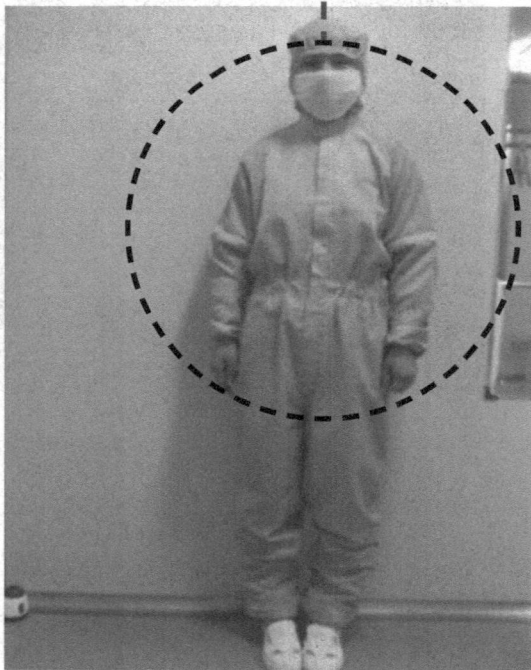

（8）消毒手部

用手打开缓冲室门，在自动酒精喷雾器前伸出双手喷均匀双手（或用1‰新洁尔灭消毒液浸泡约5分钟）进行手消毒（两种消毒剂交替使用，每月更换一次）。消毒完毕，站立片刻后，再进入洁净区。

（9）在洁净区内，注意保持手的清洁，不能再接触与工作无关的物品，不得裸手直接接触产品。

（10）洁净区内，动作要稳、轻、少，不做与操作无关的动作及不必要的交谈。

3. 员工进出洁净区的程序

（1）进入时，员工用手拧开缓冲室门，从缓冲室经内更衣室进入外一更衣室，脱下洁净区工作服，放进有状态标志的桶内，盖好盖子，并穿上自己工号的一般生产区工作服。

（2）离开时，员工应用手拧开换鞋室门，背朝门外，脱下洁净区工鞋，放进规定鞋架内，注意此时脚不落地，转身180°，穿上一般生产区工作鞋，将一次性口罩等杂物放入垃圾桶。此时，由当班现场管理人员填写"洁净区人员出入记录表"，填写完毕后再出洁净区。

4. 物料进出洁净区的程序

（1）物料从一般生产区进入洁净区时，必须经物净系统（包括缓冲室和传递窗）在缓冲室脱去外包装，若不能脱去外包装的，应对外包装进行吸尘等洁净处理后，经有出入门联锁的气闸室或传递窗（柜）进入洁净区，并按"洁净区物料出入记录表"要求填写相关内容。

（2）物料进入洁净区内后，将其整齐码放于规定位置并挂上状态标示牌。

要点08：现场工位控制

现场工位控制最重要的一点就是符合人机工程学。人机工程学是研究"人——环境"系统中人、机和环境三大要素之间的关系，为解决系统中人的效能、健康问题提供理论与方法的科学。

人机工程学研究在设计人机系统时应考虑人的特性和能力，以及人受机器、作业和环境条件的限制。设计人机系统时，要把人和机器作为一个整体来考虑，合理地或最优地分配人和机器的功能，保证系统在环境变动下达到要求的目标。

作业现场工位控制的具体要求如下所示。

（1）工位结构和各部分组成应符合人机工程学、生理学的要求和工作特点。

（2）工位应使操作人员能舒适地坐或立，或坐立交替在设备旁进行操作。不允许剪切机操作人员坐着工作。

（3）坐着工作时，一般应符合以下要求。

①工作座椅结构必须牢固，坐下时双脚能够着地，座椅的高度为40～43厘米，高度可

调整并具有止动装置。

②设备工作台下面应有放脚空间，其高度不小于60厘米，深度不小于40厘米，宽度不小于50厘米，同时可以设置专门用来放脚的"鞋位"，方便员工放入双脚。

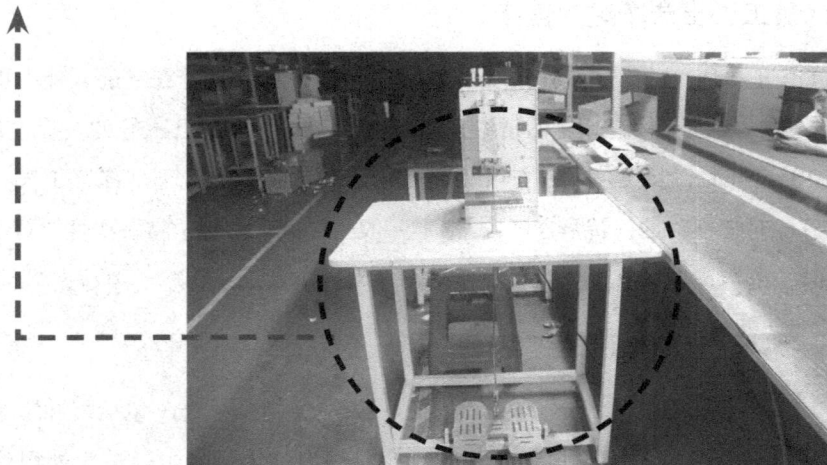

③设备的操纵按钮离地高度应为70~110厘米，如操作人员位置离工作台边缘只有30厘米，按钮高度可为50厘米。

④工作面的高度应为70~75厘米，当工作面高度超过这一数值而又不可调时，应垫以脚踏板。脚踏板应能随高度调整，其宽度不应小于30厘米，长度不应小于40厘米，表面应能防滑，前缘应有高1厘米的挡板。座位下若放有脚凳，员工坐着时工作就更舒服了。

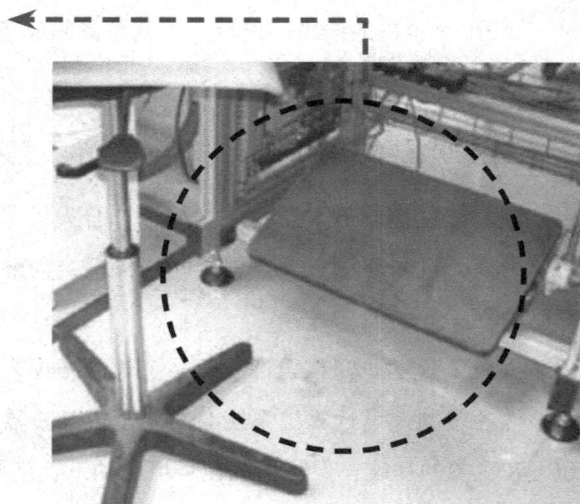

（4）站立工作时，应符合以下要求。

①设备的操纵按钮离地高度为80~150厘米，距离操作人员的位置最远为60厘米。

②为便于操作人员尽可能靠近工作台，设备下部应有一个深度不小于15厘米、高度为15厘米、宽度不小于53厘米的放脚空间。

③工作面高度应为93~98厘米。

学习笔记

通过学习本章内容，想必您已经掌握了不少学习心得，请仔细填写下来，以便继续巩固学习。如果您在学习中遇到了一些难点，也请如实写下来，方便今后重复学习，彻底解决这些难点。

同时本章列举了大量实景图片，与具体的文本内容互为参照和补充，方便您边学边用，请如实填写您的运用计划，以使工作与学习相结合。

我的学习心得：

1. _____
2. _____
3. _____
4. _____
5. _____

我的学习难点：

1. _____
2. _____
3. _____
4. _____
5. _____

我的运用计划：

1. _____
2. _____
3. _____
4. _____
5. _____

第10章

工厂现场5S管理

导视图

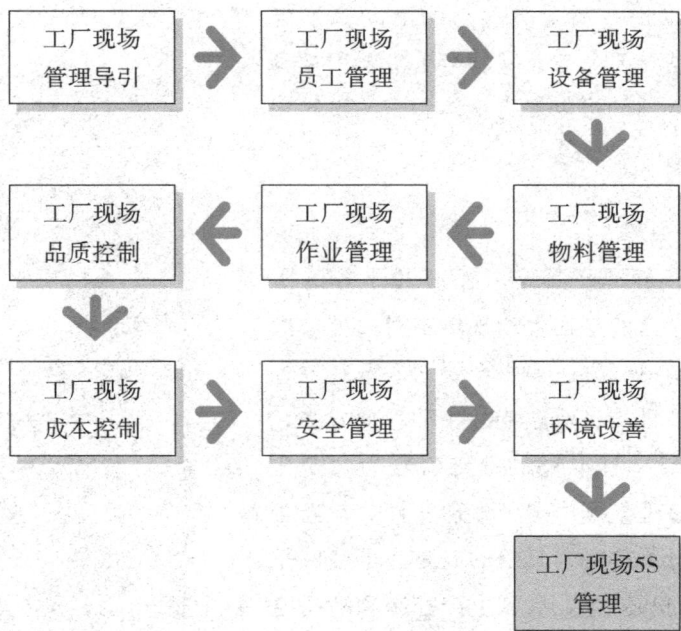

工厂现场
管理导引 → 工厂现场
员工管理 → 工厂现场
设备管理

工厂现场
品质控制 ← 工厂现场
作业管理 ← 工厂现场
物料管理

工厂现场
成本控制 → 工厂现场
安全管理 → 工厂现场
环境改善

工厂现场5S
管理

········· **天键指引** ·········

5S管理是在生产现场中对机器、人员、设备、物料等生产要素进行有效管理的一种管理方法，具体是指整理、整顿、清扫、清洁和素养。5S管理是促使现场规范化的重要手段，现场各级人员应当积极推行5S活动，通过5S活动使现场保持干净整洁，并来提高工作效率。

要点01：了解5S

5S是一项全员参与的活动，不仅企业领导要参与，基层员工也要积极参与。5S活动可以提高全体员工的素质和企业生产效率。

1. 5S的起源

5S起源于日本，已有几十年的历史，它指的是在生产现场中对人员、机器、物料、方法等生产要素进行有效管理，是日式企业独特的一种管理方法。1955年，日本5S的宣传口号为"安全始于整理整顿，终于整理整顿"，当时只推行了前2S，其目的只是为了确保作业空间和安全，后因生产控制和品质控制的需要，而逐步提出后续3S，即"清扫、清洁、素养"，从而其应用空间及适用范围进一步拓展。

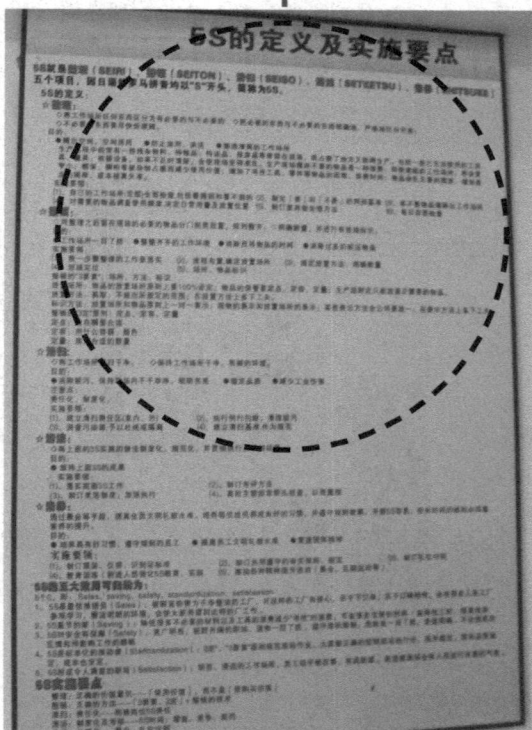

1986年，首部5S著作问世，从而对整个日本现场管理模式起到了冲击作用，并由此掀起了5S热潮，并逐渐在世界范围内流行开来。

2. 5S的定义

5S指的是整理（SEIRI）、整顿（SEITON）、清扫（SEISO）、清洁（SEIKETSU）和修养（SHITSUKE），具体内容如表10-1所示。

表10-1　5S的定义

中文	日文拼音	定义	目的
整理	Seiri	清理物品，明确判断要与不要；不要的物品坚决丢弃	作业现场没有放置任何妨碍工作或有碍观瞻的物品
整顿	Seiton	将整理好的物品明确地规划、定位，并加以标示	可以快速、正确、安全地取得所需要的物品
清扫	Seiso	经常清洁打扫，保持干净、明亮的环境	工作场所没有垃圾、污物、尘垢
清洁	Seiketsu	维持以上3S工作，使其规范化、标准化	拥有整洁干净、明亮清爽的工作环境
修养	Shitsuke	自觉遵守纪律和规则	养成讲礼仪、有道德、自觉遵守纪律等习惯

3. 推行5S的目的

开展5S活动可以达到以下目的，具体内容如图10-1所示。

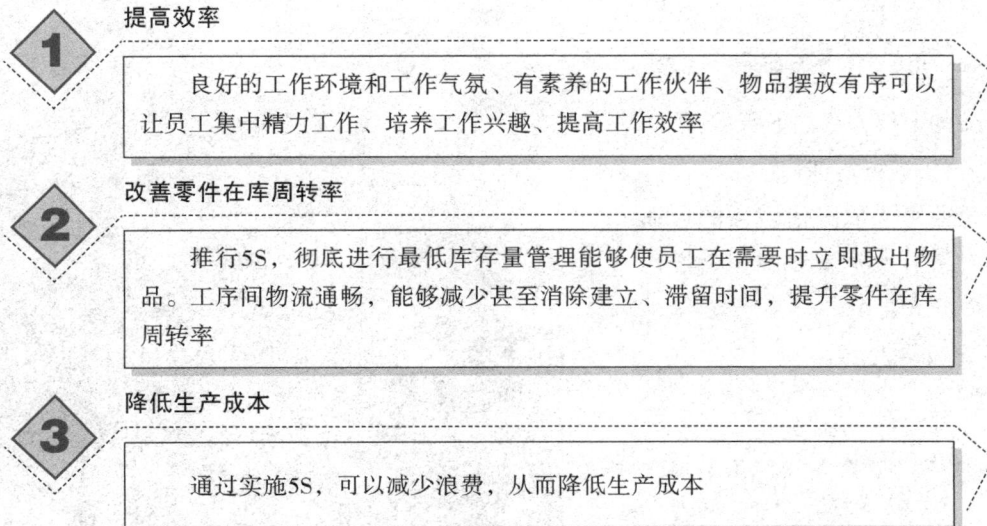

1　提高效率

良好的工作环境和工作气氛、有素养的工作伙伴、物品摆放有序可以让员工集中精力工作、培养工作兴趣、提高工作效率

2　改善零件在库周转率

推行5S，彻底进行最低库存量管理能够使员工在需要时立即取出物品。工序间物流通畅，能够减少甚至消除建立、滞留时间，提升零件在库周转率

3　降低生产成本

通过实施5S，可以减少浪费，从而降低生产成本

4 缩短作业周期，确保交货期

由于实施了"一目了然"的管理，使异常现象明显化，减少了人员、设备、时间的浪费，提高了作业效率，缩短了作业周期，从而确保了交货期

5 减少甚至消除故障，保障品质

通过经常性的清扫、点检，不断净化工作环境，能避免污物损坏机器、维持设备的高效率、提高生产品质

6 保障工厂的生产安全

实行5S管理的工厂舒适、宽敞、流程顺畅，极少发生意外事件；作业者如果遵守作业标准，就不会发生工作伤害；5S活动强调危险预知训练，能使每个人有危险预知能力，从而确保安全

7 提高服务水平

优质服务是赢得客源的重要手段。5S提高了员工的综合素质，可以让客户感到方便和放心，提高客户的满意度

8 改善员工精神面貌

干净整洁、温馨舒适的工作环境也能给员工以信心，使员工工作得更加舒畅，更有成就感和满足感，这有利于吸引和留住优秀的人才，避免人才流失

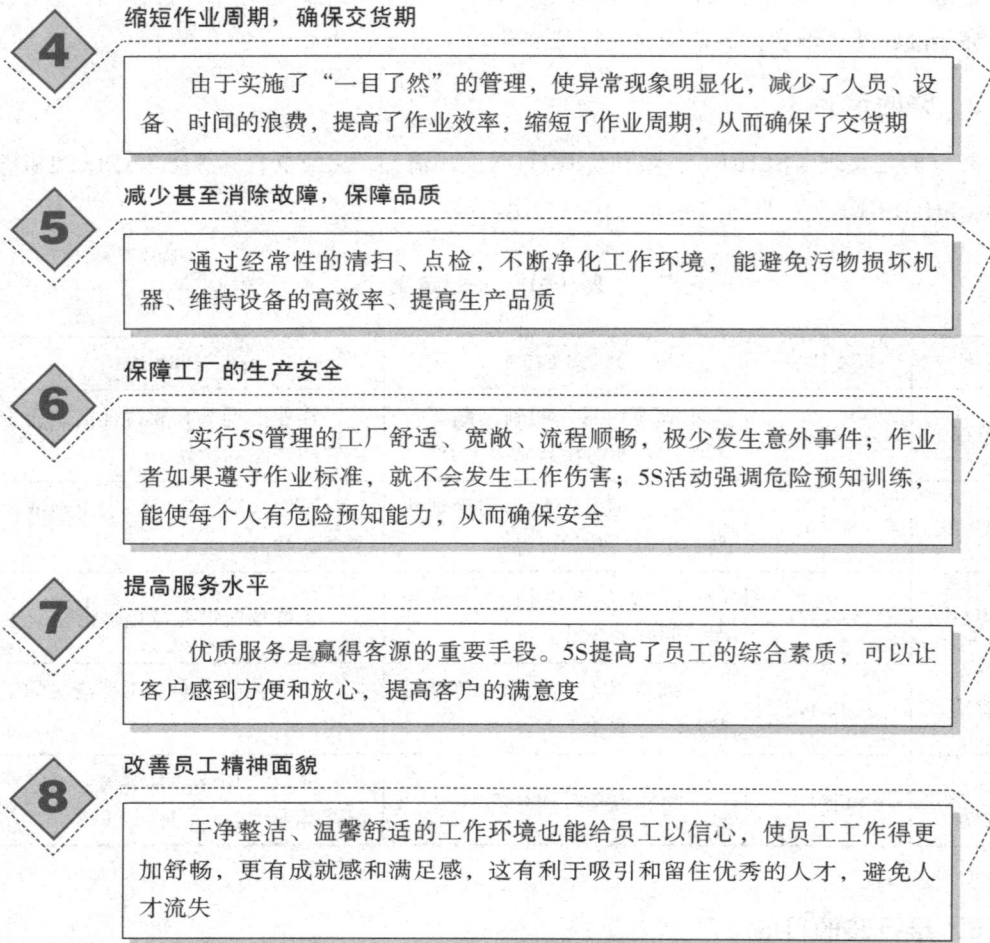

图10-1　推行5S的目的

4．5S的推行方法

5S的推行方法如下所示。

（1）进行培训

企业可采取灵活多样的培训方式对所有员工就5S知识、推动方式进行培训。

（2）列入考核

企业除了要对员工进行培训之外，考核也相当重要。虽然考核会增加员工的压力，但同时也会使员工树立认真学习5S的积极态度。考核的方法可以根据不同的人和需要，通过问答、试题、现场操作等多种方式来进行。

（3）贴海报和标语

企业可以外购或自行制作一些宣传海报，张挂在工作现场，使刻板的工作环境变得轻松、充满活力；让员工对5S概念耳濡目染，起到潜移默化的作用，增强活动的气氛，体现企业文化。

（4）召开誓师大会

在全面推行与实施5S活动前，企业高层领导者应召集全体员工举行誓师大会，表明推行5S的决心。

（5）设置5S专栏

通过设置5S专栏，对5S活动进行良好的推广。

要点02：现场5S管理——整理

整理是指将事物理出一个条理来，使事物的处理简单化，将工作场所中的物品、机器设备清楚地区分为需要品与不需要品，对于需要品加以妥善保管，对于不需要品则进行相应的处理。

1. 整理的准备工作

整理的准备工作如下所示。

（1）做好教育工作

有些员工会打着整理的借口，趁机大肆更新一番；有些平时对企业不满的员工就会毫不犹豫地把要与不要的物品全部扔掉，造成意想不到的浪费，因为他们总认为"反正企业不是我的"，所以在整理之前务必做好教育工作。

（2）进行定点拍摄

在整理的准备过程中，可通过拍摄的方式把现状拍摄下来，待整理活动推行后，作为活动推行的一个前后对比或阶段对比，可利用一些改善看板或成果分享方式，让所有员工知道改善的进度和成果，大大增强员工们对整理活动的推行信心。

（3）制定整理的标准

"全部都有用，全部不能扔"是5S推行的一大阻力，有些员工认为物品不管存放多久，终有一天会用到的，所以他们常把这些不要物品留下，完全违背了5S的原则。其实无用物品的摆放所造成的浪费远远大于它们潜在的利用价值，所以必须把看得到和看不到的物品进行全面、彻底的整理。

企业应制定一份"要与不要的判别基准"，让员工清楚知道哪些是"真正需要"，哪些是"确实不要"，具体内容如表10-2所示。

表10-2　要与不要的判别基准

序号	类别	判别基准
1	真正需要	（1）能正常使用的机器设备、电气装置 （2）工作台、板凳和材料架 （3）台车、推车、拖车和堆高机 （4）能正常使用的工装夹具、尚有使用价值的消耗用品 （5）原材料、半成品、成品和样本 （6）栈板、图框、防尘用具、还可继续使用的办公用品和文具 （7）使用中的清洁工具、用品 （8）各种使用中的海报、看板 （9）有用的文件资料、表单记录和书报杂志 （10）其他必要的私人用品

（续表）

序号	类别		判别基准
2	确实不要	地板上	（1）废纸、杂物、油污、灰尘和烟蒂 （2）不能或不再使用的机器设备和工装夹具 （3）不再使用的办公用品 （4）破烂的栈板、图框、塑料箱、纸箱和垃圾桶 （5）呆料、滞料和过期物品
		工作台和架子上	（1）过时的文件资料、表单记录、书报和杂志 （2）多余的材料，损坏的工具、样品 （3）私人用品、损坏的压台玻璃和破椅垫
		墙壁上	（1）过期和陈旧的海报和看板 （2）破烂的信箱、意见箱和指示牌 （3）过时的挂历、损坏的时钟和没用的挂钉
		天花板上	（1）不再使用的各种管线、吊扇和挂具 （2）陈旧无效的指导书和工装图

2．实施整理活动

（1）现场检查

对工作现场进行全面检查，包括看得见和看不见的地方，特别是不引人注意的地方，例如设备的内部、桌子底部、文件柜的顶部等位置。

（2）区分必需品和非必需品

当现场物品混放在一起，各种工具乱放在盒子内时，区分必需品和清除非必需品非常重要。首先要判断出物品的重要性，然后根据其使用频率决定管理方法。在清除非必需品时，则应用恰当的方法进行保管，便于寻找和使用。

①必需品。必需品是指经常使用的物品，如果没有存货就必须购入替代品，否则会影响正常工作，但即使是必需品也不可保存太多。

②非必需品。非必需品可分为两种：一种是使用周期较长的物品，另一种是对目前的生产或工作无任何作用的、需要报废的物品。

> **请注意**
>
> 非必需品并不都是废品，因此，不能都一扔了事，而应当区别对待，因为现在的非必需品可能是以后的必需品。

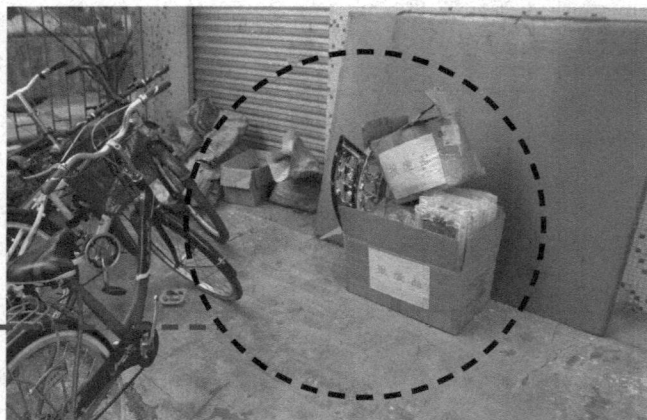

（3）清理非必需品

清理非必需品时，需把握的原则是看物品现在有没有"使用价值"，而不是原来的"购买价值"，同时要注意以下几点。

①在进行清理前，首先考虑为什么要清理以及如何清理，并制定进行清理的日期和规则；在清理前要预先明确现场需放置的物品；区分要保留的物品和不需要保留的物品，并向员工说明保留物品的理由；划定保留物品的安置地点。

②对暂时不需要保留的物品进行清理时，如不能确定今后是否还会有用，可根据实际情况来决定一个保留期限，先暂时保留一段时间，等过了保留期限后，再将其清理出现场。

（4）处理非必需品

①如果该物品有使用价值，但可能涉及专利或企业商业机密，则应按企业的具体规定进行处理；如果该物品只是一般废弃物，在经过分类后可将其出售。

②如果该物品没有使用价值，可根据企业的具体情况进行折价出售，或作为培训、教育员工的工具。

要点03：现场5S管理——整顿

整顿是指将整理后所留下来的必需品或所腾出来的空间作一个整体性的规划，其目的是提高取用和放回物品的效率。

1．分析现状

员工在取放物品时通常会花费很多时间，追根究底有以下几个原因。

（1）不知道物品存放在哪里。

（2）不知道要取的物品叫什么。

（3）物品存放的地点太远。

（4）存放的地点太分散，物品太多，难以找到。

（5）不知道需要物品是否已用完，或者别人正在使用。

以上原因归纳起来说，就是对于现状没有进行分析，所以在日常工作中必须对必需物品的名称、物品的分类、物品的放置等情况进行规范化的调查分析，找出问题所在，对症下药。在进行分析时，需要从物品的名称、分类、放置这几个方面进行规范化。

2．物品分类

在整顿时，企业要根据物品各自的特征对其进行分类，把具有相同特点或具有相同性质的物品划分到同一个类别，同时制定标准和规范，确定物品的名称并做好物品名称的标示。

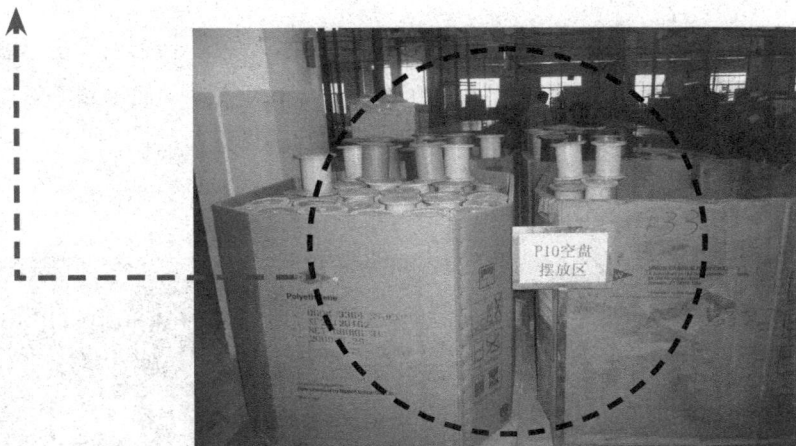

3．决定放置场所

在整顿的过程中，应对物品的放置场所进行事先确定。在整顿初期，对整理后所腾出的货架、橱柜、场所等空间进行重新规划，将最常用的东西放在离身边最近的地方，不常用的东西可另换位置存放。对于场所的区分，可使用不同颜色的油漆和胶带来加以明确，如白色代表半成品，绿色代表合格品，红色代表不合格品。

在明确场所时应注意以下事项。

（1）通过画线等明确区分通
道和作业区域。

（2）考虑搬运的灵活性。

（3）及时处理不要的物品。

（4）不良品箱或不良品区域
要明显，如用红色的线进行警示。

（5）油、甲苯等不能放于有
火花作业的场所。危险物、有机
物等应放在特定场所保管。

（6）堆高时要限制高度。物
品堆放高度超过一定安全限度时，
则一般应放于易取用的墙边。

（7）有时将物品放在定位线外是无法避免的，这就需要贴上"暂放"标志，标志上要
标明暂放理由、放至何时等信息。

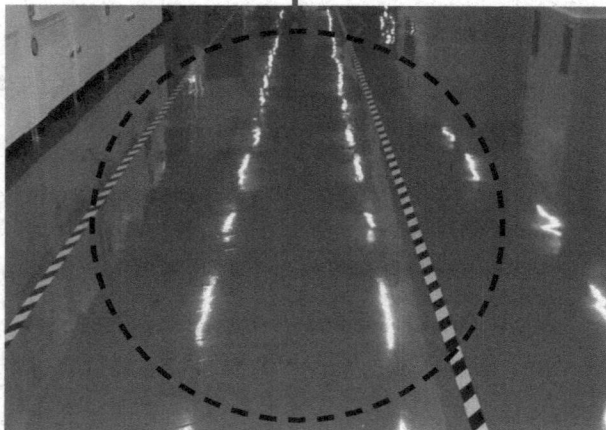

4．确定放置方法

企业应明确物品的放置方法，这是整顿工作中的一个重要内容。物品放置方法必须以
符合容易拿取的原则为基础。

物品的放置方法一般有放在架子上、箱子里、塑胶篮中、袋子里及进行悬挂放置等。
决定放置方法时要考虑物品的用途、功能、形态、大小、重量、使用频率等因素，尤其要
注意取用和放置的方便。在明确放置方法时要注意以下问题。

（1）放置时，尽可能便于物
品的"先进先出"。

（2）尽量利用架子，立体发
展，提高空间利用率。

（3）同类物品应集中放置。

（4）长条型物品横放，或束
紧竖放。

（5）危险场所应覆盖，或用栅栏隔离。

（6）单一或少数不同物品避免集中放置，应个别分开定位。

（7）架子、柜子要明显易见，并做好标示。

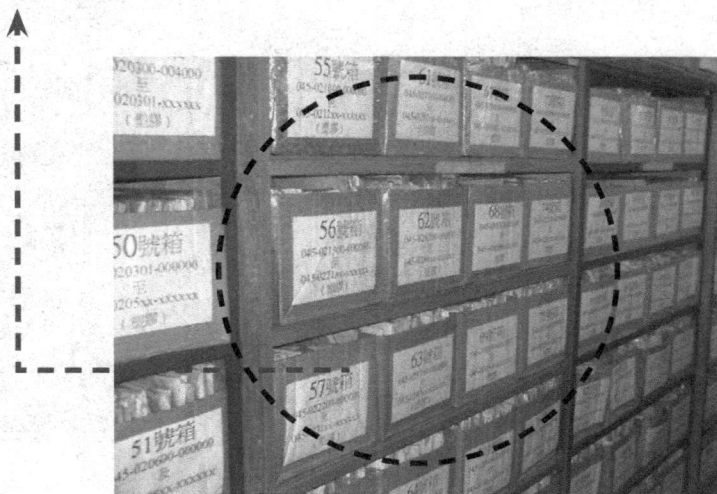

（8）清扫工具以悬挂的方式放置。

5．物品的定位放置

企业应根据物品的储存场所和存放方法，将物品放在该放的地方，不要造成物品的放位不当或东零西落。同时要注意对现场的各定置要求进行检查，看是否都有明确的规定并且要按规定进一步具体地实施对物品的放置。

6．做好标示

标示是整顿的最终动作。明显、清楚的标示能起到方便沟通、减少出错、提高效率的重要作用。整顿的宗旨就是要以最少的时间和精力，创造最高效率、最高的工作质量和最安全的工作环境。

其中物品名称和存放场所一定要标示清楚，这样才能让每个人随时都知道要用的东西在哪里。如果物品正在使用，也应该清楚标明使用者及使用场所，以便紧急使用时能快速找到。

> **请注意**
>
> 要做好整顿工作，就必须注意统一标志的规格大小。经过整顿后，物品摆放位置要相对合理、固定，并便于取用和放回。

7．仓库的整顿要领

仓库的整顿也要以定位、定量、定容来进行，遵循以下原则：该不要的就不要；能放多少放多少；定量事先要测量；安全一定要保证。仓库整顿工作的要点具体如下所示。

243

（1）定位

①物料及成品分区放置。

②设置仓库总看板，使相关人员对现况能够一目了然。

③定位搬运工具，以便减少寻找时间。

④严守仓库的门禁和发放时间。

（2）定量

①相同的物品，在包装方式和数量上应尽量一致。

②设定标准的量具来取量。

③设定最高限量基准。

（3）定容

各种物料、成品的规格不一，因此要使用不同的容器来装载。装载同类物品的容器的大小应尽量相同，不然，大小不一的容器不仅显得不整齐，同时也会浪费空间。此外，容器的规格必须考虑搬动的方便与否。

8．设备的整顿要领

（1）设备的整顿方法

①全格法

全格法是指依物体的形状，将物品用线条框起来。如小型空压机、台车、铲车的定位，一般用黄线或白线将其所在区域框起来。

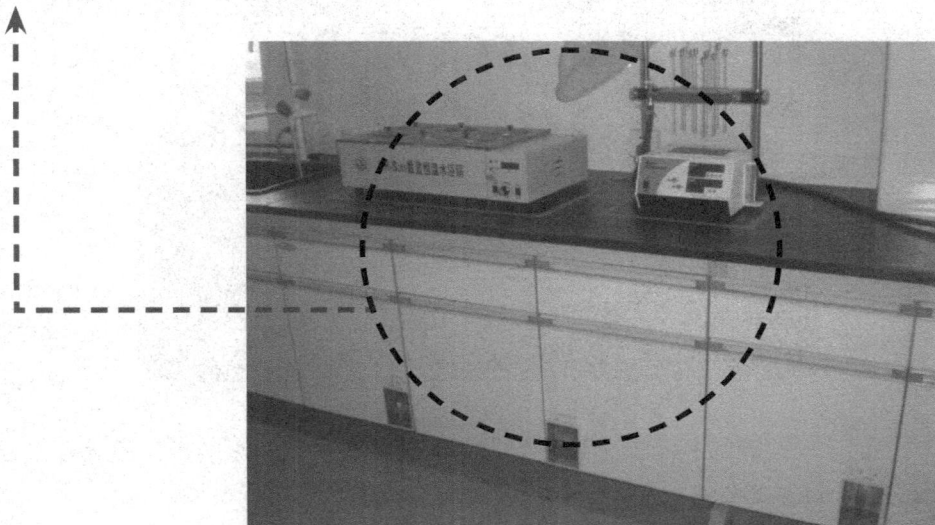

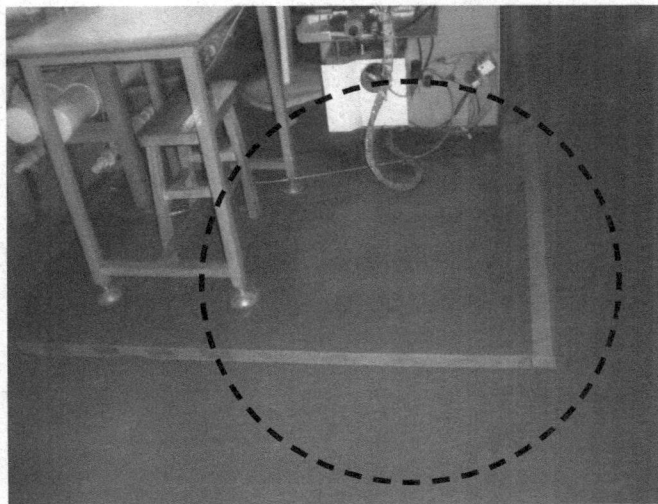

②直角法

直角法是指定出物体关键角落,有时在四角处用油漆画出定位框或用彩色胶带贴出定置框。

（2）设备的整顿要领

①设备旁必须挂有一些"设备操作规程"、"设备操作注意事项"等。设备的维修保养也应该做好相关记录。这不但能给予员工正确的操作指导，也可让客户对企业充满信心。

②设备之间的摆放距离不宜太近。近距离摆放虽然可节省空间，却难以清扫和检修，而且还会相互影响操作而导致意外发生。

③把一些容易相互影响操作的设备与一些不易相互影响操作的设备作合理的位置调整。企业可在设备的下面加装滚轮，以便移动。

④为设备做好标示，如测试仪、投影仪等，以防止错用。

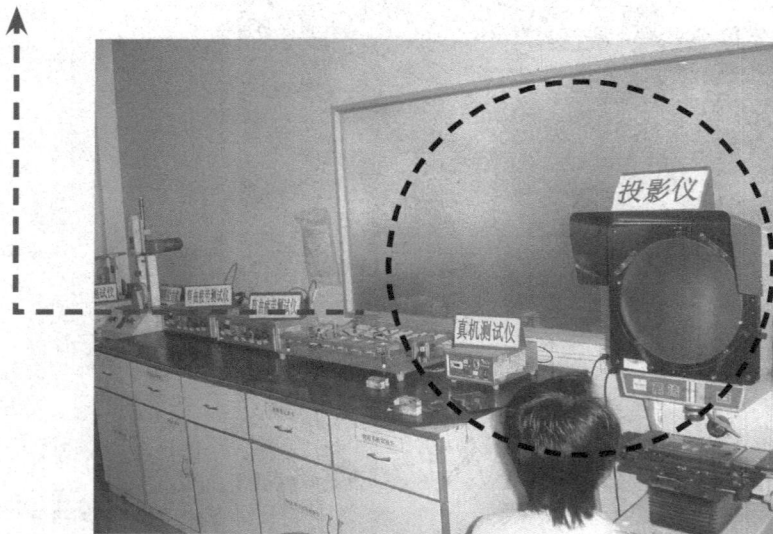

9. 工具的整顿

（1）工装夹具等频繁使用物品的整顿

工装夹具等频繁使用物品的整顿工作应予以重视并遵守使用前能"立即取得"，使用后能"立刻归位"的原则。

①应充分考虑能否尽量减少作业工具的种类和数量，利用油压、磁性、卡标等代替螺丝，使用标准件，将螺丝共通化，以便可以使用同一工具。例如，将平时使用扳手扭的螺母改成用手扭的手柄，这样就可以节省工具了；或者想想能否更改成兼容多种工具使用的螺母，即使主工具突然坏了，也可用另一把工具暂代使用；又或者把螺母统一化，只需一把工具就可以了。

②将工具放置在作业场所最接近的地方，避免取用和归位时过多的步行和弯腰，同时采用悬挂的方式，方便取用。

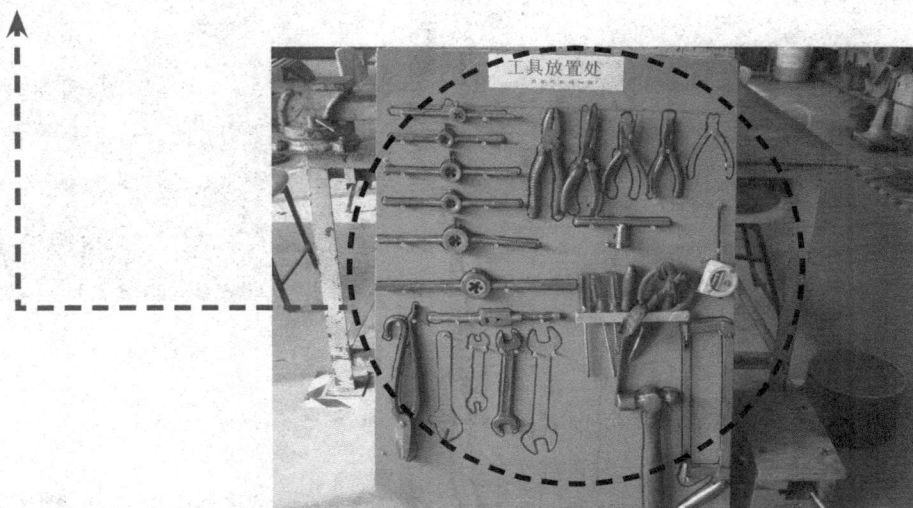

③在"取用"和"归位"之间，须特别重视"归位"。需要不断地取用、归位的工具，最好用吊挂式或放置在双手展开的极限范围之内。采用插入式或吊挂式"归还原位"，也要尽量使插入距离最短，挂放方便又安全。

④企业应使用形迹法对工具进行定位，以方便存放，即根据工具的形状设计其存放场所。如果工具样式过多，可以在每样工具的存放处标注其名称，方便识别。

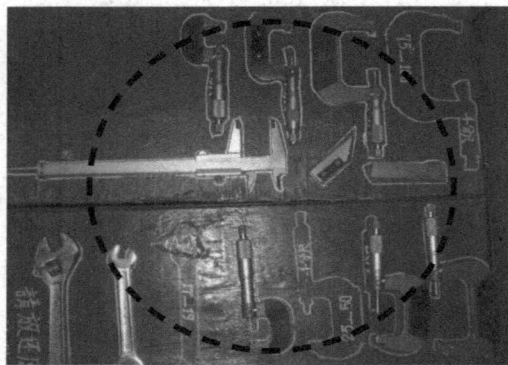

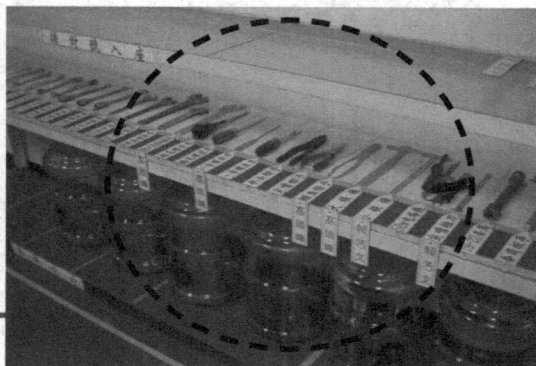

⑤要使工具准确归还原位，就必须做好标记工作，标明其具体名称。工具最好能够按需要分类管理，如平时使用的锤子、铁钳、扳手等工具，可列入常用工具箱集中共同使用；个人常用的可以随身携带，但要注意放入专用的工具箱内。

（2）切削工具类的整顿

切削工具类，如各类刀具等，需重复使用，且搬动时容易发生损坏，在整顿时应格外小心。

①经常使用的，应由个人保存；不常用的，则尽量减少数量，以通用化为佳。先确定必需的最少数量，将多余的收起来集中管理。

②刀锋是刀具的生命，所以在存放时要方向一致，以前后方向直放为宜，最好能采用分格保管或波浪板保管，且避免堆压。

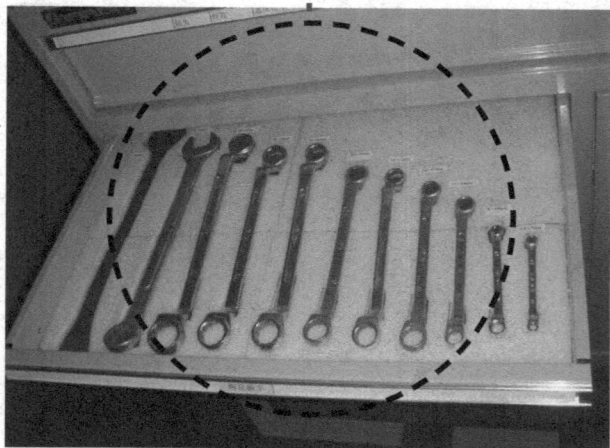

③刀具可利用插孔式的方法存放，即把每支刀具分别插入与其大小相适应的孔内，以对刀锋加以防护，节省存放空间，并且不会放错位。

④对于锯片等刀具可分类型、大小、用途等迭挂起来，并勾画形迹，易于归位。

⑤注意防锈，抽屉或容器底层铺上易吸油类的绒布。

10. 作业台、台车类的整顿

作业台是实际作业的地方，对其进行整顿有利于确保作业安全，提高工作效率。

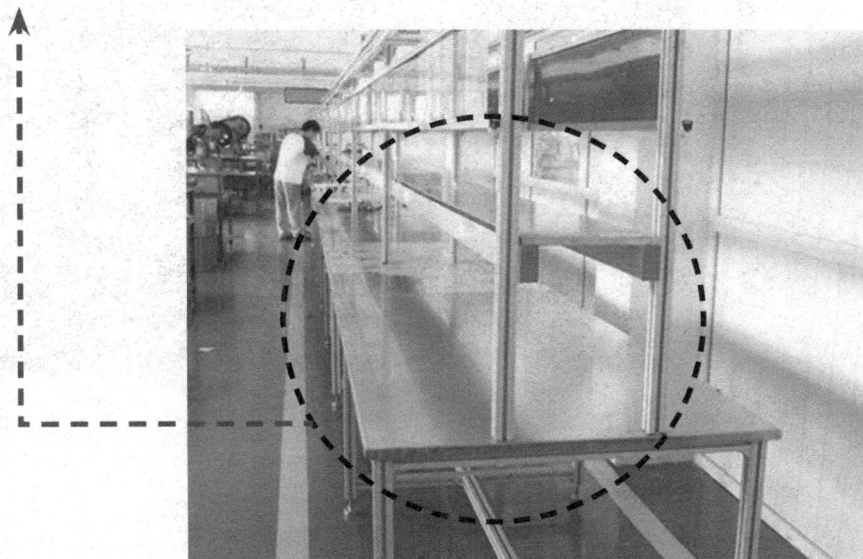

（1）清理多余的作业台、货架。

（2）作业台或货架的高度不齐时，可在下方加垫，垫至高度齐平。

（3）作业台或货架可加装车轮使之移动方便，并制作能搭载作业必要物品的台车，在换模、换线或零件替换时，可以将台车作整组更换。

（4）作业台或货架等不可直接放置在地面上，应置于架高的地板上，这样比较容易清扫。

11. 配线、配管的整顿

配线或配管杂乱无章可能会引发一些危险，会成为刮破、磨耗或错误的起因及受伤害或引起故障的根源，必须进行整顿。

具体可以采取以下措施。

（1）在地板上架高或加束套，以防止擦伤、防止震动。

（2）对配线、配管进行直线、直角安装，以防松脱。

（3）将地底下的配线全部架设在地面上，并垫高脚架，同时每一条配线上标明其名称、编号，也可利用颜色进行管理。

（4）将各类配线卷曲捆扎起来。

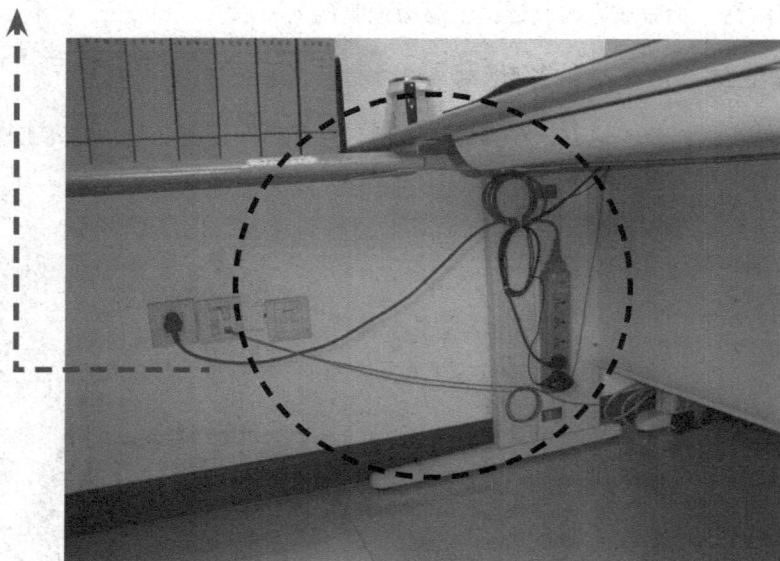

12. 危险品的整顿要领

（1）危险品的存放

存放危险物品时一定要按照危险品的存放要求和标准进行。例如某类化学品必须存放在阴凉的地方，又或者某类化学品不能与某类物品一起存放等。所有这些相关的常识，都应该了解清楚。

（2）张贴、说明等

化学用品的存放处应标明"使用规定"、"使用方法"及一些"注意事项"等，附近也应该具有一定的救护设施并张贴一些警示标语，如"必须穿工作服"、"必须穿防护鞋"等。

（3）化学品的标识

化学品的标识上应该注明化学品的类型、名称、危险情况及安全措施等。

（4）穿戴防护用品

在使用一些有毒、有害、有腐蚀性及刺激性的化学用品时，操作人员必须穿戴好防护衣、手套，以保安全。万一不慎沾及身体，应立即清洗，如感不适，应马上到就近医院就诊。

要点04：现场5S管理——清扫

清扫是指将工作场所、设备彻底清扫干净，使工作场所保持干净、宽敞和明亮，使不足、缺点凸现出来。

1．清扫的准备

（1）安全教育

企业要做好对员工的清扫安全教育工作，对可能发生的事故（触电、挂伤碰伤、涤剂腐蚀、坠落砸伤、灼伤）等不安全因素进行预防和警示。

（2）设备常识教育

对于设备的老化、出现的故障，企业可以采用减少人为劣化因素的方法、减少损失的方法等对员工进行教育。员工通过了解设备的基本构造，可了解其工作原理，并能够对出现尘垢、漏油、漏气、振动、异音等状况的原因进行分析。

（3）技术准备

企业应制定相关指导书，明确清扫工具、清扫位置、加油润滑的基本要求、螺钉卸除和紧固的方法及具体操作步骤。

（4）清扫用具准备

清扫工作开展前应准备好清扫用具，并整齐摆放。

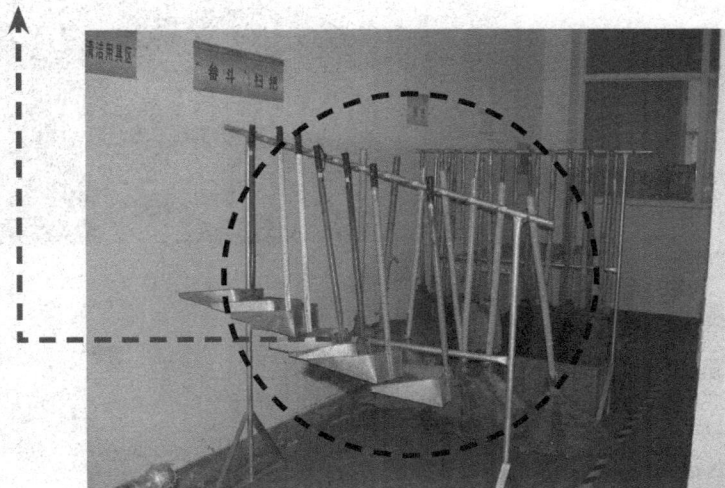

2．明确责任，制定基准

对于清扫工作，企业应该进行区域划分，实行区域责任制，责任到人，如设置"保洁责任卡"，规定清扫负责人等。同时，企业应制定相关清扫基准，明确清扫对象、方法、重点、周期、使用工具等项目。

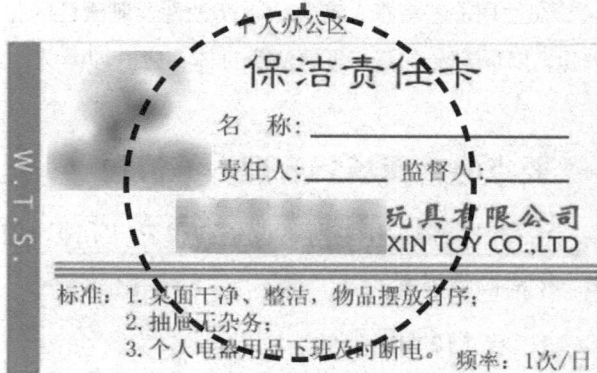

保洁责任卡

个人办公区

名　称：＿＿＿＿＿＿

责任人：＿＿＿　监督人：＿＿＿

玩具有限公司
XIN TOY CO.,LTD

标准：1.桌面干净、整洁，物品摆放有序；
2.抽屉无杂务；
3.个人电器用品下班及时断电。　频率：1次/日

W.T.S.

3．实施全面清扫

（1）地面、墙壁和窗户的清扫

在作业环境的清扫过程中，地面、墙壁和窗户的清扫是必不可少的。在清扫时，要明确最佳的清扫方法。

①了解过去清扫时出现的问题，明确本次清扫后要达到的目的。

②清理、整顿地面放置的物品，处理不需要的物品。

③全体人员清扫地面，清除垃圾，清除涂料和油污等污垢，并分析地面、墙壁、窗户的污垢来源，想办法杜绝污染源，并改进现有的清扫方法。

④必要时，应使用打蜡机为地面进行打蜡，以使地面干净、光洁。

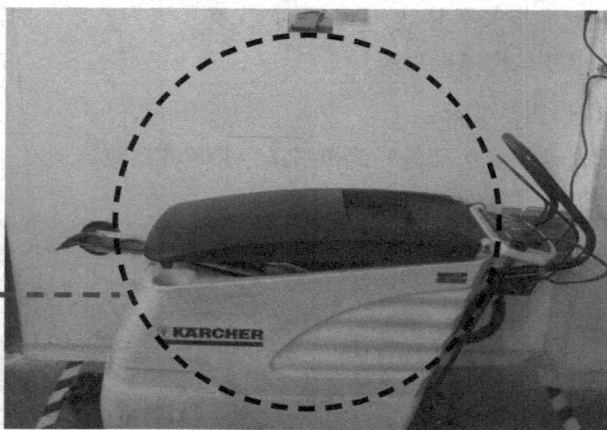

KÄRCHER

📢 **请注意**

　　清扫不只是清洁工的事，更需要车间、办公室的员工的支持与配合。对于清扫过后的废弃物，必须立即处理掉。

（2）机器设备的清扫

设备一旦被污染，就容易出现故障，使用寿命就会缩短。为了防止这类情况的发生，必须杜绝污染源。因此，企业要定期对设备和工具及其使用方法等进行检查，经常进行清扫。在进行设备清扫时要注意以下内容。

①不仅设备本身，其附属、辅助设备也要清扫。

②容易发生跑、冒、滴、漏现象的部位要重点检查确认。

③油管、气管、空气压缩机等看不到的内部结构要特别留意。

④核查注油口周围有无污垢和锈迹。

⑤表面操作部分有无磨损、污垢和异物。

⑥操作部分、旋转部分和螺丝连接部分有无松动和磨损。

4．查明污垢的发生源

即使每天进行清扫，油渍、灰尘和碎屑还是无法杜绝，要彻底解决问题，还须查明污垢的发生源，从根本上解决问题。

为杜绝污染，企业可从以下事项做起。

（1）窗户要密封，避免灰尘等杂物从外界吹入。

（2）在搬运碎屑和废弃物时要小心，尽量不要撒落。

（3）在运送水和油料等液体时，要准备合适的容器。

（4）检查作业现场的各种管道，以防止泄漏。

（5）将擦拭用的棉纱、物料、工具等定点放置。

5．检查清扫结果

清扫结束后，企业要对清扫结果进行检查，确保清扫后设备光亮如新，检查项目包括以下几个方面。

（1）是否清除了污染源。

（2）是否对地面、窗户等地方进行了彻底的清扫和破损修补。

（3）是否对机器设备进行了全面的清洗和打扫。

检查人员可以采用"白手套检查法"对设备进行检查，即双手都戴上白色、干净的手套（尼龙、纯棉质地均可），在该检查对象的相关部位来回刮擦数次，接着再将手套重新向责任人员出示，由责任人员自己判定清扫结果是否良好。用白手套法检查时要注意以下事项。

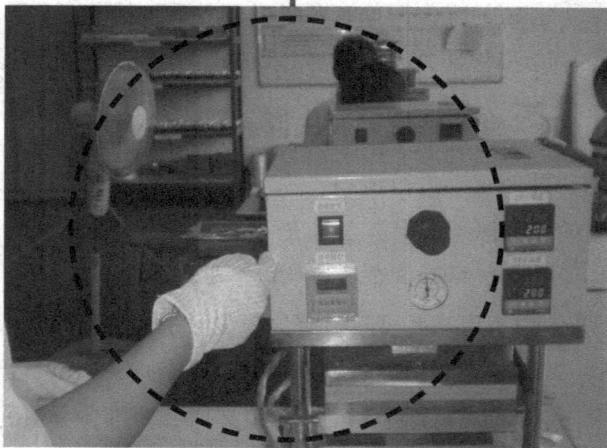

（1）多预备几对手套。

（2）每次只用一个手指头的正面或背面来检查。

（3）检查有油脂、油墨的工序时，也可以用白纸、白布来刮擦。

（4）要不断变换擦拭部位。

要点05：现场5S管理——清洁

清洁是指对清扫后状态的保持，也就是将前3S实施的做法制度化、规范化，并贯彻执行，以维持成果。

1．确定清洁的标准

清洁的标准包含三个要素：干净、高效和安全。在开始清洁前，要对"清洁度"进行检查，制定出详细的明细检查表，以明确"清洁的状态"。

2．前3S的持续推行

（1）进行员工教育

企业上下必须统一思想才能朝着共同的目标奋斗。因此，企业必须就5S的基本思想对组员和全体员工进行必要的教育和宣传。如果每个人对清洁的理解不同，就可能无法贯彻实施清洁计划，从而使清洁活动中止。

（2）进行整理

接受了必要的教育后，实施人员应来到现场，将目前所有的物品整理一遍，并调查它们的使用周期，将这些物品记录下来，然后征求现场作业人员的意见，区分必需品和非必需品。接下来，就应该将非必需品迅速从岗位上撤走。

（3）进行整顿

撤走非必需品后，实施人员必须根据实际条件、作业者的作业习惯、作业的要求，合理地规定必需品的摆放位置，使作业者取拿方便，便于运送。

规定了摆放场所后，实施人员还要确认一下各种物品的摆放高度、宽度以及数量，然后对这些高度、数量等具体要求制作醒目的标志，方便现场作业人员识别，并将这些规定形成文件，便于管理。

（4）清扫并明确责任人

整顿结束后，要对作业现场进行清扫。企业应划分出各个清扫责任区，并确定责任人，以便于管理。

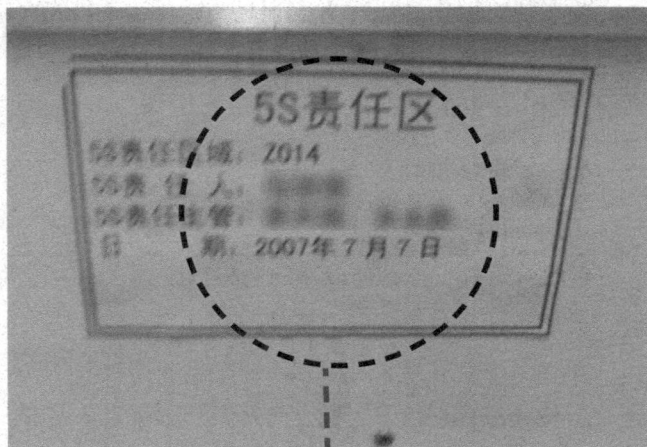

3．实施标准化

清洁工作进行到一定程度后，就进入了实施标准化阶段。所谓标准化，就是对于一项任务，将目前认为最好的实施方法作为标准，让所有做这项工作的员工执行这个标准并不断完善它。标准化是制度化的最高形式，可运用到生产、开发设计、管理等方面，是一种非常有效的工作方法。

（1）标准的分类

根据作用对象的不同，常把标准分为两类：一是程序类标准；二是规范类标准。

① 程序类标准包括工作程序、作业指导书、工序设定、设备管理（检定、保养）、管理制度/方法。

② 规范类标准包括成品规格、图纸、标准工时、标准成本/预算、各种计划书、经营方针/目标。

（2）标准化步骤

实施标准化的步骤如下所示。

① 选择标准化实施项目

因为企业不可能也没有必要针对工厂里的所有任务作出标准，所以在对某项任务进行标准化前，需要确认这项标准化是不是必要的；如果某项任务十分不理想，迫切需要改善，没有标准就会导致混乱，则必须进行标准化。

② 制定标准

选定了要进行标准化的任务，下一步就要制定标准。标准一般由下面几个项目构成：首先制定履历，制定时记入标准制定日期，接着制定目的，记入为何要制定该标准；其次确定该标准适用的部门、场所和时间，然后记入任务的具体实施方法。当仅用文字难以把任务的实施方法描述清楚时，考虑加入表格或图。

③ 执行标准

为了使已制定的标准贯彻到底，首先需要让员工明白：作业指导书是自己进行操作的最高指示，它高于任何人（包括总经理）的口头指示，另外，要彻底地贯彻标准，管理人员的表率作用也很重要。

4．推动目视化

（1）目视管理的重点

目视管理的重点是使以下问题得以明确。

① 管理什么？管理的要害地方在哪儿？

② 什么现象算异常？其判断标准是什么？

③ 检查工具是什么？检查的窍门和方法是什么？

④ 怎样进行活动？应急处理、改进和保持的方法是什么？

（2）目视管理要达到的目的

① 从远处看也能明确设备状况，例如在空调前挂一根带子，这样有没有送风透过这根带子有没有飘起来就能够知道。

② 对所要管理的东西进行标示，起到警示的作用，并明确进入车间的相应要求。

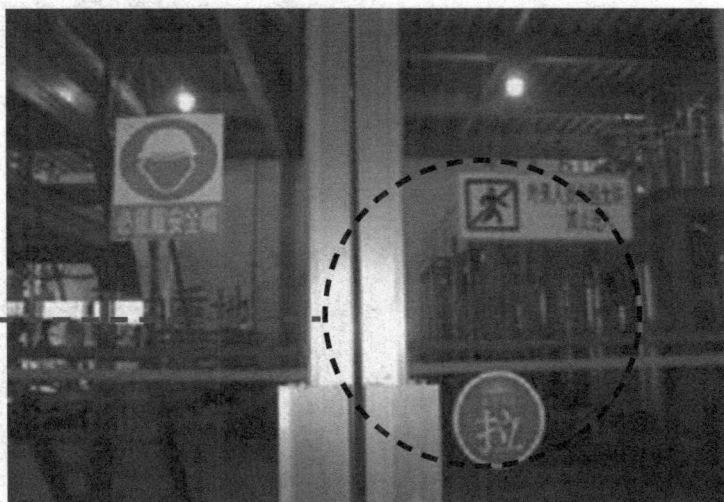

③ 使现场状况一目了然。

④ 明确现场缺陷，以促进改善。

要点06：现场5S管理——素养

素养活动是指使员工时刻牢记5S规范，并自觉地形成一种良好的习惯，使5S活动更着重于实质，而不是流于形式。

1．继续推动前4S活动

前4S是基本动作，也是手段，借助这些基本动作或手段可使员工在无形中养成一种保持整洁的习惯。如果前4S没有落实，则第5个S（素养）就没有办法达成。

2．制定相关的规章制度并严格执行

（1）规章制度是员工的行为准则，是让员工达成共识、形成企业文化的基础。制定相应的"语言礼仪"、"行为礼仪"及"员工守则"等，可保证员工达到修养的最低限度，并力求提高。

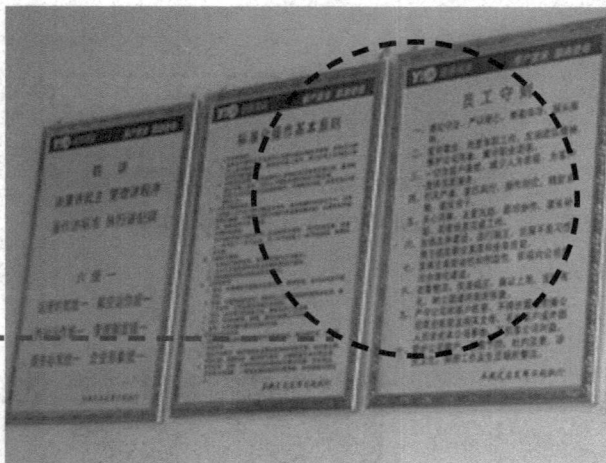

规章制度一经制定，任何人都必须严格遵守。当一个破坏规则的人出现以后，如果没有给他处罚，连续的破坏规则的现象就会出现。

（2）保持制度化——开展5分钟5S活动

① 全员一齐行动，在短时间内搞好5S。

② 把时间划分段落来开展5S活动。时间划分可以短一些，如在开始工作前，工作结束时，周末、月末和完工时开展"1分钟5S"、"3分钟5S"或"30分钟5S"等活动。

3．加强员工教育培训

企业应向每一位员工灌输遵守规章制度、工作纪律、仪容仪表要求的意识，以创造一个具有良好风气的工作场所。

4．开展各种提升活动

（1）开早会

早会是一个非常好的提升员工文明礼貌素养的平台。企业应建立早会制度，这样有利于培养团队精神，使员工保持良好的精神面貌。早会原则上应于每天正常上班前10分钟开始，一般控制在5～10分钟，不应影响正常上班。

（2）征文比赛

开展5S活动征文比赛，可加深员工对5S活动的进一步理解和认识，使每位员工分享5S活动所带来的成就感，从而有利于活动更持久有效地开展。

（3）知识竞赛

开展5S活动知识竞赛，可进一步强化员工对5S管理的认识，增强部门之间的团队合作精神，促进5S管理的推行。

5．素养的检查

开展素养活动之后，要对素养活动的各个方面进行检查，查看其效果如何。素养活动的检查内容如下所示。

（1）日常活动

①企业是否已经成立5S小组。

②企业是否经常开展有关5S活动方面的交流、培训。

③企业领导是否对5S很重视，并率先推广。

④全体员工是否都非常明确实施5S对企业和个人的好处，并对实施5S活动充满热情。

（2）员工行为规范

①是否做到举止文明。

②是否遵守公共场所的规定。

③是否做到工作齐心协力，团队协作。

④是否遵守工作时间，不迟到早退。

⑤大家是否能够友好地沟通相处。

⑥大家是否能够积极参与会议。

（3）服装仪表

①是否穿戴规定的工作服上岗，服装是否干净、整洁。

②厂牌等是否按规定佩戴整齐。

③鞋子是否干净。

④是否勤修指甲。

⑤是否勤梳理头发，面部是否清洁并充满朝气。

学习笔记

通过学习本章内容，想必您已经掌握了不少学习心得，请仔细填写下来，以便继续巩固学习。如果您在学习中遇到了一些难点，也请如实写下来，方便今后重复学习，彻底解决这些难点。

同时本章列举了大量实景图片，与具体的文本内容互为参照和补充，方便您边学边用，请如实填写您的运用计划，以使工作与学习相结合。

我的学习心得：

1. _____
2. _____
3. _____
4. _____
5. _____

我的学习难点：

1. _____
2. _____
3. _____
4. _____
5. _____

我的运用计划：

1. _____
2. _____
3. _____
4. _____
5. _____

《图说工厂现场管理（实战升级版）》
编读互动信息卡

亲爱的读者：

感谢您购买本书。只要您通过以下三种方式之一成为普华公司的**会员**，即可免费获得普华每月新书信息快递，在线订购图书或向我们邮购图书时可获得免付图书邮寄费的优惠：①详细填写本卡并以**传真（复印有效）**或邮寄返回我们；②登录普华公司官网注册成普华会员；③关注微博：@普华文化（新浪微博）。会员单笔定购金额满300元，可免费获赠普华当月新书一本。

哪些因素促使您购买本书（可多选）

〇本书摆放在书店显著位置　　　　〇封面推荐　　　　　　〇书名

〇作者及出版社　　　　　　　　　〇封面设计及版式　　　〇媒体书评

〇前言　　　　　　　　　　　　　〇内容　　　　　　　　〇价格

〇其他（　　　　　　　　　　　　　　　　　　　　　　　　　　）

您最近三个月购买的其他经济管理类图书有

1.《　　　　　　　　　　》　　　　　2.《　　　　　　　　　　》

3.《　　　　　　　　　　》　　　　　4.《　　　　　　　　　　》

您还希望我们提供的服务有

1. 作者讲座或培训　　　　　　　　2. 附赠光盘

3. 新书信息　　　　　　　　　　　4. 其他（　　　　　　　　　）

请附阁下资料，便于我们向您提供图书信息

姓　　名　　　　　　　联系电话　　　　　　职　　务

电子邮箱　　　　　　　工作单位

地　　址

地　　址：北京市丰台区成寿寺路11号邮电出版大厦1108室　北京普华文化发展有限公司（100164）

传　　真：010-81055644

读者热线：010-81055656

编辑邮箱：fulu@puhuabook.cn

投稿邮箱：tougao@puhuabook.cn，或请登录普华官网"作者投稿专区"。

购书电话：010-81055656

媒体及活动联系电话：010-81055656　　　　邮件地址：hanjuan@puhuabook.cn

普华官网：http://www.puhuabook.cn

博　　客：http://blog.sina.com.cn/u/1812635437

新浪微博：@普华文化（关注微博，免费订阅普华每月新书信息速递）